連体即連用？

日本語の基本構造と諸相

ひつじ研究叢書〈言語編〉

【第41巻】発話行為的引用論の試み−引用されたダイクシスの考察　中園篤典 著
【第42巻】現代日本語文法　現象と理論のインタラクション
　　　　　　　　　　　　　　　　　　　　　　　　　矢澤真人・橋本修 編
【第43巻】日本語の助詞と機能範疇　　　　　　　　　　　　　　青柳宏 著
【第44巻】日本語のアスペクト体系の研究　　　　　　　　　副島健作 著
【第45巻】九州西部方言動詞テ形における形態音韻現象の研究　有元光彦 著
【第46巻】日本語における空間表現と移動表現の概念意味論的研究
　　　　　　　　　　　　　　　　　　　　　　　　　　　　上野誠司 著
【第47巻】日本語助詞シカに関わる構文構造史的研究−文法史構築の一試論
　　　　　　　　　　　　　　　　　　　　　　　　　　　　宮地朝子 著
【第48巻】授与動詞の対照方言学的研究　　　　　　　　　　日高水穂 著
【第49巻】現代日本語の複合語形成論　　　　　　　　　　　石井正彦 著
【第50巻】言語科学の真髄を求めて−中島平三教授還暦記念論文集
　　　　　　　　　　　　　　　　　鈴木右文・水野佳三・高見健一 編
【第51巻】日本語随筆テクストの諸相
　　　　　　　　　　　　　　　　高崎みどり・新屋映子・立川和美 著
【第52巻】発話者の言語ストラテジーとしてのネゴシエーション行為の研究
　　　　　　　　　　　　　　　　　　　　　　　　　　　クレア マリィ 著
【第53巻】主語と動詞の諸相−認知文法・類型論的視点から　二枝美津子 著
【第54巻】連体即連用？−日本語の基本構造と諸相　　　　奥津敬一郎 著
【第55巻】日本語の構造変化と文法化　　　　　　　　　　　青木博史 編
【第62巻】結果構文研究の新視点　　　　　　　　　　　　　小野尚之 編

ひつじ研究叢書〈言語編〉第54巻

連体即連用？

日本語の基本構造と諸相

奥津敬一郎 著

ひつじ書房

目　次

序　章　　　　　　　　　　　　　　　　　　　　　　　1

第 1 部　連体と連用の対応　　　　　　　　　　　　　　5

第 1 章　機能動詞文　　　　　　　　　　　　　　　　　7

  1. はじめに　　　　　　　　　　　　　　　　　　　7
  2. 動名詞・機能動詞・スル動詞・機能動詞文　　　　7
  3. 機能動詞文と連体成分移動　　　　　　　　　　　8
  4. 村木の機能動詞論　　　　　　　　　　　　　　 11
  5. 副詞的表現と連体・連用　　　　　　　　　　　 13
    5.1. 様態表現　　　　　　　　　　　　　　　　 13
    5.2. 一応のまとめ　　　　　　　　　　　　　　 18
    5.3. 程度表現　　　　　　　　　　　　　　　　 20
    5.4. 頻度表現　　　　　　　　　　　　　　　　 23
    5.5. 目的表現　　　　　　　　　　　　　　　　 24
    5.6. 理由表現　　　　　　　　　　　　　　　　 25
    5.7. 逆接・順接・条件表現　　　　　　　　　　 28
    5.8. まとめ　　　　　　　　　　　　　　　　　 30
  6. 格成分と連体・連用　　　　　　　　　　　　　 31
    6.1. 目的語　　　　　　　　　　　　　　　　　 31
    6.2. 間接目的語　　　　　　　　　　　　　　　 34

6.3.	受身文と動作主を表す格	35
6.4.	使役文と被使役者を表す格	36
6.5.	対称格と共同格	36
6.6.	起点格と目標格	37
6.7.	引用格	37
6.8.	結果格	39
6.9.	時点格	40
6.10.	場所格	41
6.11.	手段格・理由格	41
6.12.	期間格	41

7. 主語 42
8. 連体成分と連用成分の分布 44
9. おわりに―機能動詞文の諸問題― 47

第2章 自然現象文 51

1. はじめに―自然現象文とは何か？― 51
2. 「雨が降る」は機能動詞文か？ 52
3. 自然現象文の種類 54
    - 3.1. 「雪」「霰」「雲」「雷」など 54
    - 3.2. 海・山・川の自然現象 58
    - 3.3. 「風」など 59
    - 3.4. 光・温度に関するもの 60
    - 3.5. 「火」「炎」など 61
    - 3.6. 「音」「声」「香り」など 62
    - 3.7. 心理・生理現象に関するもの 63
    - 3.8. まとめ 64
4. 自然現象文と連体・連用の対応 65
    - 4.1. 「冷たい雨が降る」と「雨が冷たく降る」 65

4.2.	「真っ白な雪が降る」と「雪が真っ白に降る」	70
4.3.	「霧」「霞」「虹」「雲」「雷」「陽炎」など	71
4.4.	海・山・川の自然現象文	75
4.5.	「優しい風が吹く」と「風が優しく吹く」	76
4.6.	光・温度に関するもの	78
4.7.	「火が燃える」と「家が燃える」	78
4.8.	「音がする」「声がする」など	79
4.9.	「香りがする」「匂いがする」など	80
4.10.	心理・生理現象に関するもの	80
5. まとめ		82

第3章 変化動詞文　　87

1. はじめに		87
2. 「なる」と「する」		88
3. 〈結果〉は述語である―二次述語―		91
4. 〈結果〉の変化動詞への編入		97
5. 〈結果〉の外在―いわゆる結果副詞―		101
6. 変化動詞文の種類		104
6.1.	一般変化動詞文	105
6.2.	発生動詞文	109
6.3.	消滅動詞文	112
6.4.	生産動詞文	114
6.5.	まとめ	125
7. 変化動詞文と連体・連用の対応		126
7.1.	発生動詞文における連体・連用の対応	128
7.2.	生産動詞文における連体・連用の対応	132
7.3.	格の代換と連体・連用の対応	138
7.4.	連体・連用の対応のない変化動詞文	140

　　　　7.5.　まとめ　　　　　　　　　　　　　　　　　　　　143

第4章　一般述語文と連体・連用の対応　　　　　　　　145

1. はじめに　　　　　　　　　　　　　　　　　　　　　145
2. 一般述語と二次述語　　　　　　　　　　　　　　　　145
3. 「〜の」と「〜で」との対応―ダ形容詞―　　　　　　147
4. 「〜な／の」と「〜に」との対応―ダ形容詞―　　　　152
5. 「〜い」と「〜く」との対応―イ形容詞―　　　　　　154
6. 一応のまとめ　　　　　　　　　　　　　　　　　　　156
7. 擬態語と連体・連用の対応　　　　　　　　　　　　　157
8. 動詞のタ形とテ形による連体と連用の対応　　　　　　159
9. 一応のまとめ―同時・順接型―　　　　　　　　　　　165
　　　　9.1.　統語的特色　　　　　　　　　　　　　　　165
　　　　9.2.　意味的特色　　　　　　　　　　　　　　　167
　　　　9.3.　検証　　　　　　　　　　　　　　　　　　167
10. 順接表現と逆接表現　　　　　　　　　　　　　　　172
　　　　10.1.　同時・順接型　　　　　　　　　　　　　172
　　　　10.2.　継起的順接　　　　　　　　　　　　　　174
　　　　10.3.　逆接表現　　　　　　　　　　　　　　　175
　　　　10.4.　挿入の逆接形式　　　　　　　　　　　　179
11. 制限的・非制限的連体と理由構文・条件構文　　　　182
　　　　11.1.　制限的連体と非制限的連体　　　　　　　182
　　　　11.2.　非制限的連体と連用との対応　　　　　　183
　　　　11.3.　制限的連体と連用との対応　　　　　　　184
12. 非制限的連体と目的・理由の連用　　　　　　　　　186
　　　　12.1.　目的構文　　　　　　　　　　　　　　　186
　　　　12.2.　理由構文　　　　　　　　　　　　　　　188
13. 制限的連体と条件構文　　　　　　　　　　　　　　191

	13.1. 近接的継起の「と」	191
	13.2. 制限的連体と条件の連用	193
	13.3. 「いちど」「ひとたび」「いったん」	195
14.	まとめ	198

第2部 特殊な連体と連用との対応―準連体など―　　199

第5章 不可分離所有と所有者移動　　201

1. はじめに　　201
2. 直接受身文と所有者移動　　201
3. 直接受身と間接受身　　203
4. 不可分離所有の文法と意味　　205
5. 日本語の不可分離所有と所有者移動　　207
6. まとめ　　210

第6章 不定指示詞構造　　213

1. 不定指示詞構造　　213
2. 不定指示詞とは　　214
3. 不定指示詞同格構造と不定指示詞移動　　217
4. まとめ　　222

第7章 数量詞移動　　225

1. 数量詞移動とは　　225
2. 数量詞移動の制約　　227
   - 2.1. 格の制約　　227
   - 2.2. 数量詞の移動先の制約　　231

2.3. 述語の制約 233
        2.4. 定名詞句と不定名詞句からの数量詞移動 235
        2.5. 全体数量と部分数量 240
        2.6. 属性Qと数量Q 245
    3. 数量詞の諸相 248
    4. まとめ 250

終　章 251

    1. 連体と連用の対応の統語的条件 251
    2. 7種の文構造における連体と連用の対応 253
        2.1. 機能動詞文（第1章） 253
        2.2. 自然現象文（第2章） 254
        2.3. 変化動詞文（第3章） 255
        2.4. 一般述語文（第4章） 256
    3. 不可分離所有の受身文・不定指示詞移動・数量詞移動 257
        3.1. 不可分離所有の受身（第5章） 258
        3.2. 不定指示詞移動（第6章） 258
        3.3. 数量詞移動（第7章） 259
    4. おわりに 259

参考文献 261
索引 267

序　章

　「連体は即連用である」と断定的に言うのはもとより穏やかでない。故に問いかけである。
　連体と連用という文法上の二大機能を「即」で簡単に結びつけられるものではない。かといって両者が全く無関係と言うわけではない。どうやらそう言えそうな現象があるのであり、ただ無条件ではなく、一定の条件があるのである。ではどんな場合に「即」で、どんな場合に「即」ではないのか？それを探ろうというのが、この研究の目的である。
　もう10年以上も前のことだが、国際交流基金の日本学研究センターの客員教授として北京に滞在したおり、たまたま次のような文を見た。

（１）a.　急流が　白い泡を　噛んで　流れる。
　　　b.　急流が　泡を　白く　噛んで　流れる。

　この２文の表す事柄的な意味、つまり「知的意味」は同じであろう。どちらも急流が白い泡を立てて流れる有様を述べている。
　違いはその統語的構造で、ａでは、目的語の「白い泡」という名詞句の、「白い」という形容詞は、「泡」にかかる連体成分である。ところがｂでは、その「白い」が名詞句の外に移動して「白く」という連用成分になっている。形も形容詞のいわゆる連用形であり、統語的な働きとしては、動詞の「噛む」にかかる副詞的な働きをしているように見える。
　にもかかわらずａとｂとは同義的である。これが「連体即連用」である。

副詞というものは、統語的には述語にかかるとともに、意味的にもその述語の意味を修飾するのが普通である。

（２）a. 犬が　太郎を　がぶりと　嚙んだ。
　　　b. *犬が　がぶりの太郎を　嚙んだ。

　上のａでは、「がぶりと」は副詞で、統語的に「嚙んだ」にかかり、意味的にも「嚙む」という動作を修飾するいわゆる様態副詞である。その副詞をｂの「*がぶりの太郎」のように連体成分にすれば、これはもちろん非文である。つまり連用はこの場合連体と対応していない。
　逆に連体が常に連用と対応するわけでもない。

（３）a. 黒い犬が　白い犬を　嚙んだ。
　　　b. *黒い犬が　犬を　白く　嚙んだ。

　ａもｂも動詞は(1)(2)と同じ「嚙む」である。ａの目的語の「白い犬」の「白い」が(1)と同じく移動して、ｂでは「白く」となっているが、今度は非文となっている。この場合連体は連用と対応していない。
　このように連体と連用とは、対応したり、対応しなかったりするが、とすると何か対応の条件がありそうである。この条件が単純なものか、複雑なものか、あらかじめ言えないが、それをこれから探っていきたい。
　連体と連用との対応は、まずいくつかの異なる文構造に見られる。つまり副題にある日本語の構造の「諸相」である。これらの底に何か一般的な条件があるかも知れないが、それは後のこととして、これから連体と連用の対応があると思われる文構造を一つ一つ検討していくことにしよう。その意味では、本書はただ連体と連用の対応という問題を狭く取り上げるだけでなく、その切り口から、いくつかの日本語の文構造をかなり詳しく記述することにもなり、その点でも本書の意味はあろう。
　実はこれら個別現象のいくつかについてはすでに発表したものであった。

ただこれらはその時々に興味を持った現象について書いたのであって、始めから連体と連用との対応を総合的・体系的に研究しようという意図はなかった。ところが気がついてみると、それらが共通の問題を指向していたのである。したがって本書の内容も、或る点では私の過去の諸研究の再検討でもあり総括でもある。

　また連体と連用というのは日本語の二つの基本的構造である。本書はそれについて述べるものでもあり、したがって副題を「日本語の基本構造と諸相」ともしたのである。すでに連体については「名詞句の構造」を副題とする奥津(1974)『生成日本文法論』で詳述したが、これは同じメインタイトルの学位論文、奥津(1973)の前半を出版したものである。後半は複合名詞とともに副詞句、つまり連用についても記述した。この両者についても、そのときどきに発表してきた。

　そして本書はその連体と連用とを総合的に結びつける研究となった。

　実は本書は1995年から1997年にかけて「連体即連用?」というタイトルで明治書院の月刊誌『日本語学』に23回の連載をしたものである。23回の連載であれば、1冊の書物にまとめるに足る量であり、出版のことも考えはしたが、それからもう10年も経ってしまった。ならばもっと進歩があるべきであるのに、内容はほぼ10年前と同じである。章立てはかなり前後を入れ替えたが、あとは前回縦書きだったものを横書きにしたり、気づいた誤字脱字などを直したりといった程度である。

　今回やっと思い立って、明治書院の諒承を得、ひつじ書房社主の松本さんにお願いして、出版の運びとなった。読み返してみるといろいろ問題点もあるのだが、広く読者の目に触れれば、有益な意見も伺えるであろうし、その後でさらに手を入れたいと思っている。

第 1 部　連体と連用の対応

第1章　機能動詞文

1.　はじめに

（1）a.　高校野球では　毎日　**はげしい練習を**　する。
　　　b.　高校野球では　毎日　**はげしく**　練習する。

　この例では、aの「はげしい」という連体成分が、bでは連用成分になっているが、両文は同義的である。つまり連体と連用の対応である。この対応は、いわゆる漢語サ変動詞を述語とする文に関わるものである。本章はこのタイプでの連体と連用の対応をとりあげるが、先ずいくつかの基本概念を立てておこう。

2.　動名詞・機能動詞・スル動詞・機能動詞文

　「散歩する」「研究する」など漢語サ変動詞などと呼ばれる語の集合については早くから注目されてきた。奥津（1971）でもこれについて若干の考察をした。これらは例えば「散歩する」は「散歩」と「する」とに分析でき、前者は名詞であり後者は動詞であり、両者が合成し一語化して和語の「歩く」と同様に動詞として働くのである。前者を**「動名詞」**、後者を村木（1991）にならって**「機能動詞」**と呼び、合成語化したものを**「スル動詞」**と呼ぶことにする。

さらに動名詞と機能動詞とが分離し、格助詞「を」が介在する「散歩をする」「研究を　する」という形も可能である。これを**「分離形」**と呼び、「を」の介在しない形を**「非分離形」**と呼ぶことにする。

また分離形・非分離形いずれにせよ、このような動詞を含む文を**「機能動詞文」**と呼ぶことにする。

なお「漢語サ変動詞」という名称は、「恋する」「スタートする」「デートする」のように和語・外来語もスル動詞に含まれるから不適当であろう。

機能動詞文は生成文法でも早くから問題にされてきた。

(2) a. 先生は毎朝　散歩する。
　　b. 先生は毎朝　散歩を　する。
(3) a. 先生は　言語学を　研究している。
　　b. 先生は　言語学の研究を　している。

(2)(3)それぞれ非分離形を含むaと分離形を含むbは、統語的な形は違うが知的意味は同じである。そこで両者の統語的関係をどう考えるかが問題となる。単に分離形と非分離形があり両者が対応をなすというだけでも、もちろんまちがいはないが、Kuroda(1965)、井上(1976)、影山(1980)、Grimshaw and Mester(1988)など、両者を変形によって関係づけたりする生成文法の立場からの研究もあり、特に影山(1993)は詳細な研究である。しかし連体と連用との対応の観点からの研究は少ないようである。

3. 機能動詞文と連体成分移動

奥津(1983d)は変化動詞文における連体と連用との対応をとりあげ、これを**「形容詞移動」**——**「連体成分移動」**の方がより一般的な名付けであるが——と呼んだ。しかし「何故連体から連用への移動であるか?」についての議論も必要であるし、その後は移動という概念を使わずに「連体と連用の対応」と言うことにした。本書も基本的には「移動」という変形的な立場でな

く「連体と連用の対応」という概念で論を進める。

小林(1986)は、奥津(1983d)を受けて、この「連体成分移動」を機能動詞文に適用した研究である。小林は次のような例をあげている。

（4）a. 高校野球では　毎日　**はげしい練習を**　する。
　　 b. 高校野球では　毎日　練習を　**はげしく**　する。
（5）a. 太郎は　**熱心な研究を**　する
　　 b. 太郎は　研究を　**熱心に**　する
（6）a. **ひどい頭痛が**　する
　　 b. 頭痛が　**ひどく**　する

そして次のように結論する。

（7）a. サ変動詞において、VN（本書で言う動名詞、以下 VN も使う）が他動詞文の目的語、または自動詞文の主語である場合には、VN を連体修飾している形容詞を副詞として移動することができる。
　　 b. 移動できる形容詞は、動作的側面を修飾する意味をもつ形容詞に限られる。

小林のこの結論は、必ずしも完全ではないが、まず妥当なところであろう。動名詞は名詞だから連体修飾はされ得る。しかし動名詞の意味は一般にウゴキを表すのだから、それにつく連体成分にはおのずから制限があり、人や物を表す名詞につく連体成分とは違うはずである。「練習」のような動名詞には、「はげしい」のように、そのウゴキのサマを表す連体成分はつくことができるが、モノのサマを表す連体成分はつかないだろう。

さてウゴキのサマを表す連体成分は、それが修飾していた動名詞が、(1)bのように「する」と合成して非分離形のスル動詞化すると、その連体成分がかかるべき主名詞を失うのだから、連体成分としては機能し得なくなる。そこで連体成分は自らを連用化し、副詞となってスル動詞を修飾することにな

るのである。また分離形であっても(4)bのように連体成分でなく、連用成分としても働き得る。しかも(4)bでは「はげしく」が動名詞を越えて機能動詞の「する」の前に来ている。この場合統語的な形の上では「はげしく」は「する」にかかる副詞のように見える。

ただし連体と連用とが対応しない場合もある。小林(1986)は次のような例をあげている。

(8)a. 高校野球では　苦しい練習を　する。
　　b. *高校野球では　練習を　苦しく　する。
(9)a. 太郎は　難しい研究を　する。
　　b. *太郎は　研究を　難しく　する。

小林が(7)bで「動作的側面を修飾する形容詞に限られる」といったのはこのことである。つまり(8)の「苦しい練習」というのは、「練習」というウゴキの様態ではなく、「練習」に対する動作主の感情の表現であるから、副詞化できないと言うのである。もっとも同じく感情表現であっても、「楽しい練習をする」と「楽しく練習をする」は対応しているから、機能動詞文に限らず「苦しく」という副詞的表現自体が一般に使えないのであろう。ただし「苦しくなる」のような変化動詞文なら可能であるし、「苦しんで練習する」ならよさそうだし、「苦学する」などもある。また古語であれば「苦しくも降り来る雨か…」(万265)のような副詞的用法もあるが、これは様態副詞でなく文副詞と言われている。

(9)の「難しい研究」というのは「研究」というウゴキの様態ではなく、「研究」の内容に対する評価の表現だから副詞化はできないのであろう。同様にして「易しい研究をする」はいいが「*易しく研究する」は不自然である。あるいは「苦しく」と同様に、「難しく」「易しく」という副詞的用法が一般にないのかも知れない。

ところで機能動詞文における連体と連用との対応は、小林の指摘以上の点が多々あり、様態表現も含めて、以下さらにこの問題を広く考えていくこと

にする。

4. 村木の機能動詞論

さて村木(1991)『日本語動詞の諸相』の「第3部　形式動詞とその周辺」(これは村木(1980)がもとになっているのだが、以下村木(1991)を引用する)は、上述の「する」のような動詞を**「機能動詞」**と名づけ、「する」だけでなく「研究する／研究をおこなう」「メモする／メモをとる」「動揺する／動揺をおこす」のように「おこなう」「とる」「おこす」などなど実に多くの動詞を機能動詞とした。ただし「する」以外の機能動詞の場合は一般に分離形をとり、非分離形にはならない。「研究を行う」はいいが「*研究行う」は非文となる。ともあれ村木(1991)は「する」以外の多くの機能動詞について豊富な用例をあげ、分類を施した詳細を極めた貴重な研究である。村木によれば「機能動詞」とは

(10) 「実質的な意味を名詞にあずけて、みずからはもっぱら文法的な機能をはたす動詞」(p.203)

と定義される。

もちろん「する」が典型的な機能動詞であるが、「する」以外にも多くの機能動詞があるわけだから、機能動詞文も数多く、日本語の中で重要な働きをすることが村木によって明らかになった。

村木自身は機能動詞に関心があり、機能動詞文における連体と連用との関係にはほとんど関心がなかったようだが、ただ一部で次のように〈動詞表現〉と〈名詞表現〉とを比較し、名詞の場合はさまざまな連体修飾を受けると述べている。(p.223)

(11)　　〈動詞表現〉　　　　　〈名詞表現〉
　　　彼は捨身で抵抗した。　彼は捨身の抵抗に出た。

つまり「捨身の抵抗」という〈名詞表現〉の連体成分「捨身の」が、〈動詞表現〉では「捨身で」という連用成分になって、スル動詞「抵抗した」を修飾している。この例の「捨身の」「捨身で」はそれぞれ「捨身だ」というダ形容詞のいわゆる連体形およびテ形と考えるが、つまりは機能動詞文における連体と連用の関係に注目しているのである。

村木の研究を見て、連体と連用の対応のタイプの一つとして、この機能動詞文がかなり重要であることが分かってきた。そして村木のあげた多数の用例の中には、次のように連体成分を含む用例、連用成分を含む用例もある。

(12)　倫は何げなくその薄い紙に眼を落として思わず**小さい**叫びをあげた。
　　　（太字は筆者、以下同様）
(13)　夏の参院選挙が**本格的に**前進をみることにもなろう。

(12)では「あげる」が機能動詞で、「叫びをあげる」は、非分離形「*叫びする」も、分離形「*叫びをする」もないが、和語動詞の「叫ぶ」と少なくとも知的同義性は保っている。村木の機能動詞はここまで拡大しているのだが、このような「あげる」を機能動詞とする点、きわめて興味深い指摘である。それはともかく「**小さい**叫びをあげた」の「小さい」は動名詞の「叫び」にかかる連体成分である。

一方(13)の「前進をみる」も「前進する」と同義的で、「みる」は機能動詞とされる。たしかにこの「みる」は通常の「見る」とは違い、スル動詞の「する」とほとんど同じ働きをしている。そしてこの例の「**本格的に**」は「前進をみる」にかかる連用成分で様態副詞と考えられる。

そこで次のように(12)の連体成分を連用化し、(13)の連用成分を連体化して、両者の関係を考えてみる。

(14) a.　倫は…思わず　**小さい**叫びを　あげた。（村木の例）
　　 b.　倫は…思わず　**小さく**　叫びをあげた。（連用化）
(15) a.　夏の参院戦が　**本格的な**前進を　みることになろう。（連体化）

b.　夏の参院戦が　**本格的に**　前進をみることになろう。（村木の例）

　(14)のスル動詞「叫びをあげる」は自動詞であろうが、aの連体成分「小さい」が連用化してbの「小さく」になっても、両文で知的同義性は保たれている。イ形容詞のいわゆる連用形「小さく」が「叫びをあげる」というウゴキの様態副詞となっている。

　(15)の「前進をみる」も「前進する」と同じで自動詞的だが、bでそのウゴキの様態を表すのがダ形容詞の連用形「本格的に」である。それを連体化して、aの「本格的な」としても、両文の知的同義性は保たれている。

　以下機能動詞文における連体と連用の対応について詳しく検討していくが、村木のあげた用例には（村木）と記す。それのないものは奥津のものである。

5.　副詞的表現と連体・連用

　副詞といっても、様態副詞をはじめ、頻度副詞・程度副詞・目的を表す副詞・理由を表す副詞・結果を表す副詞など種々あり、語としての副詞もあるが、句であるものもある。またそれらが動名詞にかかる連体成分ともなるわけだが、以下それぞれについて見ていこう。

5.1.　様態表現

(16)a.　有権者が軍団候補に　**どんな審判を**　下すか。（村木）
　　b.　有権者が軍団候補に　**どう**　審判を下すか。

　aの村木の用例の「下す」が機能動詞で、「審判を下す」は「審判する・審判をする」と同義的なものとされる。

　bの「どう」は不定指示のWh語で、広い意味での様態副詞と考えられる。aの「どんな」は一般に連体詞とされるが、ダ形容詞の連体形と考えたい。つまり「どう（だ）か？」「どうですか？」などWh疑問文の述語になり、「元

気だ。」「元気です。」などと形容詞で答える。その「どうだ」の連体の形が「どうな」となるべきところを撥音化して「どんな」になる。そして連用の形は「どうに」となるべきところを「に」のない「どう」となる。「どうにか」「どうにも」などなら「に」が現れる。この解釈は奥津(1978)で述べた。つまり「どんな」と「どう」とは連体・連用の対応があるのである。

　何が様態副詞であるかの弁別は、個々の副詞的表現を見るとなかなか難しいが、「どう～するか？」という疑問文に答える形とするのも一つの目安になろう。(16)の例で言えば、aの「どんな審判を下すか」に対しては「きびしい審判を下す」と連体で答え、bの「どう審判を下すか」に対しては「きびしく審判を下す」と連用で答える。この場合は「きびしく」を様態副詞とするのである。

(17) a. …専門用語には　**詳しい説明を**　加えています。(村木)
　　 b. …専門用語には　**詳しく**　説明を加えています。

　村木によれば「(説明を)加える」は「(説明)する」と同じく機能動詞なのである。この例ではイ形容詞の「詳しい」が連体と連用で対応している。

(18) a. 末息子と二人きりの気楽な一週間に　**ひそかな期待を**　抱いていた…。(村木)
　　 b. 末息子と二人きりの気楽な一週間に　**ひそかに**　期待を抱いていた…。

　「(期待を)抱く」が「(期待)する」と同じ機能動詞である。ダ形容詞が連体と連用で対応しており、連用は「～に」の形、連体は「～な」の形で典型的なものである。

(19) a. 婆さんは　**一心不乱のお祈りを**　あげていた。(村木)
　　 b. 婆さんは　**一心不乱に**　お祈りを　あげていた。

「お祈り」は和語の動名詞で「あげる」が機能動詞である。これもダ形容詞の「一心不乱だ」が連体と連用で対応している例だが、連体は「〜の」の形である。ダ形容詞の連体形は必ずしも「〜な」とは限らない。「〜の」の場合もあり、「特別な／特別の」など「な」「の」両方ともとれるものもある。

(20) a. 彼は　**捨身の**抵抗に　出た。（村木）
　　 b. 彼は　**捨身で**　抵抗に出た。

「抵抗に出る」はたしかに「抵抗する」と同義的ではあるが、動名詞が「を」格でなく「に」格であるのは「出る」のせいであろうか。これも「捨て身だ」というダ形容詞の対応であろうが、連体は「〜の」の形である。特に連用が「捨て身に」でなく、「捨て身で」という「だ」の「て」形である点が注目される。「達者に暮らせ」「達者で暮らせ」など「〜に」の連用と「〜で」の連用の二つがあるのも興味ある問題で、後にとりあげたいと思っている。

(21) a. 朝日は…首相の新聞批判にも　**堂々たる**反論を　加えた。
　　 b. 朝日は…首相の新聞批判にも　**堂々と**　反論を加えた。（村木）

この例の「堂々」は漢語の擬態語と言われ、連体用法では「堂々たる・堂々とした」の形をとる。連用成分としては「堂々と・堂々として」の形となる。漢語の擬態語といわず、一般に擬態語における連体と連用の対応も興味ある問題であるが、ここでは省略する。

(22) a. 領民に　**直接の**支配を　及ぼすという。（村木）
　　 b. 領民に　**直接（に）**　支配を及ぼすという。

「直接だ」という終止の形はなさそうだが、連体の「直接の」と連用の「直接（に）」はよく使われる。連用では「に」が任意の要素であることも、特殊である。

(23) a.　それは…**烈しい金属的な響きを**　立てる。(村木)
　　 b.　それは…**烈しく金属的に**　響きを立てる。

　これはちょっとおもしろい例で、動名詞の「響き」に対して二つの形容詞「烈しい」と「金属的だ」が連体修飾している。どちらもそれぞれ連用化して「烈しく金属的に響きを立てる」となる。なお村木はこの「立てる」を機能動詞とするわけだが、この場合「響き」は和語の動名詞で、「響く」という動詞があり、「*響きする」「*響きをする」というスル動詞はない。ただし動名詞が主語となり「響きがする」は可能であるが、これを「自然現象文」として次章で論じる予定である。

(24) a.　日本は…各国から　**高い評価を**　された。
　　 b.　日本は…各国から　**高く**　評価(を)された。(村木)

　「する」に対して「される」は受身の機能動詞である。この例では「高い」と「高く」が対応している。

(25) a.　全農家に特集を配って、**意識改革を目指した指導を**　強める。(村木)
　　 b.　全農家に特集を配って、**意識改革を目指して**　指導を強める。

　「強める」となると意味がかなり特殊化していて、機能動詞としていいかどうか気になるが、村木はこれも機能動詞とする。
　「意識改革を目指した」という動詞文が連体成文となり、そのテ形「意識改革を目指して」が連用成分になっている。もっともこれは様態の副詞句か、目的の副詞句か、解釈が分かれるかも知れない。

(26) a.　太郎は　**有無を言わさぬ退学処分を**　くらってしまった。
　　 b.　太郎は　**有無を言わさず**　退学処分をくらってしまった。

「(退学処分を)くらう」は受身の機能動詞とされる。
　aの連体成分は否定文だが、bでは「有無を言わさず」(または「有無を言わせないで」)という連用成分になる。これはやはり「退学処分する」仕方を示す様態副詞で「強引に」「無理矢理に」などの副詞と似ている。
　次の例も興味がある。

(27)a.　…平気で　偽りの誓いも　立てますしね。(村木)
　　b.　…平気で　*偽りに*偽りで／偽って　誓いを立てますしね。

「偽り」は名詞でもあるし、「それは偽りだ」などはダ形容詞のようでもある。その連体形が「偽りの」であるわけだが、対応する連用成分として「偽りに」「偽りで」のいずれも非文になる。この場合の連用は「偽って」というテ形になる。「偽る」という動詞もあるわけだし、その連体形として「偽った誓い」も可能ではあろうから、この「偽った」に対応する連用成分が「偽って」であると考えることもできる。要するに「偽りの誓いをする／立てる」と「偽って誓いをする／立てる」とは同義的である。「正直な誓いを立てる」であれば「正直に誓いを立てる」と対応するわけである。
　奥津(1973)奥津他(1986)では「～とおり」「～まま」「～ように」などを様態の形式副詞とした。これらは補文をとって様態の副詞句をつくる。そして「～とおりだ」「～ままだ」「～ようだ」など述語としても働き、さらに連体の「～とおりの」「～ままの」「～ような」ができる。したがって連体・連用の対応もあり得る。

(28)a.　モスクワ大会は…予定通りの成功を　収めるだろう。(村木)
　　b.　モスクワ大会は…予定通り(に)　成功を収めるだろう。

「収める」が機能動詞である。bの「予定通り(に)」の「～とおり(に)」は「に」がなくても副詞句として働く様態の形式副詞と考えられる。そして「予定通りだ」の形を経て、aでは連体形の「予定通りの」になっている。

(29) a. ボブは　**猪のような突進をして**、何度もタッチダウンに成功した。
　　 b. ボブは　**猪のように**　突進（を）して、何度もタッチダウンに成功した。

　この「～ような」「～ように」はもちろん比喩表現である。

(30) a. 弁慶は　**立ったままの大往生を**　遂げた。
　　 b. 弁慶は　**立ったまま（で）大往生を**　遂げた。

　「～まま」は、連用成分としては「だ」のテ形の「で」を任意にとる。また「立ったまま」というのは、形の上では「大往生」にかかる様態表現に見えるが、「立ったままの弁慶」という主語の「弁慶」を修飾する連体成分が、連用化してbになったという解釈も可能である。この場合も連体と連用の対応であるが、この問題についてはいずれとりあげる予定である。

5.2. 一応のまとめ

　以上機能動詞文における連体と連用の対応を、動名詞の示すウゴキの様態の表現について考察した。ここで一応のまとめをしておく。
　代表的な機能動詞「する」の場合は、分離形と非分離形がある。非分離形の場合「VNする」は一語化して動詞相当になっているから、次の例のaのように動名詞に対して連体はとれず、bのように連用をとる。分離形「VNを　する」の場合は、cのように動名詞が目的語になっていて明らかに名詞であるから、連体がとれる。しかし「VNを　する」も機能動詞文の述語として働くから、dのように連用成分もとることができる。

(31) a. ＊太郎は　毎日　**はげしい練習する**。
　　 b. 太郎は　毎日　**はげしく**　練習する。
　　 c. 太郎は　毎日　**はげしい練習を**　する。
　　 d. 太郎は　毎日　**はげしく**　練習を　する。

dの場合は「はげしく」が動名詞の前にあるから、「練習をする」にかかっているように見える。しかし

(32) 太郎は毎日　練習を　**はげしく**　する。

のように「はげしく」を「練習を」の後、「する」の前に置くことも可能だから、少なくとも統語的には「する」が主たる動詞のように見える。さらに「練習を」は、(32)のように、かなり自由に文中を移動することができる。動名詞がどこまで前方移動するかも興味ある問題であるが、もちろん動名詞と機能動詞が連続するのが最も自然であろう。

(33) 太郎は　**練習を**　毎日　はげしく　する。

　連体と連用の対応は、後に述べるように原則として主語・目的語という文法関係の制約があるのだが、機能動詞文ではどうだろうか。動名詞が連体成分をうけることができるのは、それが名詞として働く場合だから、原則として「を」格をとる分離形に限るわけである。しかしそれは機能動詞文の場合であって、次の例は動名詞が目的語になっており、連体成分は様態表現であるが、しかし連用とは対応しない。

(34)a.　太郎は　**はげしい練習を**　やめた。
　　b.　*太郎は　練習を　**はげしく**　やめた。

　bが非文であるのは、「やめる」が機能動詞でないからである。
また動名詞自体は名詞であるのだから「はげしい練習が」「はげしい練習で」「はげしい練習に」「はげしい練習から」など種々の格をとるのだが、これらは機能動詞文を作らないから、連用とは対応しないのである。
　村木(1991)があげた「する」以外の機能動詞の場合は、それなりに意味が特殊化し、中には「する」と交替できないものもあるし、原則として非分

離形は不可能で、「を」の介在を要求する分離形である。意味の特殊化という点から、どこまでが機能動詞であるかも問題であろう。
　以上動名詞が表すウゴキの様態を表す連体表現と、それに対応する連用成分としていわゆる様態副詞的表現との対応を見てきたが、様態副詞というのはかなり曖昧な概念ではある。様態副詞と思われるものでも連体と連用が対応しない場合もある。どうも様態表現だからとか機能動詞文だからというわけではなく、個別的・語彙的に、はじめから連体と連用が対応しない場合もあるようである。

(35) a.　来賓に対して　**失礼な**応対を　した。
　　 b.　来賓に対して　＊**失礼に**　応対を　した。

　この例の「失礼」は「応対」の仕方であろうから、様態表現のようだが、連体は正文でも連用は非文になる。「丁寧な応対をする」「丁寧に応対をする」は対応するのだから、「失礼」に対応がないのは、個別的・語彙的なもので、機能動詞文における様態表現の連体・連用の対応とは無関係のようである。このほか「良質の：＊良質に」「悪質な：＊悪質に」「不適当な：＊不適当に」「重要な：＊重要に」などかなりある。この問題はさらに考えるべき問題であろう。
　ところで様態副詞だけが副詞ではない。程度・頻度・目的・理由などの副詞(句)がある。以下これらについて見ていこう。

5.3. 程度表現

　程度副詞(句)については奥津(1973)奥津(1980a)奥津(1980b)奥津他(1986)などがある。
　程度副詞(句)が修飾するのは、まず相対形容詞である。「全然大きくない」「やや長い」「かなり重い」「非常におもしろい」など、その状態に幅あるいは程度の差があるものが相対形容詞で、程度副詞(句)はその幅の程度を表現する。これに対して「真である」「偽である」などは論理的には程度の差

のない絶対形容詞であり、程度副詞（句）が使えない。

　しかし形容詞ばかりでなく、動詞も程度副詞（句）のとれるものがある。「すこし」「かなり」など同じ形でも数量詞である場合もあるから注意を要するが、次は程度副詞である。

(36)　今日は　ちょっと／かなり／非常に　疲れた。

　「疲れる」は第3章で述べる変化動詞で、たしかにウゴキを表す。しかし「疲れる」の中には相対形容詞的なサマの意味が含まれている。つまり「疲れた状態になる」というのが「疲れる」の意味である。そのサマの部分に対して程度副詞が使えるのである。「疲れる」は英語で言えば become tired で、tired は辞書には形容詞として出ている。英語にたよらずとも「高まる」「深まる」「広まる」など、動詞ではあるが、形容詞が形の上でも明示されている変化動詞もかなりある。「疲れる」は形の上では分析できないが、tired というサマの意味が語彙的に動詞に編入されており、したがって程度副詞がとれるのである。そして動名詞も相対的なサマの意味を含んでいれば、程度副詞がとれるのである。

　ただし「わずかの遅れ」「かなりの怪我」「最高のファインプレー」「全くの失敗」などは連体が可能だが、「*全然の感動」「*ややの遅れ」「*大分の怪我」「*最もの失敗」などは連用だけで連体ができないようだ。つまり程度表現は本来副詞的で、連体用法は個別的・語彙的な制限があるようである。

(37)a.　日本の経済は　いちじるしい発展を　とげた。
　　b.　日本の経済は　いちじるしく　発展をとげた。

　この例はイ形容詞の「いちじるしい」が非常の程度を表しており、連体も連用も「発展」の程度が高いことを表している。村木（1991）によれば、この例文の「とげる」が機能動詞で、意味が特殊化はしているが、「する」と

同じような働きをしている。

(38) a.　3万人の乗客が　**完全な**足止めを　くった。
　　 b.　3万人の乗客が　**完全に**　足止めをくった。

　この例は「完全だ」という最高の程度を表すダ形容詞の連体形と、その連用形との対応である。「足止めをくう」は「足止めされる」にあたる受身の機能動詞なのである。

(39) a.　自然は、ただその可能性に対して　**或程度**の保証を　与えているにとどまる。（村木）
　　 b.　自然は、ただその可能性に対して　**或程度**　保証を与えているにとどまる。

　この例は「保証」の程度を「或程度」として漠然と示しているが、最高とか最低とかの程度ではなく、普通の程度を示す表現であろう。「程度」は名詞であるとともに、程度の形式副詞で補足成分を要求するものであることなどは奥津他(1986)で述べた。上例のaでは連体成分、bでは「に」をとらない連用成分になっている。

(40) a.　今朝新幹線に　**30分**の遅れが　出た。
　　 b.　今朝新幹線に　**30分**　遅れが出た／遅れた。

　この例の「30分」も程度副詞的な働きをしていると考えたい。まず「遅れる」という動詞は「遅くなる」という意味であり、「遅い」という形容詞は相対形容詞で「とても遅い」とか「ちょっと遅い」とかの程度副詞をとる。「30分」というのは、どの程度遅いかを時間量で定量的に表現したものである。なお和語の動名詞「遅れ」はこの例では主語であり、「遅れがする」は非文なので「出る」が機能動詞として使われている。「遅れを出す」と同義

であり、この場合は「出す」が機能動詞となるであろう。

(41) a. …なし得る限りの努力を　着実に　積み重ねていく。(村木)
　　 b. …なし得る限り(で)努力を　着実に　積み重ねていく。

　この例の「限り」は限度・範囲を示す程度の形式副詞で(奥津他(1986))「なし得る(限り)」とか「私の知っている(限り)」とか「見渡す(限り)」とかの補足成分を要求する。村木は「積み重ねる」を動名詞「努力」に対する機能動詞としている。

(42) a. その子は母親から　見るに耐えない(ほどの)虐待を　受けた。
　　 b. その子は母親から　見るに耐えないほど　虐待を　受けた。

　この例の連体は「見るに耐えない」だけでもいいが、要するに「ひどい虐待」と言うことで非常の程度を表すものと見たい。程度の形式副詞「ほど」をとって「見るに耐えないほどの」としてもいいし、連用としては「ほど」を必要として非常の程度を表す程度副詞句を成すのである。
　なお村木は「(虐待を)受ける」を「(虐待)される」にあたる迂言的受身の機能動詞としている。

5.4. 頻度表現

　頻度表現については奥津(1973)がある。

(43) a. 中隊は敵から　13回もの攻撃を　うけた。
　　 b. 中隊は敵から　13回も　攻撃をうけた。

　「攻撃をうける」は受身の機能動詞文であるが、ともあれ「13回」は「攻撃」の頻度を表す副詞であり、動名詞にかかる連体も可能である。
　頻度副詞は「まれに・まれの」「たまに・たまの」「ときどき・ときどきの」

などなら連用と連体が対応しているが、「一度も・*一度もの」「めったに・*めったにの」「よく・*よくの」などの連体は非文であろう。つまり頻度の表現は本来は副詞であり、ある場合に連体が可能であるということである。もし移動で説明するとすれば、連用から連体への移動で、それに個別的・語彙的な制限があるということである。

奥津他 (1986) では頻度の形式副詞として「たび」「ごとに」「つど」をあげた。本来は連用であり、次のように連体は可能であったり、なかったりする。

(44) a. 一時間ごとの巡回を　する。
　　 b. 一時間ごとに　巡回を　する。
(45) a. *この車は　雨が降るたびの故障を　おこす。
　　 b. この車は　雨が降るたびに　故障を　おこす。
(46) a. *電報料金は　1字増すごとの 10 円の増加を　する。
　　 b. 電報料金は　1字増すごとに　10 円　増加を　する。

ただし「雨が降るたびの故障(には困っている)」「1字増すごとの 10 円の増加(は高い)」「夜ごとの美女」のように、機能動詞文でなく名詞句をつくるだけなら連体も可能のようである。

5.5. 目的表現

人の人たるゆえんは目的意識的行動のできることである。目的を表す言語表現は日本語では副詞句によってなされる。単語としての目的副詞というものはないようである。目的の副詞句をつくるには、形式副詞の「ため」「よう」「のに」などがあり、奥津 (1973) 奥津 (1983b) 奥津他 (1986) でとりあげた。

(47) a. …支出増をカバーするための借金を　つくる…
　　 b. …支出増をカバーするために　借金をつくる…(村木)

この例のように「ため」は単独では使えないが「支出増をカバーする」などの補文をとって、全体として副詞句をつくる。そのカナメになるのが「ため」で、これを副詞と考えるのである。上例では「支出増をカバーする」ことが「借金する」目的であり、それをそれぞれ連体成分、連用成分で表現している。

(48) a. **仕事に役立つような部屋の改造を　した。**
　　 b. **仕事に役立つように　部屋の改造を　した。**
(49) a. **庭園を見学するための／*のにの事前の申請を　しなければならない。**
　　 b. **庭園を見学するために／のに　事前の申請を　しなければならない。**

　(48)の「ような」と「ように」は一応対応している。(46)で「ための」と「ために」は対応しているが、「のに」については連用のみで、連体の形は許されない。
　程度・頻度と同じく目的表現は本来連用的に働くもので、連体用法はかなり限られているようである。

5.6. 理由表現

(50) a. **ぼくは　インフルエンザでのやむを得ぬ欠席を　した。**
　　 b. **ぼくは　インフルエンザで　やむを得ず　欠席を　した。**
(51) a. **ぼくは　健康なので　病気のための欠席を　したことはない。**
　　 b. **ぼくは　健康なので　病気のために　欠席を　したことはない。**

　(50)の「で」は、「地震で家が壊れた」「来客で忙しい」などコトを表す名詞について理由を表す格助詞などと言われるものである。「ため」は上述した目的の形式副詞でもあるが、(52)の「ため」はそれとは区別して理由の形式副詞としたい（奥津(1973) 奥津(1983b) 奥津他(1986)）。

(50)(51)のaはいずれも正文と思うが、bの連用の方が自然であろう。様態・頻度・目的の表現と同じく、機能動詞文でない和語の動詞による普通の文であれば、次のように連用用法しかないのである。動名詞は名詞であるから連体が可能なのである。同時に動詞でもあるから連用も可能なのである。

(52)a. *ぼくは　病気のための　休んだことはない。
　　 b.　ぼくは　病気のために　休んだことはない。

さらに「から」「ので」などになると、次のように機能動詞文でも連体はできないようである。

(53)a. *遅くなったからのタクシーでの登校を　した。
　　 b.　遅くなったから　タクシーで　登校を　した。
(54)a. *先生は　天気になったのでの散歩を　していらっしゃる。
　　 b.　先生は　天気になったので　散歩を　していらっしゃる。

もっとも名詞に「から」のついた形なら非文にはならないようである。

(55)a.　積み荷の遅れからの大損を　した。
　　 b.　積み荷の遅れから　大損を　した。

「で」や「ため」が連体可能で、「から」や「ので」の連体に問題があるのは何故だろうか。とりあえず個別的・語彙的な制約であるとしておく。「ゆえ」「もので」「せいで」など他にも理由の形式副詞があるが、省略する。
　さて次の例はどう分析すべきか。

(56)a.　…東海大高を２安打に抑える好投を　示した。（村木）
　　 b.　…東海大高を２安打に抑えて　好投を示した。

aは村木(1991)の例である。村木によれば「示す」が機能動詞ということになるが、「好投をする」でももちろんよい。動詞文であるaの連体成分を、「～て」によって連用化したbはaと同義であろう。この連用成分の働きをどう解釈したらいいか。

　この文を次のように連用成分と主文とを入れかえても同義性は保たれよう。

(57)　…好投して　東海大高を二安打に抑えた。

つまり「好投した」ことが理由で「東海大高を二安打に抑える」という結果になったのである。そこで次のように言いかえてもいい。

(58)　…好投した結果　東海大高を2安打に抑えた。

　因果関係というのは、通常ならば理由・原因が時間的に先にあって、結果はその後に生じる。その言語表現としては、通常は理由・原因表現が前件として連用成分となり、結果が後件として主文となる。
　ところが(56)bでは前件である連用成分が結果を表し、主文が理由を表す形になっている。つまり理由でなく結果の表現が連体と連用で対応しているのである。とすると結果の副詞句というものを立てることになる。
　しかし次の例では結果は連用にはなれない。

(59) a.　10才の少年が　　聴衆を驚かす名スピーチを　　した。
　　 b.　10才の少年が　　*聴衆を驚かして　　名スピーチをした。
　　 c.　10才の少年が　　名スピーチで／をして　　聴衆を驚かした。

この場合は(56)とちがって連体成分を連用化したbは非文になる。「聴衆が驚いた」理由は「名スピーチ」であるから、cのように理由表現が前件に来れば自然な文になる。

では何故(56)bは正文になるのか。たしかに「好投した結果、2安打に抑えた」ということもあるが、試合が終わって「2安打に抑えた」のでそれを「好投」と評価したということもあり得る。とすれば(56)bの連用成分は結果の表現ではなくて、「どんな好投をしたのか」を述べる様態副詞句ということになる。結論的なことは言えないが、連体・連用の対応のおもしろい例である。

5.7. 逆接・順接・条件表現

奥津(1973)では、以上の副詞(句)の他に順接・逆接・条件の副詞句をたて、或る程度の記述をした。

まず順接の形式副詞としたものは「うえ」「あげく」「きり」「かたわら」などがあり、さらに言えば、いわゆる接続助詞の「て」なども順接の形式副詞と考えたいのである。「て」については別に論じる予定である。

(60)a.　上司と相談したうえでのご返事を　いたします。
　　b.　上司と相談したうえ(で)　ご返事を　いたします。

bの「うえ(で)」は「上司と相談する」という前件を、時間的継起にしたがって後件の「ご返事をいたします」に結びつける役割をしている。「上司と相談して」と「て」で結びつけてもいいのである。つまり前件と後件は順接的な関係にある。連用的用法のbの方が自然であるが、それを連体化したaも非文とは言えまい。「ご返事」というウゴキが「上司と相談」した後で起こることを、この連体成分は述べている。こうして連体と連用とは対応しているのである。

(61)a.　**いろいろ迷ったあげくの決断を　くだした。**
　　b.　**いろいろ迷ったあげく　決断を　くだした。**

「(決断を)くだす」が機能動詞であるが、前件と後件は順接関係にあり、

連体も可能であろう。

(62) a.　役所に勤めるかたわらの夜間大学への通学を　している。
　　 b.　役所に勤めるかたわら　夜間大学に　通学を　している。

　「かたわら」という形式副詞は、前件と後件を同時的な出来事として順接的に結びつける。ｂがもちろん自然な文で、それをわざわざ連体化することは、実際にはあるまいということで非文と言うならたしかに非文である。
　また「通学する」は移動動詞だから着点を表す格助詞「に」をとる。格も用言にかかるという点では連用である。上例は順接と着点格の二つが連体と連用で対応している。そして連体の場合は「に」を避けて「へ」を使う。
　以上のように順接的副詞句ならば、一応連体と対応するようであるが、以下の逆接と条件の場合、連体はできない。
　逆接の形式副詞には「のに」「ものの」「くせに」「どころか」などがあり、さらに「けれども」「が」なども形式副詞としたい。これらは並列詞としての用法もあるが、従属と並列の問題についてはいずれ触れる予定である。ともあれ次のように逆接の副詞句は連体化できない。

(63) a.　*さっぱり勉強しなかったのにの合格を　してしまった。
　　 b.　さっぱり勉強しなかったのに　合格を　してしまった。
(64) a.　*弱虫だったくせの空威張りばかりを　していた。
　　 b.　弱虫だったくせに　空威張りばかりを　していた。

　これらの逆接副詞句は本来連用の働きのみで、連体ができないのは、動名詞の意味と矛盾する内容を連体的に述べることを許さないという意味的な制約からであろう。上述のように順接なら連体も可能だったのは、連体成分が動名詞の意味と矛盾しなかったからであろう。
　次に条件の形式副詞としては「と」「ば」「たら」「なら」などがある。これらが条件の副詞句をつくるのだが、連用のみで連体はできないようであ

る。

(65) a. ＊飲んだらの車の運転を　してはいけない。
　　 b. 　飲んだら　車の運転を　してはいけない。
(66) a. ＊高速道路にはいるとの乱暴な運転を　する。
　　 b. 　高速道路にはいると　乱暴に　運転を　する。

　なお条件表現についての連体・連用の対応は第4章で述べる。

5.8.　まとめ

　以上程度・頻度・目的・理由・条件・順接・逆接の表現をとりあげた。これらは本来は副詞（句）であるが、機能動詞文であれば動名詞にかかって連体成分になる可能性がある。

　個々の副詞（句）についてみると、個別的・語彙的な制約がいろいろあったが、基本的には機能動詞文において連体と連用とは対応するようである。連体の場合は動名詞の名詞的な面にかかり、連用の場合は動名詞の動詞的な面にかかるが、どちらも動名詞のウゴキの意味を修飾し、機能動詞文全体としては同義的である。このことが機能動詞文における連体と連用の対応を可能ならしめているのであろう。

　ただし逆接・条件の場合は一般的に連体ができないようなのは、連体成分の場合は、動名詞の意味と矛盾したり、それになじまなかったりするからであるらしい。また連用成分の場合も、様態・程度・頻度・目的・理由などとは、主文との意味関係が違うところがあるのであろう。連体と連用の対応を離れて、これら副詞（句）と主文との関係をさらに考えなければならないであろう。

　連体が可能な統語的条件は、分離形の場合であること、つまり動名詞が目的語として「を」をとり機能動詞に続く場合であり、それは本節の種々の副詞（句）などに限らない一般的条件である。

　また機能動詞文でない場合には、動名詞が連体成分をとっても、連用と対

応するわけではない。これも今回の副詞（句）に限らない。例えば頻度副詞の場合(44)の機能動詞文ならいいが、次の非機能動詞文では連用は非文となる。

(67) a. 1時間ごとの巡回を　とりやめた。
　　 b. *1時間ごとに　巡回を　とりやめた。

もちろん「1時間ごとの巡回をした：1時間ごとに巡回をした。」は機能動詞文であって対応する。

6. 格成分と連体・連用

〈名詞＋格助詞〉という形をとる成分——格成分——は、本来、文中で動詞・形容詞など述語にかかる連用成分であるが、機能動詞文の場合、これが動名詞にかかる連体成分にもなり得る。その格成分にも主語・目的語のような基本的なものもあれば、時格・期間格のように任意の成分もあるが、どの格成分も原則として、連体・連用の対応がある。本節では種々な格成分についての対応を検討する。

6.1. 目的語

(68) a.　先生は　**印度哲学の研究を**　しておられる。
　　 b.　先生は　**印度哲学を**　研究しておられる。

従来よく論じられたのが上の2文の関係である。動名詞が他動詞的であるとき、その目的語は上例bのように「印度哲学を」と「を」をとるのはいうまでもない。この場合「印度哲学を」は「研究する」にかかる連用成分である。

しかし動名詞の方が「を」をとって分離形の「研究をする」となっていれば、「*印度哲学を研究をする」のような「を」の重複を避け——**二重「を」**

格の回避──、「印度哲学」は「を」ではなく、いわゆる連体助詞の「の」をしたがえ、動名詞「研究」に対して連体の形をとる。「研究」はその後に「を」をとっているから、明らかに名詞であり、したがって「印度哲学」は連体が可能になる。

いずれにしても例文 a、b の知的意味は同一である。とすればこの場合も連体と連用とに対応があるということになる。

しかし分離形の場合に、種々の格成分が必ず連体になるわけではない。むしろ「を」格以外は連用でもいいのである。そして二つの「を」格もレベルの違うものであるから、理論的には二重の「を」格は許せるはずである。影山 (1993) も実例をあげて、統語的には二重「を」格が許されるとしている。私も次のような衆院予算委員会での政府側の答弁を聞いたことがある。

(69)　政府は**小委員会を設置を**いたしまして、検討する予定であります。

これは誤用とすべきかも知れないが、私には自然に聞こえた。また動名詞の目的語の位置が動名詞から離れれば、さらに不自然でなくなるようである。

(70)　政府は**小委員会を**できる限り速やかに**設置を**いたしまして、…。

こうしてみると二重「を」格の回避はきわめて表層的な制約のようであり、さらに調査の必要がありそうであるが、以下では二重の「を」格は一応非文として扱う。

以下村木 (1991) の機能動詞文の用例も交えて、検討してみよう。

(71) a.　…**強心剤と栄養剤の注射を**　打った。(村木)
　　 b.　…**強心剤と栄養剤を**　注射した／＊**注射を**　打った。

村木は「する」と同じく「打つ」も機能動詞とする。たしかに「注射を打

つ」は「注射する」と同義だろうが、非分離形の「*注射打つ」は非文である。そこで連体の場合はいいが、連用の場合に「*強心剤と栄養剤を　注射を打つ」は「を」が重複して非文になるので、bでは「注射を打つ」と同義的な「注射する」しか使えない。

(72) a. セ・パ両リーグとも…**本格的トレーニングの**スタートを　切った。（村木）
　　 b. セ・パ両リーグとも…**本格的トレーニングを**　*スタートを　切った／スタートした。

　(72)も同様であるが、「スタートする」は自動詞か他動詞か判断が難しい。「始まる」「始める」と同義で、自・他両用のようであるが、上例は他動詞である。この場合もbでは「を」格の重複を避けて「スタートする」になる。

(73) a. 昨年十二月には**「女たちの忠臣蔵」の**大ヒットを　飛ばした。（村木）
　　 b. 昨年十二月には**「女たちの忠臣蔵」を**　*大ヒットを飛ばした／大ヒットさせた。

　(73)aの「(大ヒットを)飛ばした」は使役的機能動詞と村木が考えたものである。「大ヒットする：大ヒットさせる」という自動詞と使役との対応があるが、「*大ヒットが飛ぶ」という自動詞形はなく、他動詞形の機能動詞として「飛ばす」だけが使えるのである。

(74) a. ホメイニ師は現在のところ、**人質の解放の**同意を　与えていない。（村木）
　　 b. ホメイニ師は現在のところ、**人質の解放に**　同意を　与えていない／同意(を)していない。

この例の「同意を与える」は「同意(を)する」と同義的であるが、連用の場合「人質の解放」はｂのように「に」格をとり、「Ｎに同意する」となる。「に」格ではあるが、「人質の解放が同意された」のように受身文もできるし、杉本(1991)の言う「準他動詞」の直接目的語と考えておく。以下同様で「を」以外の格助詞をとる連用成分であれば、その動名詞は「を」をとって分離形とすることもできるし、「を」を除いて非分離動詞にしてもいい。
　次の例も意味役割は「理解」というウゴキの対象であり、それが統語的に目的語となると考えたい。

(75)a.　**このあたりの地学と歴史に対する**理解を　深めることができた。(村木)

　　b.　**このあたりの地学と歴史に対して**　理解を　深める／する　ことができた。

つまり「地学と歴史に対して理解をする」ことは「地学と歴史を理解する」ことでもある。なお「理解する」と「理解を深める」は意味の強さがちがうので、村木は「強意相の機能動詞」としている。ともあれａの連体成分「〜に対する」はｂでは「〜に対して」のように連用になっている。

6.2.　間接目的語
　以上は直接目的語の場合であったが、間接目的語と思われるものにも連体・連用の対応がある。

(76)a.　百姓達は　必死で　**殿様への**訴えを　した。
　　b.　百姓達は　必死で　**殿様に**　訴えを　した／訴えた。

　ｂの「殿様に」は「訴える」にかかる連用成分で、間接目的語と考えられる。それが連体成分になるときは「に」が「の」との共起を避けて、「*殿様にの訴え」は「殿様への訴え」になる。

6.3. 受身文と動作主を表す格

受身文において、能動文の主語から格下げされた名詞につくのはいうまでもなく「に」「により」「によって」「から」などである。

(77) a.　代議士は　検察庁による／検察庁の摘発を　うけた。
　　 b.　代議士は　検察庁により／検察庁に　摘発を　うけた／摘発(を)された。
(78) a.　先生は　学生からの／学生の拍手を　浴びて　ステージを降りた。
　　 b.　先生は　学生から／学生に　拍手を浴びて／拍手(を)されて　ステージを降りた。
(79) a.　性急な近代化の強行は、左右両派からの反発を　買った。(村木)
　　 b.　性急な近代化の強行は、左右両派から　反発を　買った／反発(を)された。

上の「(摘発を)うける」「(拍手を)浴びる」「(反発を)買う」などは村木によって受身の機能動詞とされたものである。例えば「摘発をうける」は「摘発される」と同義的であるが、「うける」は受身専用の機能動詞なのである。上のそれぞれの例文のaにおける連体成分は「摘発する」「拍手する」「反発する」の動作主を示す。それがbでは「に」「によって」「から」などをとって連用成分となるのである。

ただし連体の場合、「*検察庁の／による摘発をされた」「*学生(から)の拍手をされた」「*左右両派(から)の反発をされた」は不自然であろう。つまり「うける」「浴びる」など特殊な機能動詞ならいいのだが、「する」を使った場合、動作主の名詞は連体ができないのである。

また分離形では動名詞自体が「を」をとって一種の目的語と考えられ、機能動詞は他動詞と考えられるから、「摘発がなされた」のように動名詞を主語とする受身文の可能性もあるが、これはまた別の話である。

6.4. 使役文と被使役者を表す格

村木の機能動詞には他動・使役の働きをもつものもある。

(80) a. 隊長はその日 **部下たちの奮起を** うながした。
 b. 隊長はその日 **部下たちに** 奮起を うながした／**部下たちを** 奮起させた。

使役文は、例えば「部下たちが奮起する」のような文を埋め込んだ構造であると考えられる。その主語で動作主の「部下たち」が使役文では目的語となり「に」または「を」をとり、被使役者を表す。aの連体成分の「部下たち」は動名詞「奮起」のいわば主語であるが、主文の主語は「隊長」である。その「隊長」が「部下たちを奮起させる」と言うかわりに「奮起をうながす」というのだから、「うながす」は使役の機能動詞なのである。そしてbでは、使役の対象である「部下たち」は、「に」または「を」をとって、連用成分になっているのである。

ただし連体の場合、受身文と同じく「*部下たちの奮起をさせた」は不自然であろう。

6.5. 対称格と共同格

次は格助詞の「と」をとる対称格と共同格である。

(81) a. 当社は去年 **アメリカのＡ社との**契約を 結んだ／した。
 b. 当社は去年 **アメリカのＡ社と** 契約を 結んだ／契約（を）した。
(82) a. 宮澤首相は昨日ホワイトハウスで **クリントン大統領との**握手を 交わした／握手を した。
 b. 宮澤首相は昨日ホワイトハウスで **クリントン大統領と** 握手を 交わした／握手（を）した。

「契約する」「握手する」などは対称関係動詞で、主語と対称格の名詞の順序を入れかえても同義的な文が成立する（奥津（1967））。この場合の対称格も上例のように連体・連用の対応がある。

(83) a. 首相は料亭で **党幹部との食事を** した。
　　 b. 首相は料亭で **党幹部と** 食事（を）した。
(84) a. 太郎はしばらく **花子といっしょの生活を** した。
　　 b. 太郎はしばらく **花子といっしょに** 生活（を）した。

上例の「食事」「生活」は対称関係の動名詞ではないが、任意の要素として「党幹部と（いっしょに）」「花子と（いっしょに）」などの共同格をとり、連用の働きをし、そしてaのように連体もできる。

6.6. 起点格と目標格

次は移動動詞文における起点格と目標格である。

(85) a. 母は明日 **成田からの旅立ちを** する。
　　 b. 母は明日 **成田から** 旅立ちを する／旅立つ。
(86) a. 父はこの春 **アフリカへの旅行を** する。
　　 b. 父はこの春 **アフリカへ** 旅行（を）する。

移動動詞文は原則として移動の主体と起点・目標を表す3つの格を要求するが、上例のように両格とも連体・連用が対応する。ただ起点格は「アフリカに」のように「に」もとれるが、連体の場合は「*アフリカにの」ではなく「アフリカへの」となる。

6.7. 引用格

Grimshaw & Mester (1988) は最近の生成文法による機能動詞文の研究で、次の例文はよく引かれるものである（原文はローマ字）。

(87) a. ジョンは　村人に　**狼が来るとの**警告を　した。
　　 b. ジョンは　村人に　**狼が来ると**　警告をした。

　彼らの研究への言及は別のところでするとして、「発言」「陳述」「断言」「放言」「警告」「報告」「予言」「告知」など、言語行動を表して引用文をとる動名詞も多い。
　引用構造文に埋め込まれた引用文は、引用格の「と」をとるが、連体成分にするには「～という・～との」の形をとる。

(88) a. 課長は　部長に**「貸し倒れが増加している」という／との**報告を出した／した。
　　 b. 課長は　部長に**「貸し倒れが増加している」と**　報告を　出した／報告（を）した。
(89) a. …うすうす　**そうじゃないかという**疑いを　持ってはいましたが…。（村木）
　　 b. …うすうす　**そうじゃないかと**　疑いを　持ってはいましたが／疑ってはいましたが…。
(90) a. …**オーディションを受けないかとの**誘いが　あった。（村木）
　　 b. …**オーディションを受けないかと**　誘いが　あった／誘われた。

　(89)の「疑う」は引用動詞と考えられるが、「＊疑い（を）する」はいえない。村木は「(疑いを)持つ」を機能動詞としたのである。いずれにしろ連体と連用は対応する。つまり引用文は、連用成分として「言う」「報告する」「疑う」などの引用動詞にかかり、その引用文が機能動詞文にあれば、動名詞に対して連体成分にもなるのである。
　(90)の「誘う」は引用動詞かどうか問題があるかもしれないが、一応引用動詞とした。「誘い」も「＊誘い（を）する」は言えない。「(誘いを)かける」などが機能動詞になるのだろうが、この例の機能動詞は「ある」で「誘われる」の意味の受身の機能動詞と村木はしている。

6.8. 結果格

次のような変化動詞文において「青に」は変化の結果を表す。

(91) 信号が 赤から 青に なった。

この「に」は結果を表す格助詞とする説もあるが、奥津 (1976) では述語「(青)だ」の連用形と考えた。変化動詞文については第3章でもとりあげるが、格助詞説にせよ、「だ」の連用形説にせよ、変化を表す機能動詞文においても、結果格について連体と連用は対応するのである。

(92) a. コタンスキー教授は 古事記のポーランド語への翻訳を した。
  b. コタンスキー教授は 古事記を ポーランド語に 翻訳した。
(93) a. 彼女は OLから女優への華麗な変身を した。
  b. 彼女は OLから 女優へ 華麗に 変身(を)した。
(94) a. 能動文の受身文への変形を する。
  b. 能動文を 受身文に 変形する

(92) の「翻訳」は或る言語の他の言語への変換を意味する。この例では「ポーランド語」が結果であるが、連用の場合は「に」であっても、連体では「*ポーランド語にの」は非文で「ポーランド語への」となる。「の」の前での「に」から「へ」への変換は、変化機能動詞文に限らない。また (93) b の結果格は副詞の「華麗に」との「に」の重複を避けて、「女優に」でなく「女優へ」の方がよいであろう。

なお Hasegawa (1991) は、次の例を挙げ、「結果の二次述語」(resultative secondary predicate) がある場合は分離形ができないとしている (原文はローマ字)。

(95) a. *敵軍が 粉々に／な 橋の破壊を した。
  b. 敵軍が 粉々に 橋を 破壊した。

このことからHasegawaは、動名詞というカテゴリーを立てることを否定し、分離形の場合は名詞であり、非分離形の場合は動詞であって、違うカテゴリーであることの一つの根拠にしている。しかし私にはaの「粉々に　橋の破壊をする」の方が正文と思えるし、上の(92)(93)(94)の結果格も二次述語であろうが、分離形・非分離形どちらも正文である。この議論は連体・連用の対応を離れて、変化動詞文および機能動詞文自体の問題でもあり、いずれ詳細に論じなければならないと思っている。

6.9. 時点格

時点格は任意の要素で、その文が表すことがらの生じる時点を示すが、動名詞に対して連体・連用の関係では他の格と同じである。

(96) a.　中隊は敵陣に　**深夜の奇襲を**　かけた／奇襲を　した。
　　 b.　中隊は敵陣に　**深夜(に)**　奇襲を　かけた／奇襲(を)した。
(97) a.　大統領は毎日　**早朝の**ジョギングを　する。
　　 b.　大統領は毎日　**早朝(に)**　ジョギング(を)する。

村木によれば、例えば上例の「(奇襲を)かける」が機能動詞ということになり、「(奇襲(を))する」と同義的で、機能動詞文を作る。そして「奇襲」というウゴキが「深夜」という時点に生じることを示す。もし動詞が機能動詞でなければ、次のように連体と連用は対応しない。

(98) a.　中隊は　**深夜の奇襲を**　中止した。
　　 b.　*中隊は　**深夜に**　奇襲を　中止した。

bはそれ自体は正文であるが、aが「奇襲の中止」の時点を明示していないのに対し、bは「奇襲の中止」の時点が「深夜」になり、aと同義ではなく、その意味では非文である。

6.10. 場所格

(99) a. 博士はもう1年 **中国での研究を** 続ける／する 予定だ。
　　 b. 博士はもう1年 **中国で** 研究を 続ける／研究（を）する 予定だ。
(100) a. …石油価格問題が **カラカスの今総会での決定を** みるのは…。（村木）
　　　b. …石油価格問題が **カラカスの今総会で** 決定を みるのは／決定するのは／決定されるのは…。

上例の「決定をみる」は、村木によって受身の機能動詞とされたものであるが、「決定する」は自動詞・他動詞両用のようである。

6.11. 手段格・理由格

(101) a. 卒業生一同は教授と **ビール（で）の祝杯を** あげた。
　　　b. 卒業生一同は教授と **ビールで** 祝杯を あげた。
(102) a. その時すでに **一酸化炭素の／による中毒を** おこしていた。
　　　b. その時すでに **一酸化炭素で／によって** 中毒を おこしていた。

(101)の「祝杯」は動名詞かどうか問題のように思うが、「飲んで祝う」「祝って飲む」と考えれば、これも一種の動名詞で、村木によれば「あげる」が機能動詞になる。ただし「*祝杯（を）する」のようにはできない。「ビール」は手段と考えられる。
(102)の「中毒」は「中毒する」が言えるから、動名詞と考えられ、「おこす」は機能動詞となる。「一酸化炭素」は「中毒」の原因と考えられる。上例のように手段格・理由格も連体と連用は対応する。

6.12. 期間格

(103) a. 記者は **24時間の／24時間にわたる取調べを** 受けた。

b.　記者は　24時間／24時間にわたって　取調べを　受けた。
(104) a.　林はそこで　**36分の長考を**　はらい…。(村木)
　　　b.　林はそこで　**36分　長考を**　はらい…。
(105) a.　課長は　北京へ　**1週間の出張を**　した。
　　　b.　課長は　北京へ　**1週間　出張**(を)した。

　(103)は受身の機能動詞文であるが、要するに「誰かが記者を24時間取調べた」というので、「24時間」は期間格の名詞である。(104)(105)も同様で「36分長考する」「1週間出張する」ということである。これら期間格表現がaでは連体成分であり、bでは連用成分になっている。
　次のように機能動詞文でなければ連体と連用は対応しない。

(106) a.　課長は　**北京への1週間の出張を**　喜んだ。
　　　b.＊課長は　**北京へ　1週間　出張を**　喜んだ。

7.　主語

　以上機能動詞文における種々の格について、連体と連用との対応を見てきたが、主要な働きをする主語については触れなかった。結論を言えば、主語は機能動詞文において連体成分になれないのである。

(107) a.＊今　**太郎のジョギングを**　している。
　　　b.　今　**太郎が　ジョギング**(を)している。
(108) a.＊**太郎の深呼吸を**　した。
　　　b.　**太郎は　深呼吸**(を)した。
(109) a.＊**日本の経済のいちじるしい発展を**　した。
　　　b.　**日本の経済は　いちじるしく　発展**(を)した。

　このように主語は動名詞に対して連体成分になれない。上述のように主語

以外の格はみな連体になれたし、目的語の場合は、二重「を」格の回避のために、連体にならなければならなかった。ところが主語は連体になれないのである。ここにも主語の他の格に対する序列の高さが示されている。
　ではなぜ主語は連体になれないのだろうか？
　文が文として成立するためにはまず述語がなければならない。同時にその述語は少なくとも主語を要求するのが原則である。目的語その他の格は常に要求されるわけではない。述語によって、共起する格が違う。任意の格は言うまでもない。しかし主・述という文の基本構造を守るためには、連用としての主語が必要なのである。もし機能動詞文ではなく、単なる動名詞句をつくるのであれば、主語も連体になれる。次の例で検討してみよう。

(110) a.　企業が　政党幹部に　金品を　ひそかに　贈与する。
　　　b.　企業の　政党幹部への　金品の　ひそかな　贈与（が暴露された。）
　　　c. *企業が　政党幹部への　金品の　ひそかな　贈与（が暴露された。）

　a、b、cともに動名詞の「贈与」を持っているが、「贈与する」は与え動詞で主語・間接目的語・直接目的語という三つの格を要求する。上例で言えば「企業」「政党幹部」「金品」である。その上任意に様態副詞の「ひそかに」をとっている。
　aは機能動詞文で、四つの連用成分を持つ正文である。
　bは「贈与」は機能動詞をとらず、「暴露された」という受身動詞の主語になっている。そして「贈与」が動名詞としてとる主語もその他の連用成分も連体として「贈与」にかかり、「贈与」を主名詞とした名詞句をなし、受身文の主語として働く。この名詞句はさらに主語としてばかりでなく、「を」「に」「と」「で」などをとって種々な格として働くことができる。この点では通常の名詞と異ならない。
　cはbと同じ受身文だが、主語の「企業」を連用化したもので、この場合

はむしろ非文になってしまう。

そこで機能動詞文の主語について次の制約が立てられる。

(111) 動名詞が「を」をとって機能動詞とともに機能動詞文をなす場合に、主語だけは連体を許さない。

この制約に関して Grimshaw & Mester (1988) は「主語は常に動名詞句の外になければならない」と言う。これはいいのだが、さらに「主語以外に少なくとも一つの項は動名詞句の外になければなならい」と言うのは正しくない。例えば(107)(108)(109)は自動詞文だから主語以外に連用成分はない。また次の例のb、cにおいて、動名詞句の外にあるのは主語一つであるから、彼らによれば非文になるはずだが、正文であろう。

(112) a. ジョンは　村人に　狼が来るとの警告を　した。
　　　b. ジョンは　村人への　狼が来るとの警告を　した。
　　　c. ジョンは　狼が来るとの　村人への　警告を　した。

8. 連体成分と連用成分の分布

以上機能動詞文における連用と連体の対応を個別的に検討した。これら連体成分と連用成分をまとめて機能動詞文中での分布を見てみる。

まず非分離形の場合はあまり問題がない。(110)aをもう一度あげる。

(113) 企業が　政党幹部に　金品を　ひそかに　贈与する。

この例には四つの連用成分があるが、そのどの一つも連体にはならない。もういちいち非文の例はあげるまでもなかろう。「贈与する」という非分離形の動名詞は連体成分がとれないのである。動名詞は「する」と一体となり、通常の動詞「贈る」と同じように四つの連用成分をとって働くのであ

る。

問題は次のような分離形の場合である。

(114) a.　企業が　政党幹部に　**金品のひそかな贈与を**　する。
　　　b.　企業が　政党幹部に　**ひそかに** **金品の**　贈与を　する。
　　　c.　企業が　**政党幹部への金品のひそかな**　贈与を　する

　直接目的語である「金品」は、二重「を」格回避によって、文中のどこにあっても連体化する。aでは「金品」の後方にある様態副詞の「ひそかに」も連体化する。「ひそかに」が金品の前方にあれば、bのように連体化はしなくてもよい。さらにcは3連用成分がすべて連体化したものである。これは上述のGrimshaw & Mesterへの反例になる。要するに主語以外の連用成分はすべて連体化し得るのである。

　ただし分離形の場合でも、「を」格以外は必ずしも連体化する必要はなく、a、bのように連用でもいいのである。ただ連用・連体が混在するとき、次のように動名詞句の中への連用成分の混入は許されない。

(115) a.　*企業が　[政党幹部への　金品の　**ひそかに**　贈与] を　する。
　　　b.　*企業が　政党幹部に　[金品の　**ひそかに**　贈与] を　する。

つまり複数の連用成分に対する連体化には次のような制約がある。

(116)　**分離形機能動詞文の場合、連用成分は後方から前方へと順次連体化することはできるが、途中で連用成分を飛び越して前方への連体化はできない。**

つまり次のようであればいいのである。

(117) a.　企業が　政党幹部に　ひそかに [金品の　贈与] を　する。

b.　企業が　政党幹部に［ひそかな　金品の　贈与］を　する。
　　c.　企業が［政党幹部への　ひそかな　金品の　贈与］をする。

　動名詞が「を」格をとっていれば、形の上でも名詞であることが明示されるから、主語以外の連用成分は連体成分となり、動名詞は主名詞となって動名詞句を成す。しかし分離形であっても、機能動詞とともに文の述語としての役割も持っているから、「を」格名詞以外は連用成分としても働けるのである。

　動名詞とは、まさにその名の通り、動詞としての面と名詞としての面をあわせ持った特殊な語類なのである。そしてある時は動詞の面が前景化し、ある時は名詞の面が前景化し、それに伴って連体と連用とが対応するのである。

　次に分離形の動名詞の機能動詞文中における分布である。動名詞が「を」格をとっていれば、それは目的語の一種であり、それを受ける機能動詞は他動詞と解釈するのが自然であろう。一般に目的語といわず種々な格は日本語においては文中で比較的自由な位置を占める。いわゆるスクランブリングが可能である。今は目的語としての動名詞について見てみよう。

(118) a.　企業は　政党幹部に　ひそかに　**金品の贈与を**　する。
　　　b.　企業は　政党幹部に　**金品の贈与を**　ひそかに　する。
　　　c.　企業は　**金品の贈与を**　政党幹部に　ひそかに　する。
　　　d.　**金品の贈与を**　企業は　政党幹部に　ひそかに　する。

　上の諸例はいずれも正文ではあろう。このように分離形動名詞の位置は比較的自由ではあるが、上の4例には自然さの序列があるように感じる。a＞b＞c＞dの順に自然さが下がっていくようである。そして動名詞が単なる名詞でないことは、文中の位置にかかわらず、その機能動詞文の格の枠組みや副詞（句）を決定する。(118)の例で言えば、主語・直接目的語・間接目的語・様態副詞を決定するのは「贈与」という動名詞である。もちろんそれが

機能動詞文であるのは、機能動詞の「する」にもよる。動名詞と機能動詞との距離にかかわらず、両者は密接に結びついて機能動詞文を構成するのである。

9. おわりに―機能動詞文の諸問題―

以上機能動詞文における連体と連用の対応を考察してきた。制約はいろいろあるにせよ、動名詞が持つ動詞的側面と名詞的側面の故に、機能動詞文における種々の連用成分が、名詞としての動名詞にかかる連体成分にもなり得るのである。

連体と連用との対応を一応離れても、機能動詞文自体が興味ある研究対象であり、本章では村木(1991)に負うところが大きかった。生成文法の立場からも Kuroda(1965)、井上(1976)、影山(1980)、Grimshaw & Mester (1988)、Hasegawa(1991)、影山(1993)その他かなりの研究がある。当然のことであるが、同じ生成文法の立場からでも諸家によって解釈が違う。本章も機能動詞文について一つの解釈を提示しているわけではあるが、上記諸家の解釈との関連で、機能動詞文自体についてさらに詳論すべきであろう。しかし本書の主題は連体と連用の対応であるから、以下簡単に問題点のみ指摘し、詳論は別の機会にゆずりたい。

第一に、「動名詞」と呼んだものは何か？ 独立した品詞か、それとも名詞または動詞の下位の語類か、それとも両者に分属させるか？ Verbal Noun (動名詞)という用語は Martin(1975)にあるが、影山(1993)はこれを一つの品詞としている。しかし Hasegawa(1991)のように名詞と動詞とに分ける立場もある。

第二に、「機能動詞」とは何か？ 村木(1991)は、機能動詞をかなり拡大したが、一般には「する」が機能動詞あるいは light verb などと呼ばれる。一体どこまでが機能動詞か？ そして「する」は自動詞か、他動詞か？ 分離形の「する」は他動詞のように見えるが、非分離形は判定が難しい。両者を同一のものとするか、違うものとするか？

第三に、動名詞は非機能動詞文の中で名詞句を作って働くこともできる。連体・連用の対応とは関係がないかも知れないが、この場合の動名詞句についての研究も深める必要がある。
　第四に、動名詞がとる連体成分が連用成分と対応しない場合の一つとして次のようなものがある。影山（1993）の例を引く。

(119) a.　大学病院の医師達が　花子に　**心臓移植の**手術を　した。
　　　b. *大学病院の医師達が　花子に　心臓移植を　手術した。

つまり「心臓の手術をした」であれば、その連体は「心臓を手術した」の連用と対応し、「心臓」は「手術」の目的語である。しかしaの連体である「心臓移植」は「手術」の目的語ではなく、「手術」の種類を具体的に示すものであり、したがってbのように連用はできないのである。この例からしても、動名詞と連体成分の統語的および意味的な関係について、さらに考えるべき点がある。
　第五に、例文の文法性の判定の問題がある。
　影山（1993）から一つだけ例をあげると、

(120)　突然、ピストルが　暴発（を）した。

のように、非意図的なウゴキを表す動名詞の場合は、「を」が使えないと言うのである。しかし私にはこれは正文に思える。
　影山によると東京方言と関西方言では違いがあるという。田野村（1988）平尾（1990）もこの問題をとりあげている。したがって本章の例文についても、その文法性について異論のある向きもあろう。文法性の判定に違いがあれば、分析の結論は当然違ってくる。すると先ず必要なのは方言学的な側面も含めて、インフォーマントや実例についての調査・研究である。
　第六に、動名詞は漢語に多いが、外来語も現在ではかなりある。とすると機能動詞文は語彙論や日本語史の研究対象でもあり、理論的研究もこの点を

考慮に入れる必要がありそうである。
　以上の他、機能動詞文についてはなお大小の問題がある。これらについては別の機会に発表したいと思う。実は次章の「自然現象文」も機能動詞文の一種と考えているのである。

第2章　自然現象文

1.　はじめに―自然現象文とは何か？―

（1）　雨が　降っている。

　この文を「自然現象を表す文である」というのに誰にも異存はあるまい。しかしこれを前章で論じた機能動詞文と呼べば、納得しかねる向きも多いであろう。ところが、すでに紹介した村木(1991)は「降る」を機能動詞としているのである。とすると「雨」が動名詞ということになり、(1)は機能動詞文ということになる。この村木の指摘はまことに興味深い。
　また機能動詞文は「研究する」「研究をする」のように非分離形と分離形があり、分離形の場合は動名詞が「を」格をとるのだが、(1)の場合は、動名詞が主語として「が」をとり、非分離形が存在しないという点で特殊な機能動詞文である。
　しかしもしこれが機能動詞文であれば、前章で述べたように、連体と連用の対応があるはずであるが、次のようにたしかに対応がある。

（2）a.　**冷たい雨が**　降っている。
　　 b.　雨が　**冷たく**　降っている。

　そこで単に「自然現象を表す文」ではなく、「自然現象を表す機能動詞文」

を「自然現象文」と呼ぶことにする。
　まずこの自然現象文とは何かについて述べ、次に自然現象文における連体と連用の対応について述べることにする。

2.　「雨が降る」は機能動詞文か？

　では自然現象文は本当に機能動詞文なのだろうか。
　村木(1991)のあげた機能動詞は多様である。「(研究)する」「(調査を)行う」などはもちろんだが、例えばこの「降る」まで機能動詞とするのである。村木も認めているが、普通の動詞と機能動詞は連続するところがあり、この「降る」も次の場合は機能動詞とは言えない。

（3）　空から小判が降ってきた。

　しかし「雨が降る」の場合は「雨」というものがまずあって、それが「降る」というのではなく、「雨降り」という一語で表すような現象の発生を表すのではないか。「雨」はたしかに「する」のような代表的な機能動詞をとって「*雨する」「*雨をする」「*雨がする」などとは言えないし、「*雨る」のような動詞もないが、「雨」は一種の現象の表現であり、ウゴキの表現であることも確かである。
　『時代別　国語大辞典　上代編』によれば「ふる[零・落]　雨・雪などが降る。また、霜・露などにもいう。」とあって『万葉集』などからいくつかの例があがっている。つまり「降る」は本来は、雨・雪・霜・露など自然現象専用の動詞であって、まさに機能動詞的なのである。

（4）　稲光が　する。
（5）　夕焼けが　する。

などは、ほとんど無意味の機能動詞「する」がついて自然現象の発生を表

す。「光る：光り」「焼ける：焼け」は動詞と名詞との対応があるから、「稲光」「夕焼け」もウゴキを表す動詞的な意味を持った名詞と考えることができる。つまり動名詞である。そして形式的な動詞として「する」をとって文、つまり機能動詞文を成すのである。とすると同じく自然現象を表す「雨」も動名詞と考えてよいのではないか。そして「雨が降る」を機能動詞文とする村木の解釈も妥当なものであろう。自然現象は多くの場合このような機能動詞文によって表現されるのである。

　村木は、英語の It rains. ドイツ語の Es regnet. フランス語の Il pleut. の例をあげ、動詞が実質的な意味を担い、主語の it はいわゆる虚辞 (expletive) であること、それに対して日本語は主語の名詞が実質的な意味を担い、動詞が虚辞的であることに、対照言語学的な興味を感じている。

　スペイン語では、名詞の「雨」は lluvia、動詞の「雨が降る」は llove で、文としては Llueve. であるという。スペイン語では動詞の形が主語の人称・数と一致するので、主語の人称代名詞は省略されることが多いが、自然現象文の場合は、本来主語をとらないいわゆる単人称動詞 (verbos unipersonales) であり、動詞は三人称単数の形しかない。自然現象文でない通常の動詞文は、やはり主語があり、それが省略されるのだが、星野起美（神田外語大学大学院生）の報告によれば、自然現象文では、中性的な三人称単数代名詞 eso でも主語として使えないと言う。三人称単数形しかないから、主語が省略されると言ってもいいかもしれないが、本来主語がないので、最も無標の三人称単数形動詞が使われると解釈する方がいいのではないか。この単人称動詞は llover の他に lloviznar（小雨が降る）、nevar（雪が降る）、tronar（雷が鳴る）、ventear（風が吹く）、escarchar（霜がおりる）などがあり、後に述べるが、このそれぞれに対応する日本語も興味深い。

　スロベニア語も同様で、リュブリアナ大学のアンドレイ・ベケシュによると dezuje（雨が降っている）は三人称単数形の動詞だが、やはり無主語だそうである。snezi（雪が降る）grmi（雷が鳴る）も同様である。

　中国語の"下雨"についても村木は触れているが、これを「動詞＋名詞」という構造とすれば、「主語＋述語」という中国語の通常の語順とは逆にな

るし、"下雨"を一語の動詞と解釈する可能性もある。この解釈をとれば"下雨"は主語のない動詞だけの文となる。

　以上のように見てくると、自然現象の発生を表す文は、種々な言語で共通する点がある。我々をとりまいて生じる自然現象というものは、「何がどうする」というような主語・述語に分割して表現されるものではなく、主客未分の、あるいは主語のない述語だけの現象なのではないか。ただそれがそれぞれの言語の統語的制約に従って、場合によっては「主語＋述語」という形式だけは整えるのではないか。この場合英・独・仏語などでは主語が形式化し、述語としての動詞が実質的な意味を持つ。スペイン語、スロベニア語に至ってはその主語すらないのである。他方日本語では動詞は機能動詞として形式化し、動名詞が主語として実質的な意味を持つと言える。しかしその動名詞も品詞論的に名詞であるだけであって、実質的には動詞なのである。こうしてみると自然現象文は言語の違いを越えて、共通点を持つことになる。つまり自然現象文は、実質的には、主語のない動詞だけの文であり、我々言語主体は、我々をとりまく自然界の諸現象を、そのようなものとして認知しているのである。なお韓国語の場合は日本語に似ているようであるが、詳しい考察は後日のこととしたい。

　以上のようにして自然現象を表す文の特色から「雨が降る」も機能動詞文と考えるのである。このことは、以下さらに多くの自然現象を表す文を見ることによって裏付けられるであろう。

3. 自然現象文の種類

3.1. 「雪」「霰」「雲」「雷」など

　国立国語研究所『分類語彙表』(1964)の「2. 用の類」には「自然現象」の項があり、多くの動詞をあげている。その中から機能動詞と思われるものを拾い上げてみる。

　まず気象に関する自然現象文はなんと言っても数多い。「雨」はすでにあげたが、「雪」「霰」「みぞれ」などについても「降る」が機能動詞であり、

自然現象文を作る。「雨」は本来「降る」ものであり、「雪」「霰」「みぞれ」なども「降る」ことによって「雪」「霰」「みぞれ」として始めて現象するものなのである。例はもうあげる必要はなかろう。

　以上の他、水分に関する気象現象としては、「霧」「霞」「雲」「露」「霜」などがあり、これらの漢字が雨冠であるのもおもしろい。ただし機能動詞はそれぞれ違う。「霧」「霞」は古い表現ではあるが「霧立つ」「霞立つ」のように「立つ」が使われた。さらに「霧」は古語においては動詞でもあった。例えば人麻呂の長歌に

（6）　……霞立ち　春日の**霧れる**（春日之霧流）ももしきの　大宮處　見れば悲しも（万29）（以下岩波『日本古典文学大系』による）

があり、また磐姫の歌に

（7）　秋の田の穂の上に**霧らふ**（穂上尓霧相）朝霞何處邊の方にわが戀ひ止まむ（万88）

などがある。つまり名詞の「霧」は四段動詞の「霧る」から派生した動詞的意味を持った名詞、つまり動名詞と考えられる。「霧らふ」はそのいわゆる延言である。しかし「霧」が一度名詞として機能を始めると、更に機能動詞の「立つ」を使って自らを動詞的に働かせ、文を作るのである。「霧立ちのぼる秋の夕暮れ」は有名な歌だが、万葉集には次のようなものもある。

（8）　天の河**霧立ち上る**（霧立上）織女の雲の衣の飄る袖かも（万2063）

　「霞」は「霞む」からの派生名詞であろうが、更に機能動詞をとって上の人麻呂の歌のように「霞立つ」となったのであろう。
　「雲」が動詞から派生したものかどうかは知らないが、古語では「八雲立つ」のように機能動詞として「立つ」が使われた。

(9) この大神、初め須賀の宮作らしし時に、其地より雲立ち騰りき。かれ、御歌よみしたまひき。其の歌は、
八雲立つ（夜久毛多都）　出雲八重垣　妻ごみに　八重垣作る　その八重垣を（記歌謡一）

　同時に「雲」の発生を表す自然現象文では「出る」も機能動詞として働く。「八雲立つ出雲」の「出雲」が、「雲」は「出る」ものであることを暗示している。「いづも」という地名を「雲出づるところ」と古代人が解釈した故にあてた漢字であろう。「出る」は、まず内から外への移動を表す移動動詞であろうが、転じて事柄の発生・出現の意味に使われることも多く、機能動詞としても働くようである。
　「虹」は水分と光とがかかわる自然現象だが、機能動詞としては「立つ」「出る」「かかる」などがある。東歌に次の例がある。

(10)　伊香保ろの八尺の堰塞に**立つ虹の**（多都努自能）顕ろまでもさ寝をさ寝てば（万3414）

　「露」「霜」は現代の都市ではあまり関心が払われなくなったが「露がおりる」「霜がおりる」など「おりる」が機能動詞であろう。また古語においては「置く」が機能動詞でもあった。
　「氷」も水分に関する自然現象といえよう。動詞の「こおる」からの派生語であろうから動名詞とも考えられる。

(11) a.　氷が　こおる。
　　　b.　水が　こおる。
　　　c.　池が　こおる。
　　　d.　氷が　溶ける。
　　　e.　氷を　砕く。

aはリダンダントな表現だが、「氷」の発生を表す自然現象文ではないか。「氷」というと、雨・霧などのような輪郭の定まらない対象と違って、固体でもあり、冷蔵庫の中にいつも入っているから、実体的なモノとしてとらえやすいが、「氷が凍る」というときは、モノがあってそれが「こおる」のではなく、とにかく「こおる」という一つの自然現象としてとらえることも可能ではないか。ただし次章とりあげる変化動詞文であるという解釈も可能である。

　bの「水」は動名詞とは言えず、したがって「こおる」も機能動詞とは言えず、「液体が冷えて固体化する」の意味で変化動詞とすべきであろう。cもbとは違うが、一種の変化動詞文である。dは「氷」の消滅を表す変化動詞文で、ここで定義した自然現象文ではない。eも同様で、dやeの「氷」はモノの名詞であって動名詞ではない。このようにして動名詞も機能動詞も、普通の名詞や動詞に連続していくのである。

　水分に関する気象現象とは言えないかも知れないが、「雷」もおもしろい。「神鳴り」の意と言われるが、とすればもとは「神が鳴る」という動詞文が複合名詞化したわけである。「雷」の存在は耳に聞こえるすさまじい音からのみ認知できる自然現象であるが、古代人はそれを神の仕業に見立てたのであろう。その「かみなり」が一語化し動名詞化して「雷」になると、機能動詞の「鳴る」を使って「雷が鳴る」とリダンダントな表現をとるようになる。さらにそれが漢語の「雷鳴」として一語化し動名詞化すると、さらに機能動詞「する」を使って「雷鳴がする」という二重にリダンダントな文となる。この中で「神が鳴る」を本章で定義した自然現象文とは言えないかも知れないが、こうして「雷」という自然現象は、次の三種の表現を持つのである。

(12) a.　神が　鳴る→雷（かみなり）
　　 b.　雷が　鳴る→雷鳴（らいめい）
　　 c.　雷鳴が　する

　「陽炎（かげろう）」も水分に関係する気象現象の一つであろうが、これに

は動詞の「かげろう」もある、現代語では動詞としては使われないだろう。

(13) 東の方に　陽炎が　立っている。

のように「立つ」を使って機能動詞文とする。古語においては「かぎろひ」の形もあった。人麻呂のよく知られた

(14) 東の野に**炎の立**つ見えて（東野**炎立**所見而）かへり見すれば月傾きぬ（万48）

は「かぎろひ」と訓ませている。「かぎろふ」という動詞もあったそうだが、動詞から名詞が派生したのか、名詞から動詞が派生したのか、諸説あってよく分からない。いずれにしろ「陽炎」が名詞であっても、「立つ」とともに自然現象文を構成することは間違いない。

3.2. 海・山・川の自然現象

　海と言えば「波」であるが「立つ」が機能動詞であろう。

(15) 海面／湖面／川面に　波が立っている。

　「霧が立つ」「霞が立つ」などすでに「立つ」が機能動詞であることを述べた。
　「波が寄せる」は古くからある表現だが、人は陸にいるのが普通だから、その視点から見ると「波」と言う現象の発生には「寄せる」などの移動動詞を使うのではないか。
　「津波」なども移動動詞の「来る」でその発生を表現する。ついでながら韓国語では「雨」は「来る」（오다）である。「来る」もこのような場合は発生を意味する機能動詞であろう。
　「洪水」「大水」「出水」などは川に関する自然現象だが、「洪水が　起こる」

「大水が　出る」なども自然現象文であろう。「起こる」は本来「発生」を表す動詞だろうが、「出る」も移動動詞から派生した発生動詞と考えられる。「出水」は漢語として「しゅっすい」とよむが、和語として「でみず」もある。いずれも「出る」という発生動詞を含んだ複合動名詞である。そこで文としては機能動詞の「する」を使って「出水する」となる。

　私事で恐縮だが次は私が学徒出陣するときの友人のはなむけの句である。

(16)　出水して　来たり寄すとも　君に我

　ただし「出水する」は「*出水がする」にはならず、むしろ「大川が　出水をする」のように分離形の他動詞型機能動詞文となろう。自然現象を表す文でも他動詞型のものもあることは後に述べる。

(17)　利根川が　出水する／氾濫する。

などは典型的な機能動詞文であり自然現象文である。「利根川」は主格助詞の「が」をとっているが、むしろ洪水の発生する場所と考えたい。

　「しぶき」は動詞の「しぶく」からの派生語であろうか、「しぶきが　上がる」が機能動詞文と言うべきであろう。

　「雪崩」「山崩れ」「地滑り」「地震」などは山あるいは陸地に関する自然現象文を作る。「雪崩（なだれ）」には「なだれる」と言う動詞もあり、その次の3語はみな「くずれる」「すべる」「ふるう」という動詞をすでに自らに含んだ動名詞である。いずれも「起きる」「起こる」などの発生動詞をとって機能動詞文となるが、「地滑り」は「地滑りする」も可能であろう。

3.3.　「風」など

　次は「風」である。

(18)　風が　吹く。

「風」は本来「吹く」ものであり、「吹く」ことによって「風」は「風」である。「秋風」「朝風」「木枯らし」「追い風」「向かい風」なども「吹く」ものである。古語では「嵐」も「嵐吹く三室の山の」のように「吹く」ものであったが、「風」に関する気象現象を表す機能動詞は昔も今も「吹く」なのである。

「嵐」でも「台風」となると規模が大きく、我々から見れば、遠い南の海で「発生」し、やがて日本に「来る」のである。「津波が来る」と同じである。

3.4. 光・温度に関するもの

光に関する自然現象文で、代表的な機能動詞「する」をとるものとしては「稲光がする」「夕焼けがする」をすでにあげたし、「虹が　立つ／出る／かかる」もすでにあげた。

寒暖に関するものをひとつあげる

(19)　底冷えが　する。

「冷える」が本来動詞で、その連用形「冷え」は動名詞たるべきものだが、単独では使われず、「底冷え」のような複合動名詞として使われる。「底から冷える」のような意味を複合動名詞化し「する」を使って同義的な機能動詞文としたものであろう。

人が冷房や暖房のきいた建物から急に外へ出たとき、思わず

(20) a.　ああ、暑い、暑い。
　　 b.　おお、寒いね。

と言ったりする。奥津(1974)でも述べたが、この形容詞文は「何が暑い」「誰が寒い」という主語の本来ない無主語文で、人をとりまく漠然とした状況を表す。英語でも It is hot. It is cold. のように、虚辞の主語をとってはいるが、実質的には述語だけの文である。(20)の形容詞文も、形の上でも意味の上

でも主語がなく、機能動詞もなく、実質的な意味を担う述語だけで作られる文であり、これも一種の自然現象文としてもいいのではないか。動詞ではあるが

(21) 冷えるねえ。

なども同様であろう。

3.5.「火」「炎」など

「火」は「燃える」ものであり、「炎」は「あがる」または「立つ」ものである。これらも広い意味での自然現象文を作る。

(22) a. 火が　燃えている。
　　 b. 家が　燃えている。

上例のaとbを比べれば、aの「燃える」は機能動詞で、bの「燃える」は非機能動詞であることが理解できよう。「火」は本来「燃える」ものであるが、「家」は本来「燃える」ものではない。「家」というモノがまずあって、それが「燃える」のである。しかし「火」は「燃える」ことによってはじめて存在するのである。「家が燃える」から見ると「火が燃える」は奇妙な表現であるが、だからこそこの二つの「燃える」は違うのである。

(23) a. 火が　消えた。
　　 b. *家が　消えた。

上の「消える」は機能動詞ではないが、「燃える」に対してその現象の消滅を表すものとしてaでは使えるが、bはその意味では非文になる。

(24)　さねさし　相模の小野に　燃ゆる　火の　火中に立ちて　問ひし君は

も（記歌謡 24）

「火の中に立ちて」で済むものを「燃ゆる」「火」「火中」と三重のリダンダンシーに、燃える火の激しさと弟橘比賣の献身に我々は感動するのである。

3.6. 「音」「声」「香り」など

「音」や「声」に関しては多くの場合「する」が使われる。「音がする」「声がする」「地響きがする」「海鳴りがする」など、その他「雑音」「物音」「足音」「靴音」「銃声」「爆音」「雷鳴」なども「する」がつく。そして音の発生源が認知できれば、それを次のように表現できる。この点でこれまで見てきた自然現象文と違うところがある。

(25) a.　隣の部屋で　太郎の声がした。
　　 b.　外の通りで　暴走族のバイクの騒音が　する。

そもそも「地響き」「海鳴り」「靴音」「銃声」などの複合語は「地」「海」「靴」「銃」などすでにその音源を動名詞に組み込んでいるのである。
　さらにその音源を主語として他動詞的な機能動詞文ができる。この場合「する」は使えず、「立つ」の他動詞形である「立てる」などが機能動詞となる。村木の言う「使役機能動詞」である。ただし「*音が立つ」「*騒音が立つ」など自動詞文は非文である。

(26)　暴走族が　**騒音を立てる**。
(27)　**音を立てず**に歩け。
(28)　戦車が　**唸りをあげて**　驀進する。

以上は聴覚に関するものであるが、嗅覚に関するものとして「香りがする」「匂いがする」などがある。これらは「香る」「匂う」などの動詞から派

生した動名詞に、一般的な機能動詞の「する」がついたものである。匂いにも発生源があり、それを表現することもできる。

(29) a. 散歩していたら　ふと沈丁花の**香りがした**。
　　 b. 隣からさんまを焼く**匂いがしてきた**。

3.7. 心理・生理現象に関するもの

　心理現象や生理現象も広い意味での自然現象と言えよう。「寒気がする」「悪寒がする」「頭痛がする」「吐き気がする」「めまいがする」「息切れがする」など「する」のつくもの、また「咳が出る」「あくびが出る」「しゃっくりが出る」もある。しかしこれらは現象の主体が存在する。

(30)　太郎は　頭痛がする。
(31)　花子は　めまいがする。

　いわば二重主語構文であるが、いわゆる不可分離所有で、身体部分とその所有者とが、統語上は分離して表現されている。つまり気象現象などと違って、心理・生理現象はその主体が認知可能であり、それを主語として表現できるのである。従って次のように自動詞的な自然現象文よりも、むしろ動名詞を目的語とする他動詞的な機能動詞文を作ることが多い。これも一応自然現象文としておこう。

(32)　太郎はやっと　**息をしている**／＊息がしている。
(33)　花子はしきりに　**くしゃみをする**／＊くしゃみがする。(cf. くしゃみが出る)
(34)　太郎は　足に　**やけどをした**／＊やけどがした。

　その他「あくび(を)する(cf. 〜が出る)」「咳をする(cf. 〜が出る)」「しゃっくりをする(cf. 〜が出る)」「呼吸(を)する」「いびきをかく」「けが(を)する」

「骨折(を)する」などがある。

3.8. まとめ

以上自然現象文について考察してきたが、まとめると次のようになる。

(35) a. 「雨」「霧」「雷」「波」「風」「地震」「声」「頭痛」「くしゃみ」など自然現象という一種のウゴキを表す名詞は動名詞と考えられる。
  b. その動名詞に、「する」「降る」「立つ」「吹く」「起きる」「出る」などの機能動詞をつけて動名詞が動詞化され、自然現象の現象を表す自然現象文を作る。これは一種の機能動詞文である。
  c. 通常の機能動名詞文では、動名詞は「を」を伴う分離形と、「を」を伴わない非分離形とがあったが、自然現象文では非分離形はなく分離形のみである。
  d. 分離形の場合に動名詞は「を」でなく、通常「が」をとり主語・述語型の文となる。これは自然現象が基本的に自動詞的な現象だからであろう。

ここで機能動詞別に自然現象動詞をまとめておくのも便利だろう。

(36) 機能動詞による分類
  a. 「〜する」
    雷鳴がする、夕焼けがする、稲光がする、底冷えがする、草いきれがする、山鳴りがする、銃声がする、地響きがする、においがする、香りがする、寒気がする、息切れがする、吐き気がする、頭痛がする、耳鳴りがする
  b. 「〜立つ」
    霧が立つ、霞が立つ、雲が立つ、陽炎が立つ、虹が立つ、波が立つ、泡が立つ
  c. 「〜起きる」「〜起こる」

地震が起きる、津波が起きる、雪崩が起きる
    d. 「〜出る」
        雲が出る、霧が出る、虹が出る、大水が出る
    e. 「〜来る」
        津波が来る、台風が来る
    f. 「〜降る」
        雨が降る、雪が降る、霰が降る
    g. 「〜吹く」
        風が吹く、春風が吹く、木枯らしが吹く、追い風が吹く
    h. 「〜おりる」
        霜がおりる、露がおりる
    i. 「〜あがる」
        炎があがる、しぶきがあがる
    j. 「〜燃える」
        火が燃える
    k. 「〜こおる」
        氷がこおる

4. 自然現象文と連体・連用の対応

さて次は自然現象文における連体と連用の対応である。

前章では「激しい練習をする：激しく練習（を）する」のような機能動詞文における連体と連用の対応を見てきた。自然現象文が機能動詞文の一種であれば同様にして連体と連用は対応するはずである。

4.1.「冷たい雨が降る」と「雨が冷たく降る」

村木（1991）は

(37) 雨が　降る。

を機能動詞文とした。つまり「雨」は「雨降り」という自然現象を表す動名詞で、「降る」は機能動詞と考えるのである。とすれば次のように動名詞にかかる連体成分は、形の上では機能動詞にかかる連用成分と対応し、同義的な文を成す。

(38) a. **冷たい**雨が　降っている。
　　 b. 雨が　**冷たく**　降っている。

つまりaの「冷たい」も、bの「冷たく」も「雨降り」の〈様態〉を述べたものである。「冷たく」は統語的な形の上では「降る」にかかってはいるのだが、「降る」は本来「雨」「雪」「霜」などが現象することを表す機能動詞であり、「冷たく」もつまりは主語である動名詞の「雨」の様態を示すのである。
　さて、連体成分は「冷たい」のような一語の文に限らない。

(39) a. 突然　**バケツをひっくり返したようなものすごい**雨が　降ってきた。
　　 b. 突然　雨が　**バケツをひっくり返したように　ものすごく**　降ってきた。

上例のaでは、「～ようだ」というダ形容詞を文末にとる比喩表現が連体成分となって「雨」の様態を示し、さらにイ形容詞の「ものすごい」が先行の比喩表現を言い換えて連体成分となり、同じく「雨」の様態を示しているが、bではそれが連用形の「～ように」と「ものすごく」になっている。
　また上例の副詞「突然」も連体にもなりうる。

(40) a. **突然の**バケツをひっくり返したようなものすごい雨が　降ってきた。
　　 b. **突然の**雨が　バケツをひっくり返したように　ものすごく　降って

きた。

　aは(39)bの三つの連用成分がすべて連体になったものであり、bは「突然」だけを連体としたものである。bの方が語順の関係でより自然な文であろう。「突然」は様態の副詞か、時の副詞か、むずかしいが、とにかく連体と連用は対応する。
　次は機能動詞文の章でもちょっと触れた。

(41)　苦しくも降り来る雨か(苦毛零来雨可)神の崎狭野の渡りに家もあらなくに(万265)

　この例の「苦しくも」は評価の文副詞などと言われる副詞である。「苦しき雨の降り来るか」とでもすれば、これも連体と連用は対応する。「苦しくも」は古語的表現だから現代語であれば、次のようになろうか。

(42)a.　**あいにくの**雨が　降ってきた。
　　b.　**あいにく**　雨が　降ってきた。

　文副詞は本来命題全体にかかる副詞であるが、「雨」は単なる名詞でなく、まさに「雨降り」という現象を表す動名詞であり、述語も「降る」という機能動詞であるから、文副詞も連体ができるのである。
　ところで「雨」を修飾する連体が常に連用と対応するわけではない。

(43)a.　**冷たい**雨が　やんだ。
　　b.　*雨が　**冷たく**　やんだ。

　上例のaとbとは対応しない。bが非文であるのは「やむ」が機能動詞でなく、したがってbが機能動詞文ではないからである。「雨」という現象が現象することを表す動詞が機能動詞なのであって、「やむ」のようにその現

象の消滅を表すような動詞は機能動詞ではない。

(44)a.　ぼくは　冷たい雨が　嫌いだ。
　　 b.　*ぼくは　雨が　冷たく　嫌いだ。

のｂも同様にして非文になる。「冷たい雨」は一応主語ではあるが、いわゆる対象語で、むしろ目的語として働いている。そして「嫌いだ」はもちろん機能動詞ではなく、したがってこの文は自然現象文ではない。この文の「雨」は動名詞の本来の働きはしておらず、「酒が嫌いだ」「数学が嫌いだ」などの文の名詞と同じ働きしかしていないのである。

(45)a.　ぼくは部屋から　冷たい雨を　眺めていた。
　　 b.　*ぼくは部屋から　雨を　冷たく　眺めていた。
(46)a.　冷たい雨で　風邪をひいてしまった。
　　 b.　*雨で　冷たく　風邪をひいてしまった。

　上２例の「冷たい雨」は(45)は目的語、(46)は理由の「で」格で、いずれも主語ではなく、もちろん自然現象文でもなく、ｂはそれぞれ非文となる。ただし(45)ｂの「冷たく」は主語の「ぼく」の様態を示すと解釈すれば、正文である。
　しかし目的語であっても、次の文では連体・連用の対応がある。

(47)a.　春の季節には異例の低気圧が　関東地方に　冷たい雨を　降らせた。
　　 b.　春の季節には異例の低気圧が　関東地方に　冷たく　雨を　降らせた。

　この場合の「降らせる」は村木の言う使役機能動詞であって、統語的にも意味的にも「冷たい雨が降る」「雨が冷たく降る」という自動詞文を埋め込

んでおり、連体・連用の対応があるのである。
　またこの文の主語の意味は理由と考えられるので、次の文も同義的である。

(48)　**春の季節には異例の低気圧で　関東地方に　冷たい雨が　降った。**

この理由の連用成分はさらに次のように連体にもなりうる。

(49)　関東地方に　春の季節には異例の低気圧での／による　冷たい雨が　降った。

　つまり一般の機能動詞と同様に自然現象文においても、動名詞の動詞的側面からして理由・時点・場所などの連用成分は、同時に連体ともなるのである。

(50) a.　**昨夜の関東地方での**冷たい雨が　10時間も降ったことは知らなかった。
　　b.　**昨夜　関東地方で**　冷たい雨が　10時間も降ったことは知らなかった。
　　c.　**昨夜の関東地方での**冷たい雨が　今朝はすっかりやんだ。
　　d.　*昨夜　関東地方で　冷たい雨が　今朝はすっかりやんだ。

　上のaとbは「雨降り」という自然現象文に、時点や場所が連体でも連用でも使える例である。ただし上述したが、c、dのように述語が非機能動詞の「やむ」であれば、自然現象文ではない。そこでcの連体成分は、dでは連用成分にはなれない。
　ともあれ以上のようにして連体と連用の対応が成立するためには、動名詞が主語で、機能動詞が述語であるような自然現象文であることが条件となる。ただし断っておくが自然現象文あるいは機能動詞文だけが、連体と連用

の対応を可能にするのではない。以後の章でもこの問題を考えていく。

4.2. 「真っ白な雪が降る」と「雪が真っ白に降る」

　機能動詞としての「降る」をとる自然現象文には「雨」のほかに「雪が降る」「霰が降る」「雹が降る」などがあるが、「雨」のついでにもう一つ「雪」の例を挙げよう。「雪」で思い出すのは山部宿禰赤人の例の歌である。

(51)　田児の浦ゆうち出でて見れば真白に（真白衣）そ不盡の高嶺に雪は降りける（雪波零家留）（万 318）

　現代語で言えば一応「真っ白に雪が降っている」という意味で、ダ形容詞の「真っ白だ」の連用形が「雪が降る」にかかっている形である。ただしここでは「降りつつある」ではなくして、いわゆる結果状態相で「真っ白に降りつもっている」という状態を述べているのであろう。文末詞の「けり」の解釈は諸説あるわけだが、完了の詠嘆とでも言うべきか。
　さてこれが新古今になると百人一首でお馴染みの次の歌になる。

(52)　たごの浦に打ち出でてみれば　白妙の　ふじの高ねに雪はふりつつ（新古今 675）

　文末の「つつ」はやはり完了の詠嘆とでも解釈できるであろうが、それはともかく新古今になると、万葉の「真白に」という連用が、「白妙の」という連体になっている。「白妙の」は「富士」にかかる枕詞という説もあり、「白妙のふじの高ね」と解釈するのが自然であろうが、「白妙の雪は降りつつ」という解釈も不可能ではなかろう。とすると奇しくも同じ赤人の歌が連体と連用で対応していることとなる。ただし「白妙の」はいわゆる如し「の」であってやはり連用的だという解釈もあろう。
　いささか古語にこだわってしまったが、「雪が降る」という自然現象文も次のように連体・連用の対応があるのである。

(53) a. 富士山に **真っ白な**雪が 降っている。
　　 b. 富士山に 雪が **真っ白に** 降っている。

　もし動詞が非機能動詞であれば次のようにやはり非文となる。

(54) a. 庭の**真っ白な**雪が 一晩で 溶けてしまった。
　　 b. *庭の雪が 一晩で **真っ白に** 溶けてしまった。

　また同じ「真っ白な雪」であっても次の(55)aでは「真っ白な雪」は目的語であり、動詞が非機能動詞の他動詞「見る」であって、自然現象文とは言えないので、bは非文となったのであろう。

(55) a. 赤人が 田子の浦で 富士山の**真っ白な**雪を 見ている。
　　 b. *赤人が 田子の浦で 富士山の雪を **真っ白に** 見ている。

　「雨」「雪」以外に「霰」「雹」「みぞれ」などが「降る」をとるが、「降る」についてはこれぐらいにして、それ以外の自然現象文について見ていこう。

4.3.「霧」「霞」「虹」「雲」「雷」「陽炎」など

　水分に関する気象現象には「雨」「雪」はもちろん「霞」「霧」「雲」「露」「霜」など雨冠の語があり、さらに「虹」「陽炎」などが考えられる。機能動詞としては「立つ」「かかる」「出る」「おりる」などがある。
　まず「立つ」は「八雲立つ」「霧立つ」「霞立つ」「虹立つ」など特に古語においてはよく使われたようだ。
　次は「霧が立つ」の例である。

(56) a. 夜の草原に **濃い**霧が 立ちこめている。
　　 b. 夜の草原に 霧が **濃く** 立ちこめている。

この「濃い」「濃く」は「霧」の様態か、あるいは程度か、後者であれば「濃く」は程度副詞ということになる。

(57)a. 夜の草原に　５メートル先も見えない（ほどの）霧が　立ちこめている。
　　b. 夜の草原に　霧が　５メートル先も見えないほど（に）立ちこめている。

この例は霧の深さの程度を示す連体成分と連用成分とが対応している。「ほど」は奥津(1973)奥津(1986)などでいう程度の形式副詞であり、補文をとって副詞句を作るのが本来の働きである。
　「霞がかかる」「虹がかかる」「雲がかかる」などの「かかる」も機能動詞としていいのではないだろうか。そして万葉集の次の例は興味深い。

(58)　つのさはふ石村の山に**白栲に**懸かれる雲は（白栲懸有雲者）わが大君かも（万 3325）

つまり「雲が懸かる」という自然現象文に対して、岩波大系本では、原文の「白栲」を「白栲に」と連用に訓ませている。動詞の直前にあるから、連用の方が自然のようにも思えるが、「白栲の雲が懸かる」と連体にしても同義的であろう。この点で西本願寺本の仙覚の訓は次のようになっていて興味深い。

(59)　角障経石村山丹白栲懸有雲者皇可間
　　　ツノサハフ　イハムラヤマニ　**シロタヘノ**　カカレル　クモハ　オホキミニカモ

「白栲の」は枕詞である可能性もあるが、それが枕詞であり得るのは、もとは「白い雲」の比喩表現であるからであろう。万葉集の助詞表記として

「に」は「尓」「仁」「二」「丹」などが、「の」は「乃」「能」「之」などが頻用されるが、上記の歌には助詞が表記されていないために、仙覚は連体に、岩波大系本は連用に訓んでいて、連体と連用の対応の好例になっている。しかしこの「の」もいわゆる如し「の」であって「白妙のように」と解釈すればやはり連用ということになる。

　「かかる」の例をもう少しあげておく。

(60) a.　雨上がりの空に　**七色の虹が**　かかっている。
　　 b.　雨上がりの空に　虹が　**七色に**　かかっている。
(61) a.　春の山々に　**淡い霞が**　かかっている。
　　 b.　春の山々に　霞が　**淡く**　かかっている。

「霜」や「露」は古来「置く」「降る」「降りる」などと表現された。この場合の「置く」は他動詞ではなく自動詞であったわけである。

(62)　いみじう霧り渡れる空も、ただならぬに、霜は**いと白う**おきて、（源氏、若紫）

この例では「霜が白く置く」で連用だが、「いと白き霜おきて」という連体でも同義的であろう。

(63) a.　夕暮れの槙の葉に　**真珠のような露が**　降りている。
　　 b.　夕暮れの槙の葉に　露が　**真珠のように**　降りている。

この例の連体と連用は言うまでもなく比喩表現である。「～のようだ」の連体形と連用形によって、いずれにしろ「露」の様態を表現するのである。
　「雷」は音声に関する自然現象でもあるが、「雷が鳴る」「雷鳴がする」などが機能動詞文である。

(64)a. 耳を聾せんばかりの激しい雷鳴が　した。
　　b. 耳を聾せんばかりに　激しく　雷鳴が　した。

　「雷鳴」が「耳を聾せんばかりだ」とか「激しい」というのは理解できるが、ほとんど無意味な「する」という動詞の表すウゴキの様態であるとは理解できないことであろう。bの連用成分は形の上では機能動詞の「する」にかかるのであろうが、意味的にはやはり「雷鳴」にかかると解釈する方が妥当であろう。あるいはむしろ「雷鳴がする」という機能動詞文全体が動詞的であり、連体成分の場合も連用成分の場合も、そのウゴキの様態を示すと考えるのが妥当であろう。

(65)a. じりじりと照りつける太陽は　麦畑の上に　えんえんたる陽炎をあげて居る。
　　b. じりじりと照りつける太陽は　麦畑の上に　えんえんと陽炎をあげて居る。

　bは日野葦平の文章だそうであるが、「陽炎があがる」が自動詞的な自然現象文で、「あがる」が機能動詞になり、「陽炎をあげる」はその使役の機能動詞文ということになろう。両者どちらもやや珍しい表現のようだが、すでに触れた「しぶきがあがる／あげる」「炎があがる／あげる」なども自然現象文と考えられるから、「あがる」も機能動詞の一つとしてよかろう。「えんえんと（炎々と）」という漢語擬態語の連用形式は、aの「えんえんたる」という連体となって両者は対応する。
　「陽炎」につく機能動詞は普通は「立つ」であろうが、次のように連体と連用の対応がある。

(66)a. 東の野に　かすかな陽炎が　立っている。
　　b. 東の野に　かすかに　陽炎が　立っている。

4.4. 海・山・川の自然現象文

　まず海に出よう。「波」「大波」「しぶき」「津波」「時化」などが海に関わる自然現象であろう。機能動詞としては「立つ」「あがる」「寄せる」「来る」などがある。

(67) a.　台風の接近で　海には　**大きな波が**　立っている。
　　 b.　台風の接近で　海には　波が　**大きく**　立っている。

「しぶき」になると勢いよく「あがる」ことになる。

(68) a.　岸に大波が押し寄せ　**真っ白なしぶきが**　あがった。
　　 b.　岸に大波が押し寄せ　しぶきが　**真っ白に**　あがった。

「波が寄せる」もよく使われる表現だが、「波」とか「津波」とかいう現象はふつう話し手が陸地から認知するものだから、「寄せる」とか「来る」とかが機能動詞になるのであろう。

(69) a.　昨夜　三陸海岸に　**3度もの津波が**　押し寄せた。
　　 b.　昨夜　三陸海岸に　津波が　**3度も**　押し寄せた。

　この例の「3度」は「津波」の現象する様態ではなく頻度を表すものだから、連用成分としては頻度副詞とすべきであろう。もし主語が動名詞でない「敵軍」はウゴキを表す名詞ではなく、「1度」「2度」「3度」と数えられるものではないから、次のように連体にはなれない。

(70) a.　*本丸まで　**3度もの敵軍が**　押し寄せた。
　　 b.　本丸まで　**3度も**　敵軍が　押し寄せた。

「津波」は自然現象の中の災害だが、この類には「大水」「洪水」「出水」「地

震」「山崩れ」「雪崩」などがあり、「する」「出る」「起きる」「ある」などが機能動詞と考えれられる。

(71)a.　アルノー川は　**度々の**洪水が　起きた。
　　b.　アルノー川は　洪水が　**度々**　起きた。

この例の「度々」は言うまでもなく頻度を表す。

(72)a.　北日本で　**大規模な**地震が　発生した。
　　b.　北日本で　地震が　**大規模に**　発生した。

この例の「大規模」は様態と言うべきか、程度と言うべきか。「起こる」などの和語に対して「発生する」は漢語形の機能動詞である。ただし自然現象文では「地震」が動名詞であるから、これに対しては「発生する」全体が機能動詞ということになる。しかし「地震が発生をする」という分離形も可能であり、したがって「大規模に」は「発生する」の様態または程度を表す副詞で、前章で述べたように「**大規模な**発生をする：**大規模に**発生する」という対応と考えてもいい。いずれにせよ連体と連用は対応している。「地震が起きる」なら問題ないわけだが、この場合次のように連用は不自然になるのは何故だろうか？　特殊個別的で語彙的なレベルでの制約は時にあるものではある。

(73)a.　北日本で　**大きい**地震が　起きた。
　　b.？北日本で　地震が　**大きく**　起きた。

4.5.「優しい風が吹く」と「風が優しく吹く」

「風」は人の日常経験する自然現象であるが、機能動詞は「吹く」である。この場合も、次のように連体と連用は対応する。

(74) a.　春の野を　やさしい風が　吹いている。
　　 b.　春の野を　風が　やさしく　吹いている。

　上例に限らず、連用成分と主語の語順についてはかなり自由であり、「風がやさしく吹く」でも、「やさしく風が吹く」でも文法的であるし、知的意味は同じであろう。しかしどちらがより自然かとか、知的意味以外の意味の異同の問題もあろう。これについては本書では触れないでおく。
　次の例もａとｂとは同義的で、従って連体と連用は対応しているとしてよいだろう。

(75) a.　冬の街を　落ち葉を舞い上がらせる木枯らしが　吹き抜けていく。
　　 b.　冬の街を　木枯らしが　落ち葉を舞い上がらせて　吹き抜けていく。

　しかし「落ち葉を舞い上がらせる」は「木枯らし」の様態としてよいのだろうか、またｂの「落ち葉を舞い上がらせて」というテ形の文は、連用と言うより「木枯らし」を主語とする並列構造と考えられないか、などの問題は残る。私にはこの場合は連用のように思えるが、いずれにせよ連用と並列とは接近することがある。

(76) a.　消費税問題の選挙では　社会党に有利な追い風が　吹いた。
　　 b.　消費税問題の選挙では　社会党に有利に　追い風が　吹いた。

　この例は自然現象そのものの表現ではない。「追い風が吹く」を比喩的な意味に使っているが、連体と連用の対応はそれでもあるのである。もし「追い風がやむ」であれば、いずれにせよ対応しなくなる。

(77) a.　今度の選挙では　社会党に有利な追い風が　やんでしまった。
　　 b.　*今度の選挙では　社会党に有利に　追い風が　やんでしまった。

4.6. 光・温度に関するもの

「稲光がする」「夕焼けがする」「底冷えがする」などは機能動詞として代表的な「する」をとるが、これも次のように連体と連用の対応がある。

(78) a. 突然 **はげしい**稲光が した。
 b. 突然 **はげしく** 稲光が した。
(79) a. 西の空は **真っ赤な**夕焼けが している。
 b. 西の空は **真っ赤に** 夕焼けが している。
(80) a. 今夜は **ひどい**底冷えが する。
 b. 今夜は **ひどく** 底冷えが する。

4.7. 「火が燃える」と「家が燃える」

「火」は本来「燃える」ものである。燃えなければ「火」ではない。そして次のように連体と連用は対応する。

(81) a. 暗闇の中で **真っ赤な**火が 燃えている。
 b. 暗闇の中で 火が **真っ赤に** 燃えている。

ところが次の例では対応がない。

(82) a. 暗闇の中で **真っ赤な**家が 燃えている。
 b. *暗闇の中で 家が **真っ赤に** 燃えている。

b文自体は非文ではないが、a文とは同義的でなく、「(燃えている)家」は「真っ赤」であるかどうかは分からない。「火が燃える」と「家が燃える」は似て非なるものであり、前者は自然現象文であるが、後者は自然現象文ではない。「火」は燃えなければ「火」ではないが、「家」は燃えても、燃えなくても「家」である。

4.8. 「音がする」「声がする」など

　「音がする」「声がする」「雷鳴がする」「海鳴りがする」など、音に関する自然現象文は、機能動詞も代表的な「する」であることが多い。

(83) a.　部屋の隅で　**かすかな音が**　した。
　　 b.　部屋の隅で　**かすかに**　音が　した。
(84) a.　廊下の向こうから　**子供達のにぎやかな声が**　した。
　　 b.　廊下の向こうから　**にぎやかに**　子供達の声が　した。
(85) a.　近くで　**すさまじい銃声が**　した。
　　 b.　近くで　**すさまじく**　銃声が　した。

　このように音声現象の表現も一種の自然現象文で連体と連用が対応する。また上例のように音源が認知できれば、それを表現することもできる。つまり「子供達」「銃」がその音声の発生源であるが、「銃声」の方は動名詞の中に発生源が組み込まれた複合動名詞である。また場合によっては次のc、dのようにその発生源を主語とする他動詞的な機能動詞文が可能となる。

(86) a.　特急列車の**すさまじい響きが**　した。
　　 b.　特急列車の響きが　**すさまじく**　した。
　　 c.　特急列車が　**すさまじい響きを**　立てた。
　　 d.　特急列車が　**すさまじく**　響きを　立てた。
(87) a.　外で　**バイクのけたたましい騒音が**　する。
　　 b.　外で　**けたたましく**　バイクの騒音が　する。
　　 c.　外で　バイクが　**けたたましい騒音を**　立てる。
　　 d.　外で　バイクが　**けたたましく**　騒音を　立てる。

　上例のa、bは自動詞文であるが、c、dのような他動詞文でも連体・連用の対応がある。自動詞文の場合、「特急列車」「バイク」などの音声源は、動名詞にかかる「Nの」の形になるが、これがその音声を作る主体であるか

ら、他動詞文の主語になるのである。他動詞文の場合の動詞は「立てる」であるが、これは村木の言う使役の機能動詞ということになる。「立つ」は、すでにいくつか例をあげたようによく使われる機能動詞である。

4.9. 「香りがする」「匂いがする」など

音声現象は話し手の聴覚によって認知されるものであるが、香りは嗅覚によって認知される自然現象である。

(88) a. **甘い**バラの香りが　する。
　　b. **甘く**　バラの香りが　する。
(89) a. 近所の町工場から　**鼻を突くような**異臭が　してくる。
　　b. ?近所の町工場から　**鼻を突くように**　異臭が　してくる。

(89) b はやや不自然な文に感じるが、なぜだろうか。「〜ような」はいいのだが「〜ように」は不自然になることが多いようだ。

4.10. 心理・生理現象に関するもの

「頭痛がする」「めまいがする」「寒気がする」「吐き気がする」「胸焼けがする」「息切れがする」などの生理現象の表現は、機能動詞の「する」をとっていて、これも自然現象文と考えてよさそうである。そしてこの場合も次のように連体と連用は対応する。

(90) a. 太郎は今朝　**軽い**頭痛が　した。
　　b. 太郎は今朝　**軽く**　頭痛が　した。
(91) a. 花子はいつも　**ひどい**めまいが　する。
　　b. 花子はいつも　**ひどく**　めまいが　する。

ただ上でも述べたが、心理・生理現象の場合はいわゆる不可分離所有で、「太郎」「花子」のような主体、つまり身体を持ったものが存在して、それも

主語となっており、統語的には二重主語構文である。しかしすでに述べたように、自然現象文は、動名詞と機能動詞とで一つの動詞として働くので、その意味では主語はないのだが、生理現象はその主体が明白に認知できるものであり、それを経験者主語とする自動詞文と考えてよいのではないか。

同じく生理現象を表すが「息をする」「くしゃみをする」「咳をする」「あくびをする」「しゃっくりをする」などでは、動名詞は「を」格をとって分離形の機能動詞文となる。そして「息する」「くしゃみする」「咳する」「あくびする」「しゃっくりする」など「を」をとらない非分離形もある。これら分離形・非分離形をとる機能動詞文については、前章で詳述した通常の機能動詞文と同じであるが、生理現象を表すものは意味的にはたしかに自然現象を表しているし、使役型の自然現象文と解釈することができよう。

(92) a. 病床の母は今は　ゆっくりとした呼吸を　している。
　　 b. 病床の母は今は　ゆっくりと　呼吸を　している。
(93) a. 先生はまず　小さな咳をして　講義を始めた。
　　 b. 先生はまず　小さく　咳を　して　講義を始めた。
(94) a. 学生は先生の真ん前で　大きなあくびを　した。
　　 b. 学生は先生の真ん前で　大きく　あくびを　した。

たしかに上述の自然現象文のように「*咳がする」「*あくびがする」「*しゃっくりがする」など「が」格はとれないが、「咳が出る」「あくびが出る」「しゃっくりが出る」など「出る」を使えば自動詞的なので、上述の自然現象文の型になる。なお(92)bの「ゆっくり(と)」は擬態語で本来の機能は連用であろうが、連体の場合はaのように「ゆっくりとした」という形になる。擬態語における連体と連用についてはさらに詳細な記述が必要である。

5. まとめ

　連体と連用の対応について考え始めたきっかけは、15年ほど前に見た次の文であった。

(95) a.　急流が　白い泡を　噛んで流れる。
　　 b.　急流が　泡を　白く　噛んで流れる。

　上例でaの目的語の名詞句「白い泡」の連体成分である「白い」が、bでは連用成分の「白く」になっているが、両文は統語的な形は違っていても、事柄としては同義的であろう。その一つの結果が奥津(1983d)であるが、これは次章でとりあげる変化動詞文における連体と連用の対応であって、(95)の「白い泡を噛む」はどうも変化動詞文とは言えないと思った。これはその後長い間の宿題になっていたが、どうやら自然現象文と考えれば説明できるのではないかと思う。
　つまり「泡」というのは動名詞なのではないか。「泡を食う」はもちろん慣用句であるが、「泡を噛む」も慣用句であろう。しかしこの方は「泡を立てる」と同義的で、それならば他動詞的な機能動詞文になる。対応する自動詞的な機能動詞文は「泡が立つ」で、機能動詞は自然現象文によく使われる「立つ」である。水に関わる自然現象として「霧が立つ」「虹が立つ」「波が立つ」などと同様に「泡」も「立つ」のである。さらに「泡立つ」と複合動詞化し、「泡立てる」という複合他動詞もある。この「泡を立てる」が「泡を噛む」と同義的だから、この場合の「噛む」は機能動詞的に働いている。すでに「白い雪が降る：雪が白く降る」「白い霜が置く：霜が白く置く」「真っ白なしぶきがあがる：しぶきが真っ白にあがる」などの例をあげた。同様にして「白い泡を噛む：泡を白く噛む」の場合も、連体と連用が対応するのである。そして同じ「白い」と「噛む」であっても「白い犬を噛む：*犬を白く噛む」は非文であるし、「白い靴を買う：*靴を白く買う」も非文であるのは、それらが自然現象文ではないからなのであろう。

ともあれこのようにして「白い泡を嚙む」と「泡を白く嚙む」という長い間の懸案が解けたように思うのである。
　改めて断っておくが、連体と連用が対応するのは自然現象文だけではない。

(96)a.　（毛糸が紡ぎあがった。）それで　白い毛糸を　染めた。
　　b.　（毛糸が紡ぎあがった。）それで　毛糸を　白く　染めた。

　この例は自然現象文ではないが、(96)と同じ形容詞「白い」が連体と連用で対応している。これは次章に述べる変化動詞文の〈結果〉を表す名詞句についての問題である。
　以上述べた自然現象文の論をまとめる。
　自然現象文は、統語的には動名詞を主語とし、「する」「起きる」「立つ」などの機能動詞をとる自動詞文である。しかし意味的には主語の動名詞が自然現象を表し、意味希薄な機能動詞と統合して、その現象が現象することを表す。意味上はむしろ主語のない動詞だけの文と考えられる。したがってその動名詞にかかる連体成分は、動名詞の表す現象の〈様態〉〈程度〉〈頻度〉などを表すことができる。それ故に連体成分が統語的に連用成分となっても、様態副詞・程度副詞・頻度副詞などとして、連体成分の場合と同義的な文をなすのである。あるいは逆に、動名詞の動詞的側面は、一般の動詞と同様に〈様態〉〈程度〉〈頻度〉などの連用成分をとるのであるが、その名詞的側面がこれら連用成分を連体としてとることを許すのである。
　以上述べた自然現象文について次のような疑問を抱く向きもあろう。
　第一に、そもそも自然現象文は成り立つのか。
　第二に、自然現象文は機能動詞文であるか。
　第三に、それと関連するが、「雨」「風」「霜」「波」などは動名詞であろうか。
　第四に、「する」はいいとして、「降る」「吹く」「立つ」などが機能動詞であろうか。基本的には村木(1991)によったわけだが、どこまで機能動詞か、

の問題はやはり残るだろう。

　第五に、自然現象文は、動名詞の表す現象が発生することを意味する文であるから、変化動詞文に吸収されるのではないか、という疑問である。たしかに変化動詞文においても連体と連用の対応がある。変化動詞文については次章でとりあげるが、一応別のものと考えている。

　以上のように問題はあるであろうが、しかし「する」のつく自然現象動名詞もかなりあり、基本的には自然現象文を認めたく、上の諸疑問に対する答えも本章中の諸処で述べたつもりである。

　さて自然現象文を独自のものとする主張はこれまでなかったと思うが、関連のある研究はある。詳しい紹介やコメントはできないが、以下簡単に触れておきたい。

　「規定語と他の成分との移行関係」と題する鈴木(1979)では、規定語(つまり連体成分)が他の成分(例えば連用成分、鈴木の言う修飾語)に移行するという、変形的な考えが示唆されている点でも興味深い。彼は次のように言う。

(97)　「文全体が、新しく生じた現象を意味していて、その現象にともなって、主語でしめされるものが、主語をかざる規定語でしめされるような状態をとるというようなばあい、主語をかざる規定語は、それに対応する修飾語におきかえることができる。」(p.322)

　この文の「現象」を「自然現象」と言い換えれば、ほとんど本章で述べた連体と連用の対応と一致する。すこし鈴木の例をあげる。

(98)a.　二月×日。朝、冷たい霧雨が降っていた。(→冷たく)
　　b.　彼女の若々しい声は遠くまでひびいた。(→若々しく)
　　c.　夏になると、島には沢山青いゴリがなった。(→青く)
　　d.　だから、はじめのうちは、がむしゃらな小型化競争が展開された。
　　　　(→がむしゃらに)

aの「霧雨が降る」はまさに自然現象文であるし、bの「声がひびく」も「声がする」に準じて自然現象文と解釈することもできよう。そして連体成分の「冷たい」「若々しい」が連用成分に「移行」することを矢印で示している。cの「ゴリがなる」は、次章に述べる変化動詞文と考えたいが、上述のように自然現象文を変化動詞文に吸収する可能性もある。dは「競争をする／展開する」という機能動詞文の受身形で、前章でとりあげたものである。さらに鈴木は数量詞移動などの諸現象もとりあげて、種々の連体と連用の対応についての包括的な研究になっており、重要な先駆的研究と言えよう。

影山(1993)についてはすでに紹介したが、生成文法の立場から「VNする」構文に一章をあて詳細な考察をしている。その一つとして「底冷えがする」「稲光がする」「物音がする」「息切れがする」「頭痛がする」などの例をあげ、「底冷え」などをVN(動名詞)とし、「する」を「形式動詞」としている。つまりは本章で言う自然現象文を機能動詞文の一種と認めているのである。ただし「する」以外の機能動詞については言及がなく、これを認めるか、認めないかは分からない。また例文の文法性の判定、それから引き出される結論には疑問もあって、さらに検討を要すると思われる。

矢澤は、数量詞移動などを含めて10年余にわたって連体と連用との関係について研究を進め、その相関関係についてはむしろ否定的のようであるが、矢澤(1992)矢澤(1993)は、奥津(1983d)の「形容詞移動」に対して独自の体系的記述を試みたものである。矢澤は連体と連用の対応のある文を「持続タイプ」「結果タイプ」「状況タイプ」の三種に分類するが、第一種は本書の第1章機能動詞文に、第二種は次章に述べる変化動詞文に、第三種は本章の自然現象文に対応するところがあるようであるが、ここではこれ以上詳しくコメントはしない。

生成文法では最近二次述語(secondary predicate)についての議論がよくなされているが、これは次章の変化動詞文のところで触れることにしたい。

なお奥津(1994)は同じく自然現象文についての研究であるが、これらにさらに手を入れたものが本章である。

第3章　変化動詞文

1. はじめに

　第1章　機能動詞文、第2章　自然現象文では、どちらも動詞的意味を持つ名詞（或いは名詞的意味を持つ動詞）である動名詞・自然現象動名詞を述語とする文における連体と連用の対応を考察した。名詞的性格を持つが故に連体が可能であり、その連体は動詞的意味を修飾するのだから、同時に連用的な働きもする。つまり連体と連用は対応する。

　しかし動名詞でも自然現象動名詞でもない通常の名詞の場合に、それを含む文について連体と連用は対応するであろうか？　答えは「然り」である。その一つである変化動詞文を本章ではとりあげる。

（1）a.　ズボンに　大きい穴が　あいた。
　　 b.　ズボンに　穴が　大きく　あいた。
（2）a.　花子は　おいしい天麩羅を　揚げた。
　　 b.　花子は　天麩羅を　おいしく　揚げた。

　(1)のa、b(2)のa、bはともに同義的であろう。(1)はどちらも「ズボンに穴があき、その穴が大きい」ことを表している。(2)はどちらも「花子が天麩羅を揚げ、その天麩羅がおいしい」ことを表している。すなわち連体と連用は対応している。(1)は自動詞文、(2)は他動詞文であるが、自動詞文

では主語について、他動詞文では目的語について、連体と連用の対応がある。

この対応は、第1章、第2章とりあげてきたものとは違うようである。(1)(2)ともに機能動詞文とも、自然現象文とも言えない。連体の「大きい」や「おいしい」の主名詞である「穴」も「天麩羅」も動名詞でも自然現象動名詞でもない。したがって「あく」も「揚げる」も機能動詞とは言えない。

(1)の「穴」は「あく」というウゴキの結果できたものだし(2)の「天麩羅」は「揚げる」というウゴキの結果できたものであり、二つの動詞はそのような結果をもたらす変化を表す**変化動詞**——前者は**変化自動詞**、後者は**変化他動詞**——であると考える。この様な変化動詞文が、或る条件のもとで、連体と連用の対応をなすのである。結論を先に言えば、次の通りである。

(3) 変化動詞文において、〈結果〉を表す名詞が主語または目的語である場合、その名詞について連体と連用とは対応する。

このことはすでに奥津(1983d)において「変化動詞文と形容詞移動」と名づけて述べたのだが、その時は変化動詞文そのものについては詳述できなかったし、それを含めて、本章ではそれをさらに詳しく述べてみたい。

そこでまず変化動詞文とは何かである。

2.「なる」と「する」

まず最も基本的な変化動詞である「なる」から始めよう。

(4) 信号が 赤から 青に なる。

(4)は我々が日常経験する信号の状態の変化を表す。まず主語である「信号」はこの変化の〈主体〉である。「信号」はもちろん無生名詞であるが、「なる」の主語は有生名詞でもいいし、意志的動作の主体であってもいいし、非

意志的動作の主体であってもいい。つまり「なる」は意志動詞でもあるし、非意志動詞でもある。「ぼくは教師になりたい」と言えば意志を表し、「花子は思わず赤くなった」と言えば、非意志的なウゴキを表す。こうして主語の意味役割は〈対象〉であったり、〈動作主〉であったり、〈経験者〉であったりするので、本章ではこれらをまとめて、とりあえず〈主体〉と呼んでおく。このように「なる」は主語に関する共起制限のきわめてゆるい中立的な動詞であり、基本的な変化動詞である。

変化という現象の基本的な構造を次のように図示してみよう。

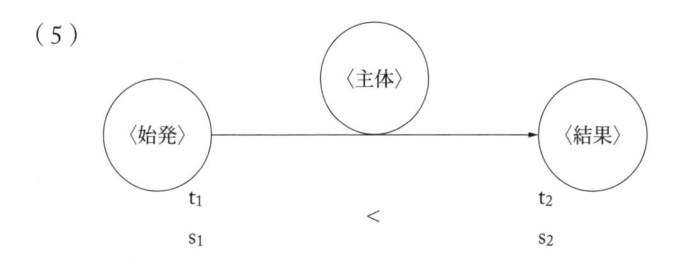

（5）

$$\underset{\underset{s_1}{t_1}}{\bigcirc \langle 始発 \rangle} \longrightarrow \underset{\underset{s_2}{t_2}}{\bigcirc \langle 結果 \rangle}$$

〈主体〉は t_1 という時間において s_1 という状態にある。その〈主体〉が t_1 より遅い t_2 という時間において s_1 とは違う s_2 という状態にあるとき、その現象を「変化」と言う。つまり〈主体〉である「信号」が或る時間に「赤」という状態にあり、その30秒後に「青」という状態にあるとき、我々は「信号が赤から青になった」と言うのである。変化にはこのように三つの要素が必要であり、第一は変化の**〈主体〉**、第二は変化の始めの状態——これを**〈始発〉**と呼んでおく——、第三は変化の終わりの状態——これを**〈結果〉**と呼んでおく——である。この三つの意味役割が文として表現されるとき、〈主体〉は主語として「が」格をとり、〈始発〉は「から」格をとり、〈結果〉はこの場合は名詞の「青」に「に」がつき、最後に変化動詞の「なる」が来る。

ただしこの3者のうち〈始発〉は現れないことが多い。信号の場合「青」になる前は「赤」に決まっている。反対に〈結果〉は欠くことができない。

（6）a. *信号が　赤から　なった。

b.　信号が　青に　なった。

　aは特殊な文脈による省略でなければ、通常は非文とされる。一方bは〈始発〉がなくとも十分自然である。人は変化の始めの状態より、「橋本さんが首相になった」とか「隣の花子がお嫁さんになった」とか、変化の結果に注目しやすいのである。

　さて(5)のような変化の構造は、移動動詞文によって表現される移動の現象に似ている。移動とは「移動の主体が或る時間に或る場所に存在し、その後の或る時間には他の場所に存在する」というような出来事である。池上(1981)はJ. M. Anderson(1971)などの場所理論の立場から、日本語の移動動詞文と変化動詞文の密接な関係を論じている。移動動詞文の場合も、基本的には移動の〈主体〉と、移動の始まる地点である〈起点〉と、移動の終わる地点である〈目標〉との3者が必要である。これが文として実現されると、次のように変化動詞文とよく似た統語的な型を成す。

(7)a.　パトカーが　池袋から　新宿に　移動した。(移動動詞文)
　　b.　信号が　　赤から　　青に　　変わった。(変化動詞文)

　かといって、移動動詞文と変化動詞文とは同じだと言うわけにはいかない。例えば(1)(2)で示したように、変化動詞文と同じ意味での連体と連用の対応は、移動動詞文にはない。

　変化動詞の「なる」の意味は［変化］そのもので、それ以上にどんな変化であるかは意味しない。変化の内容は〈始発〉と〈結果〉によって示されるのである。その意味で「なる」は最も基本的な変化動詞である。

　「する」は、自動詞「「なる」が表現する変化を引き起こす」という意味の変化他動詞である。これを［［変化］使役］と表示しよう。

(8)a.　　　　　信号が　赤から　青に　**なる**［変化］。
　　b.　警官が　信号を　赤から　青に　**する**［［変化］使役］。

この例のaとbは典型的な自動詞文と他動詞文の対応を示す。ただ動詞の形の上ではnarとsuで、いわゆる自他の対応がないように見えるのだが、文語の「信号を青となす」のようなnasであれば、形の上でもnarと自他の対応をなす。（これについては奥津(1967)参照）主語は多くの場合〈動作主〉であるが、

(9) 火災が わが家を 灰に した。

のような無生名詞も主語になる。この場合の「火災」は〈理由〉の意味役割を持ち、自動詞文の

(10) わが家が 火災で 灰に なった。

と対応する。

以上述べた基本的な変化動詞文の意味役割の型と統語的な型とを、とりあえずまとめておく。

(11) a. 〈主体〉　　〈始発〉〈結果〉　なる
　　 b. N₁が／を　N₂から　N₃に　なる／する

3. 〈結果〉は述語である—二次述語—

変化動詞文においては〈始発〉よりも〈結果〉が優位にあることは上述した。(4)の例で言えば「青」が〈主体〉である「信号」の〈結果〉の状態を示す。つまり「信号は青である」と言っているのである。「青」はこの場合名詞だが、問題はそれにつく「に」である。「結果の格助詞」などと言われるのであるが、奥津(1976)はこの「に」を「だ」の連用形と考えた。その理由は次の通りである。

第一に、〈結果〉は統語的な形の上では述語にかかる連用成分である。連

用成分は、普通ならば意味の上でも、述語の表すウゴキの状態や程度などを表し、様態副詞とか程度副詞とか呼ばれる。ところが変化動詞文の〈結果〉は、意味上は述語の状態・程度などでなく、主語の状態を表す。(4)の例で言えば、「青に」という〈結果〉は「信号は青だ」のように、主語の状態を表す。もちろんこの文で主語の「信号」に対する述語は、まず「なる」である。しかしこの文にはもう一つの述語「青だ」が含まれているのである。そして「だ」はより正確には語幹のdとテンス語尾のaとに分析され、d-aとなる。

〈結果〉の「青に」の「に」は、「だ」のいわゆる連用形で、より厳密にはn-iと分析する。まずnは、「だ」の語幹dの異形態であり、接尾辞の-iは、dという「だ」の語幹を受けて副詞句を作る主要部であり、形式副詞とする。

第二に、〈結果〉は「青」のような名詞だけでなく、ダ形容詞(いわゆる形容動詞)やイ形容詞も〈結果〉となり、さらには動詞も「ように」をとって〈結果〉を表示する。

(12)a. 街はようやく **静かに** なった。(ダ形容詞)
　　b. 空がようやく **明るく** なった。(イ形容詞)
　　c. 太郎は **よちよち歩くように** なった。(動詞)

aの「静かに」はダ形容詞「静かだ」の連用形である。bの「明るく」はイ形容詞「明るい」の連用形である。cの「よちよち歩く」は動詞であるので、これを状態化し、かつ連用化するために「～ように」をつける。意味の上では、これらはすべて「街が静かだ」「街が明るい」「太郎がよちよち歩く」のように、主語に対する述語なのである。

とすれば「信号が青になる」の「青に」も、名詞に格助詞の「に」がついたものとせず、「信号が青だ」という述語で、ただ形の上では主たる述語の「なる」にかかるので、「だ」でなく、いわゆる連用形の「に」になっていると考えられる。ダ形容詞が「静かだ：静かに」と対応するのに対して、名詞も「青だ：青に」と対応するのである。そして「静かに」の「に」も、やは

り n-i と分析する。

イ形容詞の場合、いわゆる形容詞の連用形接尾辞「明るく」の -ku もやはり副詞句の主要部としての形式副詞である。

動詞の場合は「よちよち歩く」という動詞句につく「ように」が形式副詞であり、動詞句を状態性の副詞句にするのである。

こうして日本語のすべてのタイプの述語が変化動詞文の〈結果〉になる。「青になる」の場合だけ、「名詞＋格助詞」とするよりは統一的である。

さらにつけ加えれば様態・比況の助動詞などと言われる「〜ようだ」「〜そうだ」も次のように〈結果〉を表現する。

(13) a. 花子は **フランス人形のように** なった。
　　 b. 雨が **降りそうに** なった。

つまり a は「（花子は）フランス人形のようだ」という比喩表現が〈結果〉を表し、b は「（雨が）降りそうだ」という比況表現が〈結果〉になっている。これらも同様に形の上では、「〜ように」「〜そうに」と連用形になっている。

第三に、次のような例がある。

(14) 太郎は **花子と 夫婦に** なった。

この文の「花子と」は対称格助詞の「と」をとっているから、その後に対称関係の述語がなければならないが、「花子と なった」とは考えられない。「なる」は対称関係述語ではない。とすれば「花子と」がかかる先は「夫婦に」しかない。つまりこの文には〈結果〉として「太郎は花子と夫婦だ」という対称関係文が含まれているのである。もし「夫婦に」が「名詞＋格助詞」であれば、「花子と」という対称格がさらに「夫婦に」という結果格にかかることになり、格が格にかかるという奇妙なことになる（対称関係文については奥津(1967)を参照）。

第四に、次のようなうなぎ文の存在も〈結果〉を述語とする根拠になろう。

(15)　（友達と行った料理屋で品書きを見ながら迷っていたが）
　　　ぼくは　結局　うなぎに　なった。

　「ぼくはうなぎになった」というのも奇妙な文ではあるが、「ぼくはうなぎだ」といううなぎ文が含まれていると解釈できる。「うなぎに」はつまり「うなぎだ」の連用形であって、「に」は格助詞ではないのである（うなぎ文については奥津(1978)を参照）。
　以上の諸点から〈結果〉はすべて主語に対する述語であると考えられる。また〈結果〉が目的語である場合も同様である。そこで奥津(1976)は〈結果〉をおおむね次のような述語句の埋め込み構造としてとらえたのである。

(16)　信号が　赤から（信号が　青だ）なった。

　以上のことは変化他動詞の「する」でも同じことである。

(17)a.　住民は　ようやく　街を　**静かに**　するができた。
　　b.　住民は　ようやく　街を　**明るく**　するができた。
　　c.　親獅子は　子獅子を　**ひとりで狩りができるように**　した。

　上例のそれぞれの〈結果〉、「静かに」「明るく」「ひとりで狩りができるように」は目的語の「街」「子獅子」に対する述語である。
　そこで(11)の型の表示を次のように改める（〈結果〉に含まれる主語は省いてある）。

(18)　〈主体〉　〈始発〉　　　　　〈結果〉
　　　N₁が／を　N₂から　N₃に／Aに／Aく／Vるように　なる

より一般化すれば次のようになる。

(19)　N₁ が／を　N₂ から [Pred Adv] ₀ₚ　なる／する
　　　(Pred は述語で、「青 n」「静か n」「よちよち歩く」など、Adv は -i、-ku、「ように」などの形式副詞、DP は形式副詞を主要部とする副詞句である)

　この〈結果〉を表す述語句は、主語或いは目的語に対する述語の役割をしているから、最近の生成文法では**二次述語**(secondary predicate)などと呼ばれている。この二次述語は、補文の一種として小節(small clause)とされたり、小節でなく三肢構造(ternary structure)であるという Carrier and Randall (1992)の主張もある。しかし英語で結果の二次述語構文を作る動詞と日本語の動詞とは必ずしも一致しないし、形態論的な違いもあり、本書では一種の小節と考えておく。また二次述語に対して、「なる」のような主文の述語を**「一次述語」**と呼ぶことにする。
　そして本書の主題である連体と連用の対応は、広い意味ではすべていわゆる二次述語に関わる。
　二次述語的分析は実は我が国文法でもすでに先蹤がある。
　山田孝雄(1908)は「同格連用語」の名において「壁を白く塗る」のような例をあげている。これは変化動詞文であるが、山田は「白く」と「塗る」を同格としているのであって、「壁」と「白く」の主語・述語関係をとりあげているのではない。そして多くの場合述語の同格並列関係を述べているのである(「壁を白く塗る」のようないわゆる「壁塗り代換」については奥津(1981)を参照されたい)。
　ただ山田は次の a を、b と c とに「分解」できるとしている。

(20) a.　桜の花うるはしくさけり。
　　 b.　桜の花うるはし。
　　 c.　桜の花さけり。

つまり「うるはしく」を「桜の花」を主語とする述語としており、二次述語構文を考えているわけで、注目される。
　松下(1930)は二次述語的分析の先駆をなしているとみてよい。彼は「なる」などを「一致性動詞」と呼び、「一致格」を要求するとしている。

(21)　彼の女は人の妻になりぬ。

　この例は「事物の一致格」とよばれるものである。「人の妻」が一致格の名詞で、さらにこの「に」を格助詞でなく、「名詞性動詞」の「ニ活」としている。つまりは「だ」の連用形である。そして「なる」は主語の「彼の女」を「人の妻」に「一致させる動作」であるとしている。「狐が女に化ける」「茶碗が二つにわれる」なども同様である。また松下が「状態の一致格」と呼ぶものは、「稚児大きくなる」「花美麗に咲けり」「字を太く書く」など「形容動詞」によるもので、これにはもちろん活用があり、第二活段つまり連用形である。
　以上のように松下は変化動詞文における二次述語的分析をしているのだが、「雛鳥ちよちよと鳴く」のような異質のものも混在している。
　ところで変化動詞文の〈始発〉も〈主体〉の変化の始めの状態を表すのだから、やはり二次述語ではないか、という疑問も出よう。しかし上の「信号」の例で〈始発〉の「赤から」を述語句とすると、

(22)　信号が　赤に　青に　なった。

のように〈始発〉も「赤だ」の連用形にならなければならない。「から」を「だ」の連用形とするわけにはいくまい。「赤に」と「青に」とが共存していては、どちらが〈始発〉でどちらが〈結果〉か見分けがつかない。
　しかし〈始発〉がダ形容詞やイ形容詞や動詞である場合はどうするか。これについては後述する。
　統語的には同じ連用成分でも、異なる働きをする例を次にあげておこう。

(23)　（太郎は最近水泳の練習を始めた）
　　　それにしては　ずいぶん　早く₁　早く₂　なったものだ。

　この文の「早く₂」は〈結果〉であって、練習の結果を示している。「早く₁」は「早くなる」そのなり方が「早い」というので、これは「早く₂なる」にかかる様態副詞である。同一の文に「早く」が二つ使えるということは、それぞれの働きが違うことを示している。

4.　〈結果〉の変化動詞への編入

　古代ギリシャの哲人は「万物は流転する」と言った。世は無常で、昨日の淵は今日の瀬となる。変化はこの世界の基本的なあり方である。そこで変化の表現も多種多様で、変化動詞の種類も多いはずである。ところが「〈主体〉〈始発〉〈結果〉動詞」のように揃った型の表現は少ない。〈始発〉はあまり現れないことはすでに述べたが、〈結果〉が動詞に外在するものも少ないのである。多くの場合は〈結果〉が動詞の中に語彙的に編入され、変化動詞が、どんな変化かを表す。したがって〈結果〉の明示が要求される動詞は「なる」「変わる」ぐらいのものである。

(24)　信号が　赤から　青に　なった／変わった。

　その「変わる」でも「信号が変わった」だけでも可能で、「なる」とはややちがう意味も持つ。また「なる」も「成熟する・実る」の意味で「柿がなった」などはすでに〈結果〉を動詞に内在している。「事の成る成らぬは時の運」なども単なる変化の意味ではない。

(25)a.　今日は　とても　元気に　なった。
　　b.　今日は　とても　疲れた。

aは「元気に」という〈結果〉が動詞に外在しているが、bの「疲れる」は「疲れた状態になる」という意味だから、すでに〈結果〉が動詞に内在している。「疲れた状態」を表す形容詞は日本語にはなさそうだから、「疲れている」とか「疲れた」とか言うほかはない。英語では tire が動詞で自動詞も他動詞もあるようだが、tired が形容詞として辞書にも登録されている。そこで日本語の「疲れる」はむしろ get/become tired のように動詞と〈結果〉とが分離した形が普通のようである。

日本語の「疲れる」の場合は〈結果〉が語彙的に編入されていて、tuka-re-ru などと分析はできないが、編入された〈結果〉の状態が形態論的に分析できるものもかなりある。それは形容詞を組み込んだ変化動詞である。

まず「なくなる」と「なくす」がある（「なくなる」「なくす」については奥津(1971)がある）。

(26) ぼくの財布が　なくなった。

「なくなる」は非存在への変化を表す消滅動詞である。「ない」の連用形と「なる」が結合したもので、通常の変化動詞文と似た形ではあるが、「財布が汚く　なる」などの分離形とは違って、一語化し独自のアクセントを持ち、辞書にも一語として登録されている。さらに「亡くなる」のように「死」を意味する尊敬語となれば完全に一語の変化動詞である。

「なくなる」の他動詞形は「なくす」「なくする」「なくなす」などがあるが、それぞれ変化他動詞の「す」「する」「なす」が「なく」についたものである。辞書によって多少はちがうが、いずれも一応辞書には出ている。現代語では「なくす」が一般的であろう。

(27) ぼくは　昨日　財布を　なくした。

「高まる」「深まる」「強まる」「弱まる」「固まる」「早まる」「広まる」「狭まる」などはイ形容詞語幹に「まる」がついて変化自動詞になったもの、「高

める」「深める」「強める」など「める」がつけば変化他動詞になる。ダ形容詞についても「静まる：静める」などがある。これら両者は自他の対応をなすのであるが、派生の順序としては奥津(1967)では、他動詞接尾辞の -me に自動化辞の -ar がついて -me-ar ができ、母音の e が消えて -mar が派生されたものとした。

(28) a. 老師の思想は　益々　深まった。
     b. 老師は　その思想を　益々　深めた。
(29) a. 彼の決意が　固まった。
     b. 彼は　決意を　固めた。

　その他「ゆるむ」「ぬるむ」「しらむ」「くらむ」など -m のつくものと、それに対応する他動詞「ゆるめる」「ぬるめる」など、「やわらぐ：やわらげる」「ひろがる：ひろげる」など -g、-gar と対応する他動接尾辞 -ge のつくもの、「細る」「弱る」「太る」「鈍る」など -r のつくもの、「直る」と「直す」のように、古語形容詞「直し」の語幹に接尾辞の -r と -s がついて自他が対応するもの、「現れる」と「現す」のように「あらわだ」の語幹に「-れる」と「-す」で自他が対応するもの、さらに「黒ずむ」「青ざめる」「黄ばむ」「赤らめる」「紫立つ」など種々な形がある。
　これらはみな〈結果〉を表す名詞や形容詞が動詞に組み入れられているが、形態論的な分析が可能で、〈結果〉が可視的である。そして接尾辞の -m、-g、-r などが「なる」と同じく［変化］の意味を持ち、また対応する他動詞接尾辞もあるのである。
　形容詞を組み入れた形態論的変化動詞の意味は、一般に特殊化するようである。例えば「高まる」は「高くなる」と完全に対応するわけではない。

(30) a. 名声が　高く　なる／高まる。
     b. 物価が　高くなる／*高まる。

これらの変化動詞の形態論的分析と意味の詳述は興味ある問題であるが、省略する。
　以上変化動詞における〈結果〉の編入について述べたが、編入の有無によって変化動詞を分類する。

(31) a.　ぼくは　へとへとに　なった。
　　 b.　ぼくは　青ざめた。
　　 c.　ぼくは　疲れた。

　上例のaは「へとへとだ」という二次述語と「なる」という一次述語が分離しているので**分離形**と呼ぼう。
　bの「青ざめる」はすでに述べたが、可視的な〈結果〉としての形容詞を変化動詞の中に組み込んだ**接辞型変化動詞**である。
　またcの「疲れる」は「疲れた状態になる」という意味であり、やはり〈結果〉も［変化］も内蔵しているが、bのような形態論的な分析はもはやできない。いわば〈結果〉と［変化］が一語の動詞の中に融合しているのである。このような変化動詞を**融合型変化動詞**と呼ぼう。そして接辞型と融合型は分離型に対しては**非分離形**或いは**編入型変化動詞**と呼ぼう。
　変化動詞の多くは非分離形で、特に融合形が多い。この形を次のように表示しておく。

(32) a.　ぼくは　疲れた。
　　 b.　〈主体〉　動詞［〈結果〉変化］
　　 c.　N が　　V

　非分離形の変化動詞文をもう少しあげておく。

(33)　秋が　深まった。
(34)　障子が　破れた。

(35) コーヒーが　さめた。

　このように可視的・非可視的いずれにせよ、非分離形変化動詞の場合は〈結果〉がすでに動詞の中に編入されているから、その外部に〈結果〉を明示する必要はない。

5.〈結果〉の外在──いわゆる結果副詞──

　ところが次のような例がある。

(36) a.　ぼくは　へとへとに　疲れた。
　　 b.　ぼくは　へとへとに　なった。

　仁田(1983)はこの「へとへとに」のような語を結果副詞と名付け、本章で言う変化動詞と共起することを述べている。
　「へとへとだ」はいわゆる擬態語のダ形容詞で、「非常に疲れた状態」を表す。そこで「疲れた状態への変化」を表す「疲れる」を使ってaのように言ってもいいが、bのように「なる」だけを使っても用は足りる。「へとへとに」は、aもbも〈主体〉である「ぼく」の変化の〈結果〉の状態を示す。aのような非分離形の変化動詞はすでに〈結果〉を編入しているのだが、さらにもう一つの〈結果〉を任意に外在させて、分離型の変化動詞文を作ることもできる。
　このようにしてただ「疲れた」ことを表現するだけでなく、その〈結果〉の状態をさらに詳しく表すことができるのである。「疲労困憊する」などは「へとへとに」をさらに「疲れる」に編入した漢語複合変化動詞であろう。
　このように非分離動詞が〈結果〉の外在を許すのは「疲れる」に内在する意味素性の［変化］によるのであろう。つまりbがaに含まれているのである。もし動詞が変化動詞でなければ〈結果〉の外在は許されない。

(37) *ぼくは今日　へとへとに　歩いた。

たしかに長い時間急いで歩けば、「へとへとに疲れる」であろうが、「歩く」は変化動詞とは言えないから、直接に〈結果〉をとることはできない。

(38) a.　ぼくは　へとへとになるまで／ほど　歩いた。
　　 b.　ぼくは　歩いて　へとへとに　なった。

とでもいえば、「歩いた」結果の状態が表現できる。aの「まで」「ほど」は結果ないし程度を表す形式副詞で、主文の動詞にかかる副詞句を作る。bは継起を表す「〜て」による並列構造ないし従属構造を成し、前件に「歩く」が来ている。
　　非分離型の変化動詞文における〈結果〉の外在についてもう少し例をあげよう。

(39) a.　痩せた花子が　**60キロに**　太ってしまった。
　　 b.　痩せた花子が　**60キロに**　なってしまった。
(40) a.　ベネチアグラスの花瓶が　**粉々に**　砕けた。
　　 b.　ベネチアグラスの花瓶が　**粉々に**　なった。
(41) a.　皆の意見が　**真っ二つに**　割れた。
　　 b.　皆の意見が　**真っ二つに**　なった。
(42) a.　背が　150センチから　**160センチに**　伸びた。
　　 b.　背が　150センチから　**160センチに**　なった。
(43) a.　風速が　**35メートルに**　強まった。
　　 b.　風速が　**35メートルに**　なった。
(44) a.　髪が　**チリヂリに**　縮れている。
　　 b.　髪が　**チリヂリに**　なっている。

上例のa、bそれぞれの太字部分は〈結果〉を明示している。bのように

「なる」でもよいのだが、例えば(39)bのように、ただ「60キロになった」だけでは、痩せたのか、太ったのかは分からない。「太る」を使えば、「60キロ」という〈結果〉が「太る」方向への〈結果〉であることが分かる。

(40)bの「砕ける」は、一つの対象がかなりの数に分かれることを意味するが、その数を「粉々に」を使ってより特殊化して示している。これをさらに動詞に組み込めば、「粉砕される」のような漢語複合動詞ができる。

(41)aの「割れる」も一つのものが複数になることを表すが、その割れた結果を三つや四つでなく、「二つ」であると明示している。

(42)では「150センチ」が〈始発〉で「160センチ」が〈結果〉である。

(43)aの「強まる」は、〈結果〉は可視的ではあるが、動詞の中にすでに組み込まれているから、さらに「35メートル」のような〈結果〉がとれるのである。もしこれが「強くなる」のように分離形であれば、次のように不自然になるであろう。

(45) ?風速が　35メートルに　強く　なった。

しかし非分離形の変化動詞文であれば、〈結果〉の外在が無条件に許されるというわけにはいかない。日本語の二次述語に関する菊地(1991)の論文では「動詞が表す意味に矛盾しない、ある程度予想可能な性状変化を表す述部だけが生起し、予想可能な範囲を越えた意味を表す述部は排除されるという条件」(p.217)をあげている。より正確には、動詞に内蔵される〈結果〉の意味と矛盾するものであってはならないということである。

(41)(44)の「皆の意見が　真っ二つに　割れた」や「髪が　ちりちりに　縮れている」ならばいいが、次は非文になる。

(46) *皆の意見が　**一つに**　割れた。
(47) *髪が　**まっすぐに**　縮れている。

「髪がまっすぐだ」とか「皆の意見は一つだ」とか、「まっすぐだ」や「一

つだ」が単に主語の状態を表す述語であれば問題はなく、場合によっては二次述語として〈結果〉ともなる。つまり「髪がまっすぐにのびている」や「皆の意見が一つにまとまった」なら正文である。しかし上例の「一つ」とか「まっすぐ」とかいうのは、「割れる」「縮れる」に対してむしろ〈始発〉の状態を示すもので、動詞に編入されている〈結果〉の意味とは矛盾するから非文になる。

これに対して、「二つに」と「割れる」、「チリチリに」と「縮れる」は矛盾しない。「縮れる」に編入された「縮れた状態」という〈結果〉をより具体的に示すのが「チリチリ」であるし、「割れる」に編入された「複数の部分」という〈結果〉の意味を「二つ」によってより具体的に示している。

このように、外在する〈結果〉は、すでに変化動詞に組み込まれている〈結果〉の意味を、より具体的に示すのが一般的な働きのようである。

そして「二つに」も「チリチリに」も「皆の意見は　二つだ」「髪は　チリチリだ」のように二次述語として、動詞に編入された［変化］、つまり「なる」にかかる〈結果〉なのである。

6. 変化動詞文の種類

さて変化動詞の数は多いのだが、これをまず大きく４種類に分類したい。つまり変化動詞文には４種類の型があるのである。これは変化動詞がとる意味役割の型によるもので、またそれにつれて対応する統語構造も違うわけだが、先ずその４種類を次に示す。

(48)　1.　一般変化動詞文：〈主体〉〈始発〉〈結果〉動詞
　　　2.　発生動詞文：　　　　　　　　〈結果〉動詞
　　　3.　消滅動詞文：　　　　〈始発〉　　　　動詞
　　　4.　生産動詞文：　　　　〈始発〉〈結果〉動詞

6.1. 一般変化動詞文

まず第1種の一般変化動詞であるが、最も数が多い。

一般変化動詞文の基本的な意味役割の型は〈主体〉〈始発〉〈結果〉動詞ではあるが、〈始発〉は現れないことが多く、〈結果〉は、「ぼくは　疲れた」のように、ほとんど非分離形の動詞に編入された形で、文の表面には現れない。つまり現実の場面では〈主体〉動詞［〈結果〉［変化］］という形が多い。〈始発〉については動詞に編入されるということはあり得ないだろうが、それが明示的に表現されることも少ないようだ。人は〈結果〉に注目しやすいという面白い心理的現象もあるし、〈始発〉というのは〈結果〉の否定で、敢えて表現せずとも済む。「疲れる」に対する〈始発〉の状態は「疲れていない」状態であるし、「信号」は「赤から青になる」に決まっているから、わざわざ〈始発〉を表現する必要はない。

しかしもちろん、時には〈始発〉が注目されることがある。

(49)　豊臣秀吉は　百姓の倅から　太閤になった。

また次の例はどうであろうか。

(50)　**赤の／赤い信号が**　青に　なった。

上例の主語の「赤の／赤い信号」は、変化の過程を通じて同一性を保つ〈主体〉ではない。「信号」だけなら次のように〈主体〉と言える。これまで「信号が　赤から　青になった。」の場合の「信号」を〈主体〉と定義してきた。しかしこの「信号」は(50)の「赤の／赤い信号」とは違うものである。「赤の／赤い信号」の主名詞の「信号」は特殊化された「信号」であり、「赤」でも「青」でもない〈主体〉としての「信号」ではない。「赤い信号」は「青い信号」ではない。うなぎ文ならともかく、「赤い信号は　青い信号だ」とは言えない。そこで「赤の／赤い信号」はむしろ〈始発〉とすべきであり、統語的には〈主体〉にかわって、この〈始発〉が主語となると考える。

上述のように〈結果〉を表すものは名詞だけでなく、形容詞も動詞も可能であったが、「から」格をとる〈始発〉は名詞しか許されない。

(51) *信号が　赤いから　青に　なった。

しかし〈主体〉の〈始発〉の状態も、〈結果〉と同じく、名詞だけでなく形容詞詞によっても、動詞によっても表示できるはずである。そこで〈始発〉については〈主体〉を自己の中に組み込んで、例えば形容詞の「赤い」によって「赤い信号」とするのである。
　また次のように動詞文も「太郎」の〈始発〉の状態が表示できるのである。

(52)　はいはいしていた太郎が　よちよち歩けるように　なった。

こうしてプロトタイプ的な変化動詞の文の型は次のbのようなバリエーションを持つのである。

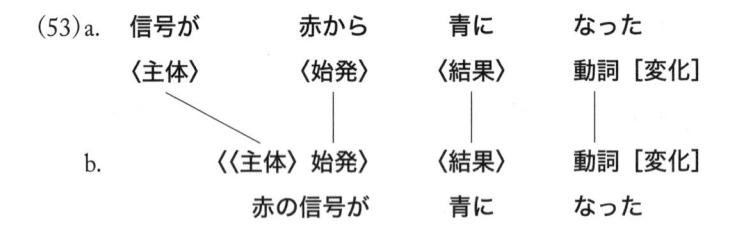

(53) a.　**信号が**　　　　**赤から**　　　**青に**　　　**なった**
　　　　〈主体〉　　　　〈始発〉　　　〈結果〉　　動詞［変化］

　　b.　　　〈〈主体〉始発〉　　〈結果〉　　動詞［変化］
　　　　　　赤の信号が　　　**青に**　　　**なった**

では次の例はどうであろうか。

(54)　おたまじゃくしが　蛙に　なった。
(55)　雀　海中に入りて　蛤となる。
(56)　山芋　変じて　うなぎと　なる。

(54)の主語の「おたまじゃくし」は〈主体〉ではなく〈始発〉と考えたい。

「おたまじゃくし」と「蛙」は生物学的には同じ生物の変態ではあろうが、言語としては違うものである。我々は「おたまじゃくし」を見て「蛙がいる」とは言わないし、「蛙」を見て「おたまじゃくしがいる」とは言わない。「おたまじゃくし」はまだ「蛙」ではないし、「蛙」になったら、もはや「おたまじゃくし」ではない。はじめて「おたまじゃくし」と「蛙」を見た人は、両者が同じ生物の変態であるとは認知できないであろう。ことばが違えば対象も違うわけである。いわゆる言語相対主義的な考え方がこの場合妥当する。

また「おたまじゃくし」が〈主体〉であれば、〈結果〉はその述語であるのだから「*おたまじゃくしは蛙だ」と言えるはずだが、これは言えない。すでに述べたようにプロトタイプ的な「信号が赤から青になった」であれば、「信号が青だ」は言えるのである。

また次のaの「太郎」は〈主体〉で「小学生」は〈結果〉であり、正文であるが、bは形の上では同じ連体構造ではあるが非文である。

(57)a. 小学生になった太郎が　元気にとびまわっている。
　　b. *蛙になったおたまじゃくしが　元気にとびまわっている。

aの「小学生になった太郎」は「太郎は小学生になった」という変化動詞文の連体で、主名詞の「太郎」は〈主体〉であり、「小学生」が〈結果〉である。

bの場合、「おたまじゃくしが　蛙になった」はたしかに言えるのだが、それに対する連体構造で「おたまじゃくし」を主名詞とする「蛙になったおたまじゃくし」というものをイメージすることはむずかしい。このようにして「おたまじゃくし」でも「蛙」でもあり得て、変化の過程を通じて同一である〈主体〉を表す語を日本語はもたないのであり、したがって(54)の「おたまじゃくし」は〈始発〉であり、「蛙」は〈結果〉であると考えるべきである。

統語的には(50)の〈始発〉と同じく(54)の〈始発〉の「おたまじゃくし」

が主語となる。そこでこの種の変化動詞文の意味役割の型と統語的な型とは次のようになる。

(58) 〈始発〉 〈結果〉 動詞［変化］
　　　Nが　　Nに　　V

　(55)(56)も同様で、「雀」から「蛤」への変化、「山芋」から「うなぎ」への変化を通じて同一性を保つ〈主体〉は存在しないと言うべきであろう。これらは古来全く意外なものへの変身の表現とされている。こうして〈主体〉の存在するものと存在しないものという2種類の変化動詞文があることは、人や物のアイデンティティーとは何かという哲学的な問題についてもきわめて示唆的である。
　以上のようにして、一般変化動詞文には、次の(59)の1のようなプロトタイプ的な型のほかに、2.〈結果〉が動詞に組み込まれている型、3.〈結果〉が分化して一つは動詞に組み込まれ、もう一つは任意ではあるが動詞に外在する型、4.〈主体〉がなく〈始発〉と〈結果〉とから成り、〈始発〉が主語になる型、5.さらにこの場合の〈結果〉が動詞に編入された型などのバリエーションがある。まとめれば次のようになる。

(59)　一般変化動詞文の型
　　1.〈主体〉〈始発〉〈結果〉　動詞［変化］
　　　　信号が　赤から　青に　なる。
　　2.〈主体〉　動詞［〈結果〉［変化］］
　　　　信号が　壊れた。
　　3.〈主体〉〈始発〉　　〈結果〉　　動詞［〈結果〉［変化］］
　　　　花子が　50キロから　60キロに　太った。
　　4.〈始発〉　　　　　〈結果〉　動詞［変化］
　　　　赤い信号が　　　青に　　なる。
　　　　おたまじゃくしが　蛙に　　なる。

5. 〈始発〉　　　動詞［〈結果〉変化］
   壊れた信号が　直った。

　たくさんある一般変化動詞はもういちいちあげないが、自他の対応のあるものを少しあげておく。

(60) 一般変化動詞
　　「なる・する」「変わる・変える」「改まる・改める」「増す・増す」「直る・直す」「増える・増やす」「減る・減らす」「曲がる・曲げる」「閉まる・閉める」「伸びる・伸ばす」「砕ける・砕く」「汚れる・汚す」「余る・余す」「破れる・破る」「割れる・割る」「焼ける・焼く」など

6.2. 発生動詞文

　第二は発生動詞文である。発生動詞の数は多くないが、自他の対応があるものを次にあげる。

(61) 発生動詞
　　「生まれる・生む」「生える・生やす」「（あかりが）つく・つける」「（穴が）開く・開ける」「現れる・現す」「始まる・始める」「孵る・孵す」など

　これらに共通する意味は「無から有への変化」または「非存在から存在への変化」である。次に例をあげる。

(62) 赤ちゃんが　生まれた。
(63) 髭が　黒々と　生えている。
(64) あかりが　ぼんやり　ともっている。
(65) アトランタ・オリンピックが　始まった。

(62)の「生まれる」は、人または動物の生命の新たな発生を表す自動詞で、その新たな生命体を表す名詞が主語となる。主語の「赤ちゃん」は、少なくとも言語的には「生まれる」前には存在しなかったものである。つまり無から有への変化である。この「赤ちゃん」は〈主体〉とも〈始発〉とも言えない。この文は「赤ちゃん」という〈主体〉が先ずあって、その状態の変化を表現するものではない。また「赤ちゃん」が〈始発〉で、それが何かに変わったというのでもない。結局「赤ちゃん」は〈結果〉である。〈主体〉も〈始発〉も無で、〈結果〉が有なのである。

　生理学的には、あるいは宗教的には、誕生という現象は無から有への変化ではなく、それ以前から存在する何かの連続的な変化であろう。しかし法律的には人は生まれなければ戸籍にも載らず、種々な法的権利の主体にもなれない。人の出生とは何かは、様々な角度からの定義があろうが、言語の面からは、何かの状態変化ではなくて、人そのものがはじめて存在に至るので、これは〈結果〉である。こうして人は一度生まれれば、その後の変化の〈主体〉になり、例えば「太郎」という名がつけられて、死に至るまで、その人生において様々な状態変化を経るのである。

　生命体に限らず、万物に始めがあるとするのは人の自然な発想であり、諸民族は「国生み」「天地創造」の神話・伝説を持ち、そこから歴史の様々な変化を辿るのである。

　(63)の「生える」は人や動物以外の植物などの発生を表す。「髭」は「生える」前には存在しなかったものである。そして副詞の「黒々と」は〈結果〉としての「髭」の状態を表すもので、一種の二次述語であり、前回に述べた〈結果〉の外在の一種と考えられる。

　(64)の「あかり」とか「電灯」とかは、「ともる」とか、「つく」ことによってはじめて機能を果たすので、横能の面から見れば「明かり」や「電灯」もやはり〈結果〉と言える。そして「ぼんやり」もその〈結果〉の状態を表し、〈結果〉の外在の一種と考えられる。

　(65)の「オリンピック」という大イベントも「始まって」はじめて存在するのである。したがってこの文の「オリンピック」も〈結果〉である。

「孵る」も生物の発生を表すが、おもしろい動詞である。

(66) a.　（小さな卵から）かわいいひよこが　孵った。
　　 b.　小さな卵が（?かわいいひよこに）孵った。

　aは「生まれる」と同じく「ひよこ」の発生を表すから、「ひよこ」は〈結果〉であり、発生動詞文とすべきであろうが、「小さな卵」は〈始発〉ではなく「ひよこ」の出所、つまり〈起点〉とすべきであろうか。
　発生動詞文「夕顔棚のかなたより　現れ出でたる　明智光秀」の「夕顔棚のかなた」は、移動動詞文における〈起点〉に準じて「明智光秀」の発生してきた場所と考えられる。「明智光秀」はこの場面以前から存在してはいたが、「現れる」とか「出る」とかの発生動詞文においては、話し手の意識としては、見えなかったものが見えて来るというのだから、無から有への発生的変化なのである。宮島(1972)には「出る」についての詳細な記述があるが、「移動」を基本的な意味としつつ、「発生」を二次的な意味としている。
　「孵る」に戻って、しかしaの「小さな卵」は、〈起点〉ではなく、変化の〈始発〉で、「小さな卵」から「大きなひよこ」への「おたまじゃくし」型の変化と考えることもできよう。とするとこれは一般変化動詞文とすべきものであるが、統語的に〈結果〉が主語になっている点で「おたまじゃくし」型とはちがうので、発生動詞文としておこう。
　一方bの主語は「小さな卵」であるが、この文は「小さな卵」の発生を表すものではない。しかし変化動詞文のようではある。「大きなひよこに孵った」は私の内省では抵抗があるのだが、これを正文と認めるなら、「小さな卵がかわいいひよこになった」ということで、統語的な形では「おたまじゃくし」型の一般変化動詞文である。とすれば主語の「小さな卵」は〈起点〉ではなく〈始発〉と解釈すべきではないか。しかし同義的なaが可能であり、格の代換がある点では「おたまじゃくし」型の文とは違う。主語の「卵」は〈起点〉であろうか〈始発〉であろうか。「孵る」と類義的な「生まれる」なら「ひよこが生まれる」は言えても「卵が生まれる」は言えないようだが、

「孵る」は両方の形が可能である。
　また他動詞の「孵す」であれば

(67) a.　小さな卵で／から　かわいいひよこを　孵す。
　　 b.　小さな卵を　かわいいひよこに　孵す。

という二つの形が可能であり、これは後に述べる生産動詞文ということになる。
　「孵る」はどうもうまく説明しにくい変化動詞である。
　ともあれ以上のようにして発生動詞文の意味役割の型と統語的な型は、次のようになる。

(68)　〈結果〉　動詞［［存在］変化］
　　　　N が　　V

そして自動詞文ならこの〈結果〉が主語になり、他動詞文なら次のように目的語になる。

(69) a.　隣の奥さんが　きのう　**赤ちゃんを**　生んだ。
　　 b.　先生は　**髭を**　黒々と　生やしている。
　　 c.　**あかりを**　ぼんやり　ともしている。

6.3. 消滅動詞文

　第三は消滅動詞文である。ヘーゲルの弁証法ではないが、有から無への変化を意味し、発生動詞と反対に次の型をとる。

(70)　〈始発〉　動詞［［非存在］変化］
　　　　N が　　V

例を少しあげる。

(71) ぼくの財布が なくなった。
(72) 寅さんが 死んだ。
(73) アトランタ・オリンピックが 終わった。

　(71)の「なくなる」はまさに「無になる」の意味である。「財布」はかつて存在したが、「なくなった」後には存在しない。したがって「財布」は消滅変化の〈始発〉であり、それが無になるのである。統語的には、発生動詞文では〈結果〉が主語になるが、消滅動詞文では〈始発〉が主語になるのである。

　(72)の「死ぬ」や「亡くなる」も消滅動詞である。「寅さん」も今は「亡い」。人の一生は出生という発生動詞的変化から始まり、人格を得て〈主体〉となり、様々な一般変化動詞的な変化を経験するが、最後には「死」という消滅動詞的変化によって幕を閉じるのである。

　1996年の夏(73)の「アトランタ・オリンピック」も、終われば、もうどこにも存在しない。「始まる」が事柄の発生を、「終わる」が事柄の消滅を表すのである。

　「死ぬ」に意味的に対応する他動詞は「殺す」であるが韓国語では形態論的に自他の対応がある。日本語の「亡びる・亡ぼす」には自他の対応がある。

(74) a. ホセが カルメンを 殺した。
　　 b. カルメンが 死んだ。
(75) a. 源氏が 平家を 亡ぼした。
　　 b. 平家が 亡びた。

次に自他の対応のある消滅動詞をいくつかあげておく。

(76) 消滅動詞

「なくなる・なくす」「終わる・終える」「消える・消す」「亡びる・亡ぼす」「絶える・絶やす」「(ガソリンが)きれる・きらす」など

6.4. 生産動詞文

第四が生産動詞文である。

生産とは、一般的には、何かを原料・材料として、それに手を加えて、生産物を作ることである。つまり原料を〈始発〉、生産物を〈結果〉とする変化他動詞的な動作である。

人間と動物を区別するのは労働であり生産である。長い歴史の中で生産活動は極度に発展し多様化し複雑化したから、生産活動を現す生産動詞は多い。その一部を次にあげる。自他の対応のあるものもあれば、ないものもある。

(77) 生産動詞
「沸く・沸かす」「(パンが)焼ける・焼く」「うだる・うでる」「炊ける・炊く」「(天麩羅が)揚がる・揚げる」「(ビルが)建つ・建てる」「(屋根を)葺く」「(餅を)搗く」「(小説を)書く」「(絵を)描く」「(仏像を)彫る」「(着物を)縫う」「(セーターを)編む」「(背広を)仕立てる」「(刀を)打つ」「(車を)つくる」など

日常的な料理動詞もあれば、知的・芸術的活動を表す動詞、土木・建築活動を表す動詞、縫製活動の動詞など様々である。「製造する」「制作する」「鋳造する」「築造する」など漢語の生産動詞もいろいろとある。

6.4.1. 「湯を沸かす」

先ず身近な「沸く・沸かす」を見よう。

(78) (茶会の時、水道の水はまずいので)
    a. 花子は 井戸の水で 湯を 沸かした。(他動詞)

b.　井戸の水で　湯が　沸いた。（自動詞）

「湯を沸かす」というのも単純ではあるが、生産活動の一種であり、対応する自動詞が「湯が沸く」である。「井戸の水」が〈始発〉であり、「沸かす」という生産活動によって〈結果〉としての「湯」ができるのである。統語的には、「花子」が主語、「湯」が目的語であり、「で」をとる「井戸の水」は手段格としておく。bの自動詞文では、〈動作主〉の主語「花子」がなくなり、〈結果〉の目的語が主語にかわっている。

　変化動詞文における〈結果〉の優位はここでも同様で、〈始発〉の「井戸の水」はなくても非文とは言えないし、自動詞文ではむしろないほうが自然のようにも感じるが、「湯」のない「花子は井戸の水で沸かした」「井戸の水で沸いた」は、文脈による省略でない限り非文である。

　そこで生産動詞文の意味役割の型と統語的な型を次のように考える。

(79) a.　〈動作主〉　　〈始発〉　　〈結果〉　動詞 [[[X] 変化] 使役]
　　　　　Nが　　　　Nで／から　　Nを　　V　　　　　　　（他動詞文）
　　 b.　〈始発〉　　〈結果〉　　動詞 [[X] 変化]
　　　　　Nで／から　Nが　　　　V　　　　　　　　　　　　（自動詞文）
　　　（動詞の意味構造の [X] はそれぞれの生産動詞の違いを示す部分である。「沸かす」であれば「熱い液体」というような意味である。）

　先ず第一に、生産動詞文は〈主体〉の状態変化を表すのでなく、〈主体〉のない〈始発〉が〈結果〉に変わることを表現すると考えたい。(78)で言えば、「水」という〈主体〉の状態変化でなく、「水」が「湯」に変わるのである。冷たい液体が「水」であって、それが熱くなれば「水」とは言えない。「水が熱い」とか「熱い水」とかは非文になる。「湯」も熱いから「湯」なのであって、「湯が冷たい」とか「冷たい湯」とかは言えない。日本語には、変化の〈主体〉であるべき温度に関わりのない中立的な H_2O にあたる語はないのである。

もし「井戸の水」が〈主体〉であり、「湯」が「沸かす」「沸く」という変化の〈結果〉としての「水」の状態を表すいわゆる二次述語なら、次のｂが可能であるはずであるが、これはやはり非文である。「沸く」ことによって「水」が「湯」になったら「水」はもはや「水」ではなく、「湯」は「水」の二次述語にはなれないのである。

(80) a.　井戸の水で　湯を　沸かした／井戸の水で　湯が　沸いた。
　　 b. ＊井戸の水は　湯だ。

これに対して次の(81)のように「井戸の水」が一般変化動詞文の〈主体〉であれば、「汚い」を述語とするｂは非文にはならない。「井戸の水」は「きれい」な状態であっても「汚い」状態であっても、「井戸の水」であることには変わりがない。

(81) a.　井戸の水が　汚く　なった。
　　 b.　井戸の水が　汚い。

このように日本語においては、「水」は「湯」でなく「湯」は「水」でないが、英語のwaterは熱くても冷たくてもwaterであって、日本語の「水」にも「湯」にも対応しないことを鈴木(1973)は指摘している。日本語には英語のwaterにぴったり対応する語はないのである。韓国語も英語と同じで日本語の「水」でも「湯」でも물(ムル)である。

以上の次第で生産動詞文の意味役割の型としては〈主体〉がなく〈始発〉から〈結果〉への変化と考えられる。

(82) a.　水が　湯に　なった。
　　 b. ＊水が　湯だ。

上例のａは「なる」による一般動詞文であるが、この場合も同様で、ｂは

非文であるから、aの主語の「水」は〈主体〉とは言えず、〈始発〉とすべきであり、「湯」は〈結果〉なのである。つまりすでに述べた〈主体〉のない〈始発〉と〈結果〉から成る「おたまじゃくし」型の文である。ただし「おたまじゃくし」文は、生産動詞と違って、〈始発〉が主語または目的語になり、〈結果〉は主語になれない。

(83) a. おたまじゃくしが 蛙に なった。
　　 b. *おたまじゃくしで／から 蛙が なった。
　　　　（cf.　　井戸の水で 湯が 沸いた。）
(84) a. 花子が おたまじゃくしを 蛙に した。
　　 b. *花子が おたまじゃくしで／から 蛙を した。
　　　　（cf.　　花子が 井戸の水で 湯を 沸かした。）

　このような統語的な型の違いからも、一般変化動詞文と生産動詞文とは区別できよう。
　生産動詞文は基本的には以上のように、〈主体〉のない「〈始発〉〈結果〉動詞」という意味役割の型と「Nで　Nが／を　V」という統語的な型とで、他の変化動詞文と区別できるのである。

6.4.2. 〈結果〉と他動性
　もう一度「沸かす」に戻ると、「沸かす」は温度の低い液体を加熱して、熱い液体に変えることであるが、ここで動詞の他動性（transitivity）とか、目的語とは何か、といった問題が関わってくる。たしかに加熱という動作を受ける対象は「井戸の水」であって、「湯」が加熱されるのではなく、「湯」は加熱の結果なのである。にもかかわらず「井戸の水」は目的語でなく、「湯」が目的語になっている。
　或るテレビの料理番組に出ている有名な俳優が言っていた。
「湯を沸かすっておかしいね。水を沸かすじゃないのか」
　また『東海道中膝栗毛』の初編に次のような一節がある。

北「モシあねさん。湯がわいたらへへりやせう」

弥二「ソリヤ人のことをいふ、うぬがなんにもしらねへな。湯がわいたらあつくてはいれるものか。それも、水がわいたら、へへりやしやうとぬかしおれ」

弥次郎兵衛にとっては「湯が沸く（湯を沸かす）」ではなくて、「水が沸く（水を沸かす）」が正しいのである。

Hopper and Thompson (1980) は10個の項目毎に他動性の高低を見ているが、その一つに目的語が受ける影響性 (affectedness) がある。目的語が全面的に動作の影響を受ける方が、受けない方より他動性が高いのである。たしかに加熱という動作を直接受けるのは「水」であって「湯」ではない。弥次郎兵衛は「湯を沸かす」と沸騰し蒸発してなくなってしまうと考えたのであろう。彼はここから「湯」は他動詞の目的語にはならないと即断してしまったのである。しかし他動性にも高低があり、低くても他動詞であり得るのであり、「湯を沸かす」はその例である。日本人なら「湯を沸かす」の方が「水を沸かす」より自然だと感じるであろう。他動詞の動作を直接に受けず、むしろその動作の結果であるものを目的語にするのが生産動詞の特色の一つである。

格助詞「を」が、他動詞的動作の直接の対象でなく、〈結果〉につくことについては、すでに宮田 (1948) に指摘がある（杉本武氏の教示による）。宮田は「これから作り出される対象」を「を」が示す、として「Yu o wakasu」「Ana o horu」という例をあげている。また金田一 (1955) は「湯オ沸カス」「飯オ炊ク」のような例をあげ、「作り出す意を表はす動詞の前では、しばしば作り出される対象に　オ　をつける。」(p.190) と説明している。

もっとも〈始発〉も主語または目的語になれないわけではない。「水道の水はまずいから井戸の水を沸かす」なども可能である。

6.4.3. 〈始発〉か〈主体〉か？

さて材料・原料が単純で、加工の過程も単純で、従ってその結果である生

産物も単純な生産活動では、その〈始発〉が〈結果〉においても認知しやすいものがある。

(85) a. 車海老で　おいしい天麩羅を　あげた。
　　 b.？その車海老は　おいしい天麩羅だ。

　上例のａなどは「天麩羅」になっても「車海老」は「車海老」として認知できるし、〈主体〉としての「車海老」の状態が変わったにすぎないとも言えそうだが、「おいしい天麩羅」を述語としたｂは、うなぎ文のような特殊な状況を設定しないと不自然であろう。

(86) a. 車海老が　古く　なった。
　　 b. その車海老は　古い。

　上例のａは一般変化動詞文であるが、この「車海老」は〈主体〉で、ｂもまた自然な文であり、ａの「古く」が「車海老」の二次述語であることは、すでに述べたとおりである。

(87) a. 昨日買った車海老が　おいしい天麩羅に　なった。
　　 b.？昨日買った車海老は　おいしい天麩羅だ。

　上例のａは、主語の「昨日買った車海老」は〈主体〉のようだし、その変化の〈結果〉の状態が「おいしい天麩羅」であるという典型的な一般変化動詞文のように見える。しかしその〈結果〉を述語とするｂはａと比べると、やはりどこか不自然な感じがする。そこでａも〈主体〉のない「おたまじゃくし」型の一般変化動詞文とする方がいいのではないか。その意味で、「おたまじゃくし」型の一般変化動詞文は、生産動詞文と共通するところがあるが、統語的な型においては生産動詞文とは違うのだからおたまじゃくし文とはせず、これを第４種の変化動詞文としたのである。

(88) a. 山梨の葡萄から　いい葡萄酒が　つくられる。
　　 b. *山梨の葡萄は　いい葡萄酒だ。

　aの「山梨の葡萄」は主語ではないし、原料であることは問題なかろうから〈始発〉と考えるのがよいだろう。〈結果〉である「いい葡萄酒」をただ見ただけでは、我々は「山梨の葡萄」を認知することはできない。だからbは非文になる。したがって「山梨の葡萄」は〈主体〉とは言えないだろう。

6.4.4.　「パンを焼く」と「ご飯を炊く」
　ところで「パンを焼く」という生産動詞文はおもしろい。

(89) a.　近所のパン屋が　毎朝早く　パンを　焼く。
　　 b.　ぼくは　朝食に　トースターで　パンを　焼いて　食べる。
　　 c.　ぼくは　朝食に　木村屋の食パンで　トーストを　焼いて　食べる。

　aは「パン屋」だからこの「パン」は〈結果〉である。bは朝食に、パンを焼いて、トーストをつくるのだから、この「パン」は〈始発〉で、「トースト」が〈結果〉である。cの「トーストを焼く」は不自然だというインフォーマントもあったが、これが自然ならば「木村屋の食パン」は〈始発〉で、目的語の「トースト」は〈結果〉である。同じ「パンを焼く」でありながら一方は〈結果〉であり、他方は〈始発〉である。また「トースト（を焼く）」は〈結果〉であって、〈始発〉にはなり得ない。英語の動詞ならaはbake、bはtoastであって区別がつけられるであろう。この点はパン食文化の英語とは違うところである。
　逆に日本語の「ご飯を炊く」は英語ではboil/cook riceであろう。英語を直訳すれば「米を煮る」とでも言うか、要するに「ご飯」にあたる特別な一語はなく、「稲」も「米」も「ご飯」もriceで済んでしまうし、「煮る」も「炊く」もさらには「茹でる」もboilで済んでしまう。boilやcookは英語でも

生産動詞かもしれないが、rice は〈始発〉か〈結果〉か判別できない。
　日本語では〈結果〉の「ご飯」を目的語とし、動詞も「炊く」という特別な動詞を使う（ただし方言の場合はちがう）。
　しかし「沸く・沸かす」と同様、「炊く」に強い他動詞性を感じれば「米を炊く」が正しいと思うこともあり得る。『東海道中膝栗毛』の先ほどの場面でも

　　北「めしをたいたら、粥になってしまうわな。米を焚くといへばいゝに」
と喜多八は言うのである。
　ともあれ(89)のａとｂの「パンを焼く」は統語的な形は同じであるが、「パン」の意味役割が違い、従って文の意味も違うわけである。もっとも「パンを焼いてトーストにする」場合の「パン」は〈始発〉ではなく〈主体〉であり、その状態変化の〈結果〉が「トースト」だという考えもあり得るが、上述の「車海老の天麩羅」と同じく、「パン」は〈始発〉と考えておきたい。
　もう少し生産動詞文の例をあげておく。

(90)　新米のササニシキで　おいしいご飯を　炊こう。
(91)　ブラジルの豆で　香り高いコーヒーを　いれた。
(92)　村祭りだから　上等の餅米で　紅白の餅を　搗いた。
(93)　花子は　赤い毛糸で　セーターを　編んでいる。
(94)　紫式部は　光源氏の生涯で　『源氏物語』という長編小説を　書いた。
(95)　運慶は　楠の一木で　観音像を　彫った。

6.4.5.　生産動詞文における格の代換
　さてこの生産動詞文には、さらに格の代換（hypallage）と呼ばれる文法現象がある。
　生産動詞文においては、〈結果〉が主語または目的語になると述べたが、同時に〈始発〉も主語または目的語になり、同義的な文となる。つまり動詞は共有しているが、統語的に異なる２種の文型があり、しかし両者の表す知

的意味は同じであるという現象で、これを格の代換と呼ぶ。
　小泉他(1989)の「あげる」の項(p.12)には次の例があがっている。

(96)　《文型a》の例：母はてんぷら［コロッケ／とんかつ］を揚げた
　　　《文型b》の例：母はアジをフライに揚げた・エビをてんぷらに揚げる

「揚げる」の意味は「油で食物を料理する」とあって、ことさら「格の代換」という指摘はないけれども、《文型a》も《文型b》も同義の文と見ているようである。《文型a》の例文には〈始発〉は現れていないが、「エビでてんぷらを揚げた」でももちろんよかろう。
　また「あがる」の項(p.6)もあるが、ここには一つの文型しかあがっておらず、次の例が示されている。

(97)　てんぷら［コロッケ／とんかつ］が揚がった

　しかし、これにも「エビで」のような〈始発〉がとれるし、次のように格の代換も可能である。こうして生産動詞文では自動詞文・他動詞文いずれも格の代換が可能なのである。

(98) a₁.　新鮮な車海老で　おいしい天麩羅が　あがった。（自動詞文）
　　 b₁.　新鮮な車海老が　おいしい天麩羅に　あがった。
　　 a₂.　花子は　新鮮な車海老で　おいしい天麩羅を　あげた。（他動詞文）
　　 b₂.　花子は　新鮮な車海老を　おいしい天麩羅に　あげた。

　上の自動詞文・他動詞文いずれにしても、私には「～で～が／～で～を」型のaの方が、bの「～が～に／～を～に」型より、どちらかと言えば普通の表現のように思えるが、bも文法的には正しいと思われる。つまりは変化という現象において人は〈結果〉を優位に置き、そこで統語上も優位にある

主語または目的語とするのであろう。しかし一方、他動詞の持つ他動性の強弱から言えば、例えば「湯を沸かす」と「水を沸かす」の対立について上述したように、加熱という動作を直接受ける〈始発〉を目的語とする方が、〈結果〉を目的語とするより、より他動詞文らしく感じられることもある。生産動詞文に格の代換があるということは、話し手がその視点を〈始発〉にも〈結果〉にも置き得るからではなかろうか。

　こうして他動詞文も、またそれに対応する自動詞文も格の代換が可能になる。すなわち生産動詞文においては、〈始発〉も〈結果〉もそれぞれ主語または目的語になり得る。そして〈始発〉が主語または目的語であれば、〈結果〉は「に」をとり、〈結果〉が主語または目的語であれば、〈始発〉は「で」または「から」をとる。つまり次のような統語的な型の対応があるのである。

(99) a.　　〈始発〉　　　〈結果〉　　　動詞
　　 b₁.　 Nで／から　　Nが／を　　　V
　　 b₂.　 Nが／を　　　Nに　　　　　V

　生産動詞文を含めて、格の代換については、国広(1966)奥田(1968)奥田(1976)奥津(1980)奥津(1981)などがとりあげている。生産動詞文については、まず奥田(1968)が「生産性の動詞」を「もようがえ動詞」に移しかえることができることを指摘している。鈴木・鈴木(1983)も「コシヒカリで　かゆを　たく(材料—生産物—動作)」と「コシヒカリを　かゆに　たく(客体—結果—動作)」を対応させている。
　奥津(1983)もこれについて述べ、さらに生産動詞文の場合の格の代換が、連体と連用の対応にも関係することを指摘した。
　上の(99)b₂の型はすでに述べた「おたまじゃくし」型の文に似ている。

(100) a.　〈始発〉　　〈結果〉　動詞
　　　b.　Nが／を　　Nに　　　V

c. おたまじゃくしが　蛙に　なった／おたまじゃくしを　蛙にした。
　　d. 車海老が　天麩羅に　揚がった／車海老を　天麩羅に　揚げた。

　たしかに、生産動詞文は〈始発〉すなわち原料・材料であるものを〈結果〉すなわち生産物に変化させることを表現し、この点では「おたまじゃくし」文と同じ型である。しかし「おたまじゃくし」文には(99)b_1のような型がなく、次のように格の代換もないので、生産動詞とはせず一般変化動詞文としておく。

(101) *おたまじゃくしで／から　蛙が／を　なった／した。

　生産動詞文の例を、格の代換と共にもう少しあげよう。

(102) a. 明石の鯛で　刺身を　つくる。
　　　b. 明石の鯛を　刺身に　つくる。
(103) a. 白菜で　キムチを　漬ける。
　　　b. 白菜を　キムチに　漬ける。
(104) a. イギリスのウール地で　ダンディーな背広を　仕立てる。
　　　b. イギリスのウール地を　ダンディーな背広に　仕立てる。
(105) a. 運慶は　楠の一木で　観音像を　彫った。
　　　b. 運慶は　楠の一木を　観音像に　彫った。

　先に引いた小泉他(1989)は「たく」の項(p.284)で

(106) 「きょうは僕がごはんを炊いた」

という例をあげているが、「「米を炊く」とは言わない。」と断っている。しかしこれも次のように格の代換があるのである。

(107) a. きょうは　新米のササニシキで　おいしいご飯を　炊こう。
　　　b. きょうは　新米のササニシキを　おいしいご飯に　炊こう。

　こうして生産動詞文は、他の変化動詞文にはない型や格の代換などがあり、これを変化動詞文の第4種としたのである。

6.5. まとめ

　以上変化動詞文とは何かについていささか詳しく述べてきた。実はこれが連体と連用に関係があるのであるが、ここで変化動詞文のまとめをしておく。

　変化動詞を、〈主体〉〈始発〉〈結果〉という三つの意味役割と、それらが主語・目的語などとして実現する統語的な型とによって、1) 一般変化動詞文、2) 発生動詞文、3) 消滅動詞文、4) 生産動詞文の4種に分類した。一般変化動詞はさらに下位分類される。それをもう一度整理して次に示す。自動詞文で示すが、対応する他動詞文もある。

(108)　変化動詞文の種類
　　1.　一般変化動詞文
　　　a.　変化動詞文のプロトタイプ
　　　　　〈主体〉〈始発〉〈結果〉動詞［変化］
　　　　　Nが　Nから　Pred　V
　　　　　信号が　赤から　青に　なる。
　　　b.　〈結果〉の動詞への編入
　　　　　〈主体〉動詞［〈結果〉［変化］］
　　　　　Nが　V
　　　　　信号が　壊れた。
　　　c.　〈結果〉の外在
　　　　　〈主体〉〈始発〉〈結果〉動詞［〈結果〉変化］)
　　　　　Nが　Nから　Pred　V

　　　　　　　花子が50キロから60キロに／ぶくぶくに　太った。
　　d.　〈主体〉の〈始発〉への編入など
　　　　〈〈主体〉始発〉〈結果〉動詞［変化］
　　　　　Nが　　　　Nに　V
　　　赤い信号が　　　青に　なる
　　　おたまじゃくしが　蛙に　なる。
2.　発生動詞文
　　〈結果〉　動詞［［存在］変化］
　　　Nが　V
　　　赤ちゃんが　生まれる。
3.　消滅動詞文
　　〈始発〉　動詞［［非存在］変化］
　　　Nが　V
　　　寅さんが　死んだ。
4.　生産動詞文（格の代換を含む）
　　〈動作主〉〈始発〉　　〈結果〉　　動詞［［［生産物］変化］使役］
　a.　Nが　　Nで／から　Nを　　V
　b.　Nが　　Nを　　　　Nに　　V
　a'.　花子が　車海老で　天麩羅を　揚げる。
　b'.　花子が　車海老を　天麩羅に　揚げる。

7.　変化動詞文と連体・連用の対応

　そこで連体と連用の対応であるが、本章の冒頭にあげた例文をもう一度示す。

(109) a.　ズボンに　**大きい穴が**　あいた。
　　　b.　ズボンに　穴が　**大きく**　あいた。
(110) a.　花子が　**おいしい天麩羅を**　揚げた。

b. 花子が　天麩羅を　おいしく　揚げた。

　「穴」は「あく」といううごきの結果できるものであるし、「天麩羅」は「揚げる」という動作の結果できるものである。そしてaとbはそれぞれ事柄としては同義的な文であろう。つまり(106)のaもbも「ズボンに穴があき、その穴が大きい」ことを表現している。(107)はaもbも「花子が天麩羅を揚げ、その天麩羅がおいしい」ことを表現してる。違いは統語的な面で、aでは「大きい」「おいしい」が連体成分であるのに、bではそれが「大きく」「おいしく」という形容詞のいわゆる連用形で、連用成分になっていることである。
　では次はどうであろうか。

(111)a.　大きいズボンに　穴が　あいた。
　　　b.　*ズボンに　大きく　穴が　あいた。
(112)a.　かわいい花子が　天麩羅を　揚げた。
　　　b.　*花子が　かわいく　天麩羅を　揚げた。

　(111)のb自体非文ではないが、aとの対応という意味では非文である。aでは「ズボン」が大きいのであり、bでは「穴」が「大きい」という読みはできるが、「ズボン」が「大きい」とは読めない。
　(112)のbは解釈のしにくい文で、お子様ランチなら「かわいい」かもしれないが「天麩羅がかわいい」というのは変な話であるし、aではもちろん「かわいい天麩羅」とは言っていない。bは強いて言えば「花子の天麩羅の揚げ方がかわいい」という読みはできようが、aとの対応という意味からすれば非文である。
　このように、変化動詞文なら何でも連体と連用の対応が可能になるわけではない。ではその条件は何であろうか。結論を先に言えば次のようになる。

(113)　変化動詞文において、〈結果〉を表す名詞句が、主語または目的語で

あるとき、その名詞句について連体と連用とは対応する。

　この条件を満たす変化動詞文は、上述の4種の変化動詞文のうち、発生動詞文と生産動詞文である。以下変化動詞文において連体と連用の対応のある場合とない場合について、詳しく見ていこう。

7.1. 発生動詞文における連体・連用の対応
　まず発生動詞文から検討してみよう。

(114) a. 庭に　**きれいなバラの花が**　咲いた。
　　　b. 庭に　バラの花が　**きれいに**　咲いた。
(115) a. **真っ赤な大きい柿の実が**　なった。
　　　b. 柿の実が　**真っ赤に　大きく**　なった。
(116) a. **明るい電気が**　ついた。
　　　b. 電気が　**明るく**　ついた。
(117) a. **かすかなあかりが**　ともった。
　　　b. あかりが　**かすかに**　ともった。
(118) a. おじいさんの顎に　**長い髭が**　生えている。
　　　b. おじいさんの顎に　髭が　**長く**　生えている。
(119) a. 白いシャツに　**真っ赤な血が**　にじんでいる。
　　　b. 白いシャツに　血が　**真っ赤に**　にじんでいる。
(120) a. **あの穴より30センチ深いもう一つの穴を**　掘ってくれ。
　　　b. 穴を　もう一つ　あの穴より**30センチ深く**　掘ってくれ。

　(114)(115)の「バラの花」や「柿の実」は、「咲く」や「なる」ことによってはじめて存在に至る。「咲く」「なる」は発生動詞であり、「バラの花」「柿の実」は〈結果〉である。(115)の「なる」は単なる変化を表すのではなく、「実る」の意味の発生動詞である。いずれにしても「バラの花」は「きれい」であり、「柿の実」は「真っ赤」で「大きい」のである。また(115)の連体

成分は二つの形容詞から成っているが、いずれも連用形になっている。

　(116)(117)では、「電気」も「あかり」も、「つく」や「ともる」ことによってその機能が始まるのであり、発生動詞文と考えられる。その結果が「明るい」とか「かすかだ」とかの状態なのである。

　(118)の「生える」は「髭」にかぎらず、「かびが生える」「雑草が生える」のように植物などの発生を表す動詞である。「髭」は〈結果〉であり、「長い」は連体でも連用でもその「髭」の状態である。

　(119)の「にじむ」は特殊な動詞で、奥津(1981)が**移動変化動詞**と呼んだものであり、「真っ赤な血」の「白いシャツ」の表面への移動と考えたが、「出る」と同じく、「真っ赤な血」が「白いシャツ」の表面に現れると解釈すれば、発生動詞と考えられる。この場合「真っ赤な血」は〈結果〉であり、連体の「真っ赤な」は連用の「真っ赤に」と対応する。

　(120)の「(穴を)掘る」は「(穴を)あける」と同じく発生動詞であろう。「穴を掘る」や「トンネルを掘る」などは一種の生産活動だが、言語的には〈始発〉である原料・材料からつくるものではないから、生産動詞とはしない。

　この例では、連体成分は「深い」というイ形容詞単独ではなく、「あの穴より30センチ深い」のように形容詞句になっており、それがそのまま「あの穴より30センチ深く」という連用成分になっている。この例に限らず、連体も連用も形容詞などの述語から成っているのだから、長くても短くても、これを補文とし、厳密には奥津(1973)奥津(1986)などで言う形式副詞──例えば「深く」の「く」──を主要部とする副詞句を成すものとすることについてはすでに述べた。ついでながら(120)では、aの「もう一つの」という連体成分が、bでは「もう一つ」と連用になっているが、これは数量詞移動によるものであるから、変化動詞文には限らない連体と連用の対応である。

　以上(104)から(120)までの発生動詞文の諸例で、連体と連用の対応のある名詞はみな〈結果〉であり、統語的には主語または目的語である。この場合に連体と連用の対応が可能なのである。そうでなければ次のように対応が

ない。

(121)a.　広い庭に　きれいなバラが　咲いた。
　　　b.　*庭に　広く　きれいなバラが　咲いた。
(122)a.　白いシャツに　赤い血が　にじんだ。
　　　b.　*シャツに　白く　赤い血が　にじんだ。
(123)a.　欲張りじいさんは　狭い庭に　深い穴を　掘った。
　　　b.　*欲張りじいさんは　庭に　狭く　深い穴を　掘った。

　(121)のb自体は、「バラが一面に咲いている」のような意味なら、非文ではないかもしれないが、aが意味する「庭」が「広い」という意味にはならず、aとの対応という点では非文となる。(114)のように〈結果〉であり主語である「きれいなバラ」であれば、「バラがきれいに」と対応するのであるが、場所格の「広い庭に」だと対応しないのである。
　(122)(123)のbも同様で、(119)(120)のように主語の「赤い血」や目的語の「深い穴」であれば、連用と対応するが、「白いシャツ」「狭い庭」はいずれも場所格で、主語や目的語ではなく、もちろん〈結果〉ではなく、従って「白い」も「狭い」も連用成分にはなれないのである。
　もっとも連体と連用の対応は、変化動詞文に限らず、上述した機能動詞文・自然現象文などにもあり、これらいずれも対応は、原則として主語または目的語に限るという条件がある。主語または目的語でない場合は、場所格はもとより、時格・共同格・起点格・目標格などは連体と連用の対応がないのが原則で、変化動詞文もその例外ではない。もういちいち種々の格について連体と連用の対応がないことは確かめなくてもよかろう。
　ついでだが、上の3例の「広い庭」「白いシャツ」「狭い庭」はみな場所格で助詞は「に」である。動作の行われる場所を示す格助詞は普通は「で」であり、「に」はとれないのだが——例えば「*会社に働いている」など——、発生変化動詞文の場合は、特に自動詞文であれば、「壁に／*で　大きな穴があいた」など「で」は非文になる。この「に」は、発生した〈結果〉の存

在場所を示すものである。(120)の「掘る」は他動詞であり、発生変化を引き起こす動作を意味するから、「庭で穴を掘る」もいい。また「庭に穴を掘る」もいい。しかし両者は同義ではなくて、発生動詞の意味[[[存在]変化]使役]の構成要素の内、[使役]の部分、つまり使役的動作が「で」格を要求し、[存在]の部分が「に」格を要求するのである(「に」をとる「場所格」を意味役割の一つとして〈場所〉とすべきかも知れないが、ここでは深入りしない)。

では〈結果〉であって主語または目的語であれば、つねに連体と連用は対応するであろうか。次の文は連体と連用は対応しないであろう。

(124) a. 柳の陰から　恐い幽霊が　現れた。
　　　 b. *柳の陰から　幽霊が　恐く　現れた。

「現れる」は発生動詞で、「幽霊」は〈結果〉であり主語であるが、bは非文である。これは「恐い」が「幽霊」の状態の表現ではなく、心理形容詞として話し手の感情を表すので、発生した〈結果〉の状態を表すのではないからか、または「恐く〜する」という副詞的用法がそもそも使いにくいという語彙的な制約なのか、どちらとも言えそうだが、ともあれ連体と連用は対応しない。

(125) a. 庭に　大好きなバラの花が　咲いた。
　　　 b. *庭に　バラの花が　大好きに　咲いた。

(114)と同じく「バラの花」は〈結果〉で主語である。しかし「大好きな」は「バラの花」の連体成分には違いないが、それを連用化したbは非文である。これは「大好きだ」というダ形容詞が、「大好きに〜する」というような副詞的用法を、そもそも語彙的に持たないからとも言える。もう一つは「きれいだ」とか「赤い」のような形容詞と違って、「大好きだ」は「バラの花」の状態ではなく、「花子はバラの花が大好きだ」のように「花子」の感

情の状態を表すものだからとも言えよう。

(126) a. 庭に **高価な**バラの花が 咲いた。
　　　b. *庭に バラの花が **高価に** 咲いた。

　この例でbが非文なのは、「高価だ」が「咲いた」結果の「バラの花」の状態でないからであろうか。または「高価に〜する」という副詞的用法があまり自然でないからであろうか。
　奥津(1983)では次のような例をあげた。

(127) a. 何でもないことから **重大な**問題が 生じた。
　　　b. *何でもないことから 問題が **重大に** 生じた。

　これも「重大に〜する」という副詞的用法が語彙的に制限されているからであろうか。
　ともあれ(124)から(127)などは〈結果〉が主語または目的語である場合にも、連体・連用が対応しない例である。そこで変化動詞文における連体と連用の対応についての(113)の制約を次のように修正しておこう。

(128)　変化動詞文において、〈結果〉を表す名詞句が、主語または目的語であるとき、その名詞句について連体と連用とは対応する。ただし連体成分は〈結果〉の事物の状態を示すものでなければならない。また語彙的・個別的に連用成分になれないものもある。

7.2. 生産動詞文における連体・連用の対応

　前節は発生動詞文について連体と連用との対応を検討した。
　次に生産動詞文を検討してみよう。生産動詞文は、次のような構造である。

(129) a. 〈動作主〉〈始発〉〈結果〉動詞 [[X] 変化] 使役（他動詞文）
　　　　 Nが　Nで／から　Nを　V
　　　　 花子は　新鮮な車海老で　おいしい天麩羅を　揚げた。
　　 b. 　　　　　〈始発〉〈結果〉動詞 [[X] 変化]　　　（自動詞文）
　　　　 　　　　 Nで／から　Nが　V
　　　　 新鮮な車海老で　おいしい天麩羅が　揚がった。

　生産動詞文では〈結果〉が主語または目的語となり、以下のように、この〈結果〉について連体と連用とが対応する。先ず自動詞文の例をあげる。

(130) a. **香ばしい煎餅が**　焼けた。
　　 b. 煎餅が　**香ばしく**　焼けた。
(131) a. **熱い風呂が**　沸いた。
　　 b. 風呂が　**熱く**　沸いた。

　(130)の「煎餅」は「焼いた」結果の生産物であり、「香ばしい」はその〈結果〉の状態を表す。ｂも「煎餅が焼け」かつその「煎餅が香ばしい」ことを表現し、ａと同義である。すなわち連体と連用とは対応している。
　(131)の「風呂」は「風呂に入る」の「風呂」と同じく、機能的な意味としてとらえられた場合で、「風呂が沸く」は「湯が沸く」の「湯」と同じく〈結果〉と考えられる。
　以上は自動詞文の例だが、生産活動は本来他動詞的な行為であるから、次に少し詳しく他動詞文の例を検討する。一般に目的語は〈結果〉であり、これについて連体と連用とは対応するのである。

(132) a. 花子は　もらったリンゴで　**おいしいパイを**　焼いた。
　　 b. 花子は　もらったリンゴで　パイを　**おいしく**　焼いた。
(133) a. 花子は　新米のササニシキで　**やわらかいご飯を**　炊いた
　　 b. 花子は　新米のササニシキで　ご飯を　**やわらかく**　炊いた。

(134) a. 花子は　かなりしょっぱい沢庵を　漬ける。
　　　b. 花子は　沢庵を　かなりしょっぱく　漬ける。
(135) a. あの店は　ころもだけ(が)大きい天麩羅を　揚げる。
　　　b. あの店は　天麩羅を　ころもだけ(*が/を)大きく　揚げる。
(136) a. あの寿司屋は　わさびをきかせた寿司を　握る。
　　　b. あの寿司屋は　寿司を　わさびをきかせて　握る。

　生産活動で日常的なものは料理であり、料理動詞とでも名づけられる動詞がかなりある。まず例文(132)の「パイを焼く」はすでに述べた「パン屋がパンを焼く」と同じく「パイ」は〈結果〉であり、この場合「おいしい」は連体と連用で対応する。
　(133)の「ご飯を炊く」も「ご飯」は〈結果〉であり、その〈結果〉の「やわらかい」という状態について連体と連用とが対応している。
　(134)の「沢庵を漬ける」も「沢庵」は〈結果〉であり、「かなりしょっぱい」という程度副詞つきの形容詞句が連体と連用で対応している。
　もし「大根を漬ける」「白菜を漬ける」などであれば、「大根」「白菜」は目的語ではあるが〈結果〉ではなく〈始発〉であり、漬け物の材料である。それも「を」格がとれるのは上述した格の代換である。この場合は後述するように、連体・連用の対応はない。
　(135)の「天麩羅を揚げる」は度々登場したが、「(天麩羅の)ころもだけが大きい」という主語・述語の整った形容詞文が、a では連体成分となっている。対応する連用成分としては「が」があるのは不自然のようで、「を」の方がよいが、格助詞抜きでもよい。なぜ「を」になるかは、おもしろそうな問題だが、いまは触れない。もし自動詞文なら「天麩羅がころもだけ(が/*を)大きく揚がった」であって、「を」は逆に非文になる。
　またこの例の二次述語は「大きい」だけでなく、「ころもだけが大きい」であって、その主語はやはり主文の目的語の「天麩羅」であり、その状態が「ころもだけ大きい」のである。「象は鼻が長い」と同じく「(その)天麩羅はころもだけが大きい」では「(その)天麩羅」がいわゆる総主語であって「こ

ろもだけが大きい」が二次述語になるのである。

　(136)の「握る」は「イチローがバットを握る」などと違って、目的語が「寿司」の場合は料理動詞であろう。そして「握った」結果が「寿司」という生産物なのである。そこで連体と連用は対応するわけだが、この例の連体成分は「わさびをきかせた」という他動詞文の完了形で、それが「寿司」の状態を示している。対応する連用成分は「わさびをきかせて」というテ形になっている。連体成分は「わさびがきいた(寿司を握る)」という自動詞文でもいいのに、それを連用化した「*わさびがきいて(寿司を握る)」が非文になるのは、なぜか、主文の主語の「あの寿司屋」に対応して他動詞文になるのかも知れない。

　以上が料理動詞文の例である。

(137)a.　花子は　**本物とそっくりの人形を**　つくった。
　　　b.　花子は　人形を　**本物とそっくりに**　つくった。

　この例文の「つくる」は最も一般的な生産動詞であろうが、この例では「人形」が〈結果〉である。「本物とそっくりだ」という対称格をとる対称関係述語のダ形容詞句が、連体と連用で対応している。

(138)a.　太郎は　古い材木で　**小さい山小屋を**　建てた。
　　　b.　太郎は　古い材木で　山小屋を　**小さく**　建てた。

　建築という生産活動の代表的な動詞は「建てる」であるが、「古い材木」が〈始発〉、「山小屋」が〈結果〉で、「小さい」と「小さく」が連体と連用で対応している。

(139)a.　あの仕立屋は　上等なウール地で　**ダンディなダブルの背広を**　仕立てた。
　　　b.　あの仕立屋は　上等なウール地で　背広を　**ダンディに　ダブル**

に　仕立てた。
(140) a. 花子は　丈の短い浴衣を　縫った。
　　　b. 花子は　浴衣を　丈(*が／を)短く　縫った。

　(139)(140)の「仕立てる」「縫う」は縫製活動を表す生産動詞である。その他「セーターを編む」「布を織る」「糸を紡ぐ」などがある。
　(139)aの連用成分「ダンディーにダブルに」は、二重ヲ格と同じく、二重ニ格回避の原則から不自然になるが、他に言いようがないだろう。もちろん「ダブルの背広をダンディーに仕立てた」でもよい。
　(140)aは「(浴衣の)丈が短い」という主語の明示された文が連体成分となっているが、連用成分の場合は主格助詞のある「丈が短く」は非文となり、「丈を短く」または「丈短く」のように助詞抜きにしなければならない。上述の(135)(136)と同様な問題であるが、問題の指摘にとどめる。

(141) a. 花子は　故郷の風景で　美しい絵を　描いた。
　　　b. 花子は　故郷の風景で　絵を　美しく　描いた。
(142) a. 運慶は　楠の一木で　今にも動きだしそうな仁王像を　彫りあげた。
　　　b. 運慶は　楠の一木で　仁王像を　今にも動きだしそうに　彫りあげた。
(143) a. 太郎は　秋の遠足で　上手な作文を　書いた。
　　　b. 太郎は　秋の遠足で　作文を　上手に　書いた。

　(141)の「絵を描く」(142)の「仁王像を彫る」(143)の「作文を書く」などの知的・芸術的活動を表す動詞も生産動詞と考えられる。その他「和歌を詠む」「小説／記事を書く」などがある。
　(141)の「描く」の場合は、先ず〈始発〉として素材となる「故郷の風景」があり、それを「美しい絵」という〈結果〉にするのである。この例では「美しい」と「美しく」が対応している。

(142)の「彫る」という彫刻活動は、木・土・金属などの素材が〈始発〉であり、それで彫像などを作り出す動作である。この例では「楠の一木」が〈始発〉で「仁王像」が〈結果〉である。aの「仁王像」にかかる連体成分は「～そうだ」といういわゆる比況の助動詞をとる述語句であり、その連用が「～そうに」である。

(143)の「作文」は「書く」行為の〈結果〉であり、その素材の「秋の遠足」が〈始発〉である。

以上のように種々な生産動詞文において〈結果〉の名詞に関しては、みな連体と連用は対応している。イ形容詞・ダ形容詞単独のものもあるが、(132)の「ころもだけが大きい」のように主語・述語のととのったものもある。

さてしかし〈結果〉が主語または目的語であっても、連体と連用が対応しない場合はないのか？ 次は一応対応があるようだ。

(144)a.　花子は　**リンゴの**パイを　焼いた。
　　　b.　花子は　**リンゴで**　パイを　焼いた。

aの「リンゴの」はいわゆる連体助詞「の」による連体成分であり、「パイ」の材料を示している。それが連用化したのがbの「リンゴで」と解釈はできる。aとbはたしかに同義的である。この場合〈結果〉の名詞句に〈始発〉が組み込まれていると見るべきだろうか。bの「リンゴで」は〈始発〉と見るのが妥当だから、その〈始発〉が結果に組み込まれたものと解釈すべきだろう。

(145)a.　花子は　いつも　**甘すぎる**パイを　焼く。
　　　b.　*花子は　いつも　パイを　**甘すぎ／甘すぎて**　焼く。

この例の連体成分「甘すぎる」に対応する連用成分は、連用形でもテ形でも非文になる。意味からすれば「甘すぎる」は〈結果〉の「パイ」の状態を示しているが、これが非文になるのは何故であろうか？ これと同義的な形

容詞であれば、次のように正文になるのだから、「甘すぎる」がだめなのは、個別的語彙的な制約なのだろうか？　もっとも「甘すぎにパイを焼く」ならいいかもしれない。

(146) a.　花子は　いつも　**とても甘い／甘ったるい**パイを　焼く。
　　　b.　花子は　いつも　パイを　**とても甘く／甘ったるく**　焼く。

また〈結果〉でなく〈始発〉がとる連体成分は、次のように連用化はできない。その上この例では〈始発〉は主語でも目的語でもない。

(147) a.　花子は　**真っ赤な**リンゴで　おいしいパイを　焼いた。
　　　b.　*花子は　リンゴで　**真っ赤に**　おいしいパイを　焼いた。

これがもし「真っ赤なパイ」であれば、おかしなパイではあるが、連体と連用は対応するのである。

7.3.　格の代換と連体・連用の対応

生産動詞文には格の代換があることは上述したが、次のように意味役割の型は同じでも、統語的な格の型が違うのである。

(148) 〈動作主〉〈始発〉〈結果〉動詞
　　　a.　**あの仕立屋は　英国製の生地で　ダンディーな背広を　仕立てた。**
　　　b.　**あの仕立屋は　英国製の生地を　ダンディーな背広に　仕立てた。**

上例のaは〈始発〉が「で」をとり、〈結果〉が目的語になっているが、bでは〈始発〉が目的語になり、〈結果〉が「に」をとっている。aの「～で～を」型の場合はすでにかなりの例をあげて、連体・連用の対応があること

を見てきたが、bの「〜を〜に」型はどうであろうか。

(149) a. あの仕立屋は　英国製の生地を　**ダンディーな背広に**　仕立てた。
　　　 b. ?あの仕立屋は　英国製の生地を　背広に　**ダンディーに**　仕立てた。

　上の「英国製の生地」は〈始発〉であるが、目的語になっており、〈結果〉の「背広」は「を」でなく「に」をとっている。aの「ダンディーな」はたしかに〈結果〉の状態を示しているが、bでは「〜に〜に」と「に」が重複し、それを嫌うからであろうか、どうも不自然である。上述の(136)のように「背広」が目的語であれば、「背広を　ダンディーに　仕立てた」と連体と連用は対応するのである。
　こうして生産動詞文の格の代換による二つの統語的な型の内、〈結果〉が主語または目的語であれば、連体と連用は対応するが、そうでなければ対応しないようだ。つまり意味役割上の条件は満たしているが、統語上の条件を欠いていれば、連体と連用は対応しないのである。
　もう少し例をあげておく。

(150) a. 花子は　新鮮な車海老を　**おいしい天麩羅に**　揚げた。
　　　 b. ?花子は　新鮮な車海老を　天麩羅に　**おいしく**　揚げた。
(151) a. 運慶は　楠の一木を　**今にも動きだしそうな仁王像に**　彫りあげた。
　　　 b. ?運慶は　楠の一木を　**今にも動きだしそうに**　仁王像に　彫りあげた。
(152) a. 花子は　故郷の風景を　**美しい絵に**　描いた。
　　　 b. ?花子は　故郷の風景を　絵に　**美しく**　描いた。
(153) a. 彼は　竜田川の紅葉を　**きれいな歌に**　詠んだ。
　　　 b. ?彼は　竜田川の紅葉を　歌に　**きれいに**　詠んだ。

もっともこれらの文法性の判定は微妙で、〈結果〉は〈結果〉だから、上の諸例のbは悪くないという内省もありそうではある。しかし格の代換のある2文を比べれば、次のようにやはり文法性に違いがあるだろう。

(154) a.　明石の鯛で　刺身を　おいしく　つくる。
　　　b. ?明石の鯛を　刺身に　おいしく　つくる。

7.4. 連体・連用の対応のない変化動詞文
7.4.1. 一般変化動詞文

以上、変化動詞文において、連体と連用の対応があるのは、〈結果〉が主語または目的語である場合であり、〈結果〉が主語または目的語になる変化動詞文は、発生動詞文と生産動詞文であることを見てきた。

ではこれ以外の種類、つまり一般変化動詞文と消滅動詞文には、連体と連用の対応はないのか？

まず一般変化動詞文から検討する。典型的な一般変化動詞文は次のような型であった。

(155)　〈主体〉〈始発〉〈結果〉動詞（自動詞）
　　　　N が　 N から　Pred　V
　　　　信号が　赤から　青に　なった。

その他〈結果〉が動詞に編入されているもの、〈主体〉のないおたまじゃくし型などいくつかの種類があった。

まず〈主体〉は主語または目的語であっても連体・連用の対応がない。

(156) a.　小さい信号が　赤から　青に　なった。
　　　b. *信号が　小さく　赤から　青に　なった。
(157) a.　父は　かわいい花子を　アイドル歌手に　した。
　　　b. *父は　花子を　かわいく　アイドル歌手に　した。

(158) a.　太郎は　**大きい**身体を　小さい火鉢で　温めた。
　　　b. *太郎は　身体を　**大きく**　小さい火鉢で　温めた。

　上の3例の主語または目的語は、それぞれ変化の〈主体〉であるが、連体はよいけれども連用成分になると非文になる。
　次は〈始発〉である。

(159) a.　太郎は　**虚弱な**子供から　たくましい軍人に　なった。
　　　b. *太郎は　子供から　**虚弱に**　たくましい　軍人になった。
(160) a.　**虚弱な**太郎が　たくましい軍人に　なった。
　　　b. *太郎が　**虚弱に**　たくましい軍人に　なった。
(161) a.　X国は　**自由な**体制から　独裁制に　変わった。
　　　b. *X国は　体制から　**自由に**　独裁制に　変わった。
(162) a.　太郎は　**白い**木を　真っ黒に　焦がしてしまった。
　　　b. *太郎は　木を　**白く**　真っ黒に　焦がしてしまった。
(163) a.　**黒い**おたまじゃくしが　緑色の蛙に　なった。
　　　b. *おたまじゃくしが　**黒く**　緑色の蛙に　なった。

　(159)aの「虚弱な子供」は「から」をとって〈始発〉であることを明示しているが、連体の「虚弱な」を連用化したbは非文になる。
　(160)aの主語の「虚弱な太郎」の「太郎」はそれだけなら〈主体〉ではあるが、〈始発〉の「虚弱だ」を連体として組み込んでいるので、全体としては〈始発〉である。この場合、「虚弱な」を連用化するとbのように非文になる。
　(161)aの「自由な体制」は〈始発〉であるが、その連体成分をbのように連用化するとやはり非文になる。
　(162)aの目的語の「白い木」は、「木」の〈始発〉の状態を組み込んでいるので、〈主体〉ではなく〈始発〉であるが、それが連用化したbは非文になる。

(163)はおたまじゃくし文である。〈始発〉で主語である「黒いおたまじゃくし」の連体成分は連用化できない。

　このように〈始発〉についても、そしてそれが主語または目的語であっても、連体と連用は対応しない。

　次に〈結果〉であるが、以下の例では〈結果〉であっても、「に」をとっており、主語または目的語にはなっていないので、連体・連用対応の条件を欠いている。一般変化動詞文においては、〈結果〉は主語または目的語になれないのである。

(164)a.　太郎は　**たくましい軍人に**　なった。
　　　b.　*太郎は　**たくましく**　**軍人に**　なった。
(165)a.　父は　太郎を　**たくましい軍人に**　した。
　　　b.　*父は　太郎を　**たくましく**　**軍人に**　した。
(166)a.　古い憲法が　**新しい憲法に**　改まった。
　　　b.　*古い憲法が　**新しく**　**憲法に**　改まった。
(167)a.　黒いおたまじゃくしが　**緑色の蛙に**　なった。
　　　b.　*黒いおたまじゃくしが　**蛙に**　**緑色に**　なった。

　(164)(165)のbは「太郎の軍人へのなり方」、「父の太郎に対する軍人へのなし方」が「たくましい」のであれば正文であるが、「たくましい軍人」というaの意味とは違うものとなるので、非文となる。

　(166)も非文である。(167)はおたまじゃくし文であるが、〈結果〉の「蛙」は主語ではなく、bは非文で、やはり連体と連用は対応していない。

7.4.2.　消滅動詞文

　消滅動詞文は次の型をとるものであった。

(168)　〈始発〉　　動詞（自動詞文）
　　　　Nが　　　V

寅さんが　死んだ。

　このように消滅動詞文の主語（または目的語）は〈始発〉であり、〈結果〉は現れない。連体と連用の対応の条件の一つである〈結果〉がないのだから、対応はないのである。

(169) a.　**強い**平家も　ついに　亡びた。
　　　 b.　*平家も　**強く**　ついに　亡びた。
(170) a.　**りっぱな**財布が　なくなった。
　　　 b.　*財布が　**りっぱに**　なくなった。
(171) a.　**華やかな**アトランタ・オリンピックが　終わった。
　　　 b.　*アトランタ・オリンピックが　**華やかに**　終わった。

　(169)と(170)のｂが非文であることは明らかである。(171)ｂは終わり方が「華やか」であれば、正文であるが、ａの連体成分は「オリンピック」全体の状態を表しているのだから、その意味ではｂは非文であり、連体と連用は対応していない。

7.5. まとめ

　以上変化動詞文における連体と連用の対応についていささか詳しく述べた。

　先ず変化動詞文を構成する意味役割として〈主体〉〈始発〉〈結果〉をたて、それらの組み合わせによって変化動詞文を４種類に分類した。その意味役割の型に応じて統語的な型があり、それぞれの意味役割は主語・目的語・「に」をとるものなどとして実現する。

　このような変化動詞文において、連体と連用が対応するのは、発生動詞文と生産動詞文で、〈結果〉が主語または目的語である場合であるが、消滅動詞文は本来〈結果〉のない〈始発〉のみの文であるし、一般変化動詞文は〈結果〉があっても、それが主語または目的語になれないので、連体と連用は対

応しないのである。また語彙的に連用成分になりにくいものがあることなどを述べた。

　連体・連用の対応が〈結果〉に限られ、他の意味役割に許されないのは、人は変化の結果に視点を置きやすいという〈結果〉の優位性の故ではないかと思う。また対応が何故主語・目的語に限られるかも興味ある問題である。

　生成文法では二次述語 (secondary predicate) の問題として研究されていることはすでに触れた。英語が中心であったが、日本語についての研究もあり、特に最近のものとして影山 (1996) 鷲尾 (1996) がある。

第4章　一般述語文と連体・連用の対応

1. はじめに

　前章まで変化動詞文、自然現象文、機能動詞文など、種々な構造について連体と連用の対応を見てきた。本章ではそれらのいずれでもない、だからかなり無標の一般的な文における連体と連用の対応を検討する。つまり変化動詞文とか機能動詞文とか、特定の動詞による文でない、一般的な文における連体と連用の対応を検討する。そこでこれを以下で**「一般述語文」**と呼ぶことにする。また後の章で述べる数量詞とか不定指示詞とか不可分離所有表現とかの特定の表現に限らない一般的な連体成分と連用成分について検討する。

2. 一般述語と二次述語

　さて生成文法でいう二次述語についてはすでに前章でも触れたが、例えばWilliams (1980) は次のような例文をあげている。

(1) a. **John** ate the meat **nude**.
　　b. John ate the **meat raw**.
　　c. John made **Bill mad**.

上例に対応する日本語は次のようなものであろう。

（2）a.　**ジョン**は　**裸**で　肉を　食べた。
　　b.　ジョンは　**肉**を　**生**で　食べた。
　　c.　ジョンは　**ビル**を　**きちがいに**　した。

　（1）aでは太字のJohnとnudeが主語・述語関係にあり、Williamsのいう述語構造（predicate structure）を成す。bではthe meatとrawとが主語・述語関係にあり、cではBillとmadとが同様の関係にある。もちろんate, ate, madeが主語のJohnに対する一次的な述語——以下**「一次述語」**と呼ぶ——であるので、nude, raw, madは**二次述語**と呼ばれるわけである。
　（2）の日本語訳を見ると、英語と同じような現象が日本語にもあることが分かる。この3例のうちcはすでに変化動詞文としてとりあげた。つまり「する」は「なる」に対応する変化他動詞で、変化の〈結果〉としての「きちがいに」は、変化の〈主体〉である「ビル」を主語とする文の述語である「きちがいだ」のいわゆる連用形で、「結果の二次述語」と呼ばれる。
　aとbの「食べる」はこれまでとりあげなかった動詞で、機能動詞でも変化動詞でもないが、それでも二次述語構造が可能なのである。そこで「結果の二次述語」に対して、**「記述（depictive）の二次述語」**と呼ばれる。本書では「一般述語文」における二次述語であるから**「一般の二次述語」**と呼んでおく。
　そしてこの「一般の二次述語」構造についても、次のように連体と連用はやはり対応するのである。

（3）a.　**裸の**ジョンが　肉を　食べた。
　　b.　ジョンが　**裸で**　肉を　食べた。
（4）a.　ジョンは　**生の**肉を　食べた。
　　b.　ジョンは　肉を　**生で**　食べた。

まず動詞の「食べる」は動名詞でも変化動詞でもない一般的な動作他動詞である。そして「食べる」がとる二つの名詞の意味役割からすれば、(3)(4)いずれも主語の「ジョン」は〈動作主〉であり、目的語の「肉」は〈対象〉である。ただし(3)では主語の「ジョン」について連体・連用の対応があり、(4)では目的語の「肉」について対応があるのである。

　以下このような「一般の二次述語構造」について、考察してみたい。また生成文法では、「二次述語」は連用的な場合のみ指しているのだが、対応がある場合は連体成分も二次述語と言える。つまり(3)aの「裸のジョン」の連体成分は「ジョンは裸だ」のように「ジョン」の状態を述べており、ただ「裸だ」の「だ」が「の」になっているだけだから、「ジョン」と「裸の」とは主語・述語の関係にある。しかし統語的には連体成分はもちろん主名詞にかかるのであって、従属的であるから、二次的であり、そこで連体成分も二次述語と言うことができる。「二次述語」をこのように拡大した意味で使うことにする。連体と連用の対応は、より厳密には、**「連体的二次述語」**と**「連用的二次述語」**との対応ということになる。そして「裸のジョン」という連体も、「ジョンが裸で」という連用も、「肉を食べる」という動作を行っているときの、「ジョン」の状態を述べているのである。

3.　「〜の」と「〜で」との対応 ―ダ形容詞―

　もう一度(3)と(4)の例に戻ろう。連体の「裸の」「生の」と、連用の「裸で」「生で」は、もちろん主語の「ジョン」や目的語の「肉」の状態を述べている。つまり

(5)　ジョンは　裸だ。
(6)　肉は　生だ。

という主語・述語関係が含まれている。
　先ず(5)の「裸」は名詞なのか、ダ形容詞(形容動詞)なのか、の問題があ

る。名詞として働くことがあるのも事実だが、「ジョンは裸だ」などの場合はダ形容詞的である。(6)の「生」は問題なくダ形容詞であろう。

次に連体成分の「裸の(ジョン)」の「の」は、「だ」の連体形と考えられる。より厳密には「だ」は d-a、「の」は n-o と分析する。つまりいわゆるコピュラの「だ」の語幹が d で、その異形態が n である。-a はテンス語尾で、-o はそのテンス語尾の連体の場合の異形態である(奥津(1978)など参照)。連用の「で」はコピュラ語幹の d に、「高くて」「食べて」などと同じ -te のついた「だ」のいわゆるテ形と考え、d-te が de に縮約されたものとする。テ形の意味・機能はかなり多様であり、これについては後に触れるが、その機能の一つは、文を連用化する、または文を副詞化することである。そしてテ形の場合の述語はテンスがないと考える。「て」は一般には接続助詞と呼ばれているものだが、以上のことから「て」を奥津(1973)、奥津(1986)などで述べた形式副詞と考えたい。こうしていわゆる二次述語の品詞論的性格は副詞的、つまりは連用である。この点が英語の二次述語である nude や raw などと違うところで、英語では形容詞(A)とされ be は少なくとも表面には存在しないが、日本語で be にあたる「だ」が存在し、しかもそれを副詞化する形式副詞がつくのである。つまり [[A d] te] という形になる。そしてこの副詞句が含む補文が「(ジョンは)裸だ」「(肉は)生だ」のような二次述語文なのである。しかし以下差し支えのない限り、副詞句全体を二次述語(文)と呼ぶこともある。

またこの「だ」のテ形による連用成分は、これまで、例えば前章の変化動詞文には出てこなかったものである。「信号が青になる」「バラの花がきれいに咲いた」のように〈結果〉の二次述語は「だ」のいわゆる連用形の「に」であった。「*信号が青でなる」「*バラの花がきれいで咲いた」は非文である。この点では変化動詞文と一般述語文とは違うところがある。

菊地(1991)は日本語の二次述語に関する研究である。「記述の二次述語」については、上述のような副詞句としての分析はしていないが、「記述の二次述語」について、「主語指向性(あるいは目的語指向性)を持った様態の副詞として機能しているように思われる」(p.214)としている。

ここで(3)(4)のbを概略次のように形式化しておこう。

(7) Ni が／を [[(Ni が) Pred$_2$] Adv] Pred$_1$
　　 ジョンが　[[(ジョンが) 裸 d] te]　肉を食べた
　　 肉を　　　[[(肉が)　　 生 d] te]　食べた
　　 (Pred$_1$ は一次述語、Pred$_2$ は二次述語で、例文では名詞またはダ形容詞詞 d、Adv は形式副詞の te)

もう少し例をあげよう。次の2例は菊地(1991)の「記述の二次述語」の例であるが、a の連体の形は奥津の補ったものである(菊地の関心は連用二次述語にあるので、連体との関連については検討を留保している)。

(8) a. **裸足の**太郎は　花子を　追いかけた。
　　 b. 太郎は　**裸足で**　花子を　追いかけた。(菊地の例)
(9) a. **二日酔いの**太郎が　会社に出かけた。
　　 b (太郎は)**二日酔いで**　会社に出かけた。(菊地の例)

もう少し主語について連体・連用の対応のあるものをあげよう。

(10) a. **素手の**ターザンが　鰐と　戦っていいる。
　　　b. ターザンが　**素手で**　鰐と　戦っている。
(11) a. **徒手空拳の**ジェイムズ・ボンドが　殺し屋に　立ち向かった。
　　　b. ジェイムズ・ボンドが　**徒手空拳で**　殺し屋に　立ち向かった。
(12) a. **火だるまの**橋本首相が　行政改革を断行している。
　　　b. 橋本首相が　**火だるまで**　行政改革を　断行している。

以上は「裸足だ」「二日酔いだ」「素手だ」「徒手空拳だ」などダ形容詞による二次述語の例である。

(13) a. **ぐでんぐでんの男が** 駅前に うずくまっている。
　　 b. 男が **ぐでんぐでんで** 駅前に うずくまっている。

この例の「ぐでんぐでんだ」はいわゆる擬態語である。

(14) a. **血だらけの男が** ビルから 飛び出してきた。
　　 b. 男が **血だらけで** ビルから 飛び出してきた。
(15) a. **進学するつもりの息子は** 毎日 塾に通っている。
　　 b. 息子は **進学するつもりで** 毎日 塾に通っている。
(16) a. **靴を履いたままの大男が** 座敷に あがりこんできた。
　　 b. 大男が **靴を履いたまま（で）** 座敷に あがりこんできた。

　上の諸例の「～だらけだ」「～するつもりだ」「～ままだ」のような、かなり生産的な接辞的要素を持つ表現も二次述語となり、連体と連用が対応するのである。「～まま」は奥津（1973）、奥津（1986）などが様態の形式副詞と呼んだもので、本来副詞的な用法のものであろうから、「で」がなくても連用成分となりうる。
　以上は主語についての連体と連用の対応であるが、目的語についての対応の例は次のようなものがある。

(17) a. **熱燗の酒を** 飲んだ。
　　 b. **熱燗で** 酒を 飲んだ。（菊地の例）
(18) a. **ガス欠の車を** 運転した。
　　 b. **ガス欠で** 車を 運転した。（菊地の例）
(19) a. 太郎は **白焼きのうなぎを** 食べた。
　　 b. 太郎は うなぎを **白焼きで** 食べた。
(20) a. 太郎は **日本語訳のシェークスピアを** 読んでいる。
　　 b. 太郎は **日本語訳で** シェークスピアを 読んでいる。
(21) a. 子供達は **ただの映画を** 見せてもらった。

b.　子供達は　ただで　映画を　見せてもらった。
(22)a.　花子は　カラヤンの第九を　聞きたがっている。
　　b.　花子は　第九を　カラヤンで　聞きたがっている。
(23)a.　花子は　幸四郎の勧進帳を　見た。
　　b.　花子は　勧進帳を　幸四郎で　見た。

　「この酒は熱燗だ」「この車はガス欠だ」などは通常のダ形容詞文であるが、(22)の二次述語文は「第九はカラヤンだ」であろうし、(23)は「勧進帳は幸四郎だ」ということになるが、これらは他の文の二次述語文に比べるとやや異様である。「カラヤン」「幸四郎」はもちろん形容詞ではない。これらは「名詞＋だ」を述語とする文であるが、「カラヤンが演奏する第九」「幸四郎が演ずる勧進帳」という意味のウナギ文と考えられる。ウナギ文とて、連体にも連用にもなれることは他の述語と変わりはないのである。
　ところで以上のように主語についても目的語についても連体・連用の対応があるので、連用成分になると、場合によっては曖昧さが生ずることがある。矢澤(1987)は「連用修飾成分による他動詞文の両義性」について論じ、次のような例をあげている。

(24)　太郎は　裸足で　次郎を　砂の上に　降ろした。
(25)　秘書は　無帽で　大臣を　オープンカーに　乗せた。

　(24)では「裸足」なのは「太郎」とも「次郎」とも読める。(25)では「秘書」が「無帽」とも「大臣」が「無帽」ともとれる。ただこの場合連用成分の位置が読みやすさに影響を与えるではあろう。
　そして「太郎」も「次郎」も人間であり、「裸足」であることができるし、「裸足で砂の上に降りる」ことも、「裸足で砂の上に降ろす」こともできる。そして「太郎」は主語、「次郎」は目的語で、いずれについても連体と連用対応の条件にかなっている。(25)も同様である。連体成分であれば、どちらかを主名詞として選ばなければならないから、このような曖昧さは生じな

い。
　ともあれ矢澤もこの論文で二次述語の現象に注目しているのである。

4.「〜な／の」と「〜に」との対応——ダ形容詞——

　すでに前章の変化動詞文のところで「信号が青になる」の「青に」は「青だ」のいわゆる連用形であることを述べた。本章の「一般の二次述語」構造においても、連用成分は「で」でなく「に」をとるものもある。そして連体と連用が対応する。

(26)　（私の要求に対し）
　　a.　**曖昧な／明確な**答えが　返ってきた。
　　b.　答えが　**曖昧に／明確に**　返ってきた。
(27)　（そのとき店のドアがあき）
　　a.　**新たな**客が　入って来た。
　　b.　客が　**新たに**　入って来た。
(28) a.　**神妙な**太郎が　職員室で　先生に　お説教されている。
　　b.　太郎が　**神妙に**　職員室で　先生から　お説教されている。
(29) a.　**身軽な**小男が　ひょいと　塀を　飛び越えた。
　　b.　小男が　**身軽に**　ひょいと　塀を　飛び越えた。
(30) a.　**寂しそうな**女が　秋の夕暮れを　ひとりで　歩いている。
　　b.　女が　ひとりで　**寂しそうに**　秋の夕暮れを　歩いている。

　(29)ｂの「身軽に」は「飛び越える」という動作の様態を表す様態副詞とも考えられる。擬態語の「ひょいと」はまさに様態副詞である。しかし「身軽な小男」のような連体も可能で、その時の「小男」の状態を表現しているともとれる。或る場合には二次述語が様態副詞に接近する例である。
　(30)ｂの「寂しそうに」も「歩いている」動作の様態ととれなくもない。
　次に目的語について見てみよう。

(31) a. 彼は **曖昧な答えを** 返してきた。
   b. 彼は 答えを **曖昧に** 返してきた。
(32) a. マスターは ドアを開けて **新たな客を** 入れた。
   b. マスターは ドアを 開けて 客を **新たに** 入れた。

　これらは(26)(27)の自動詞文に対応する他動詞文である。他動詞文については自由に連体・連用の対応があるわけではないようだが、このように動詞に自・他の対応がある場合は対応しそうである。
　さて上例の連体形はみな「な」になっているが、ダ形容詞の連体形が「の」である場合もある。そして対応する連用は「に」の形、つまり「だ」のいわゆる連用形である。変化動詞文のところでも述べたが、より厳密にはn-iと分析したい。すなわち「だ」の語幹のdの異形態であるnに、形式副詞の -i のついた副詞句と考えるのである。
　以上「だ」のテ形の「で」と、「だ」のいわゆる連用形の「に」とによる二次述語構文を検討してきた。連体の場合は「な」または「の」であるが、両者は異形態であって、統語上・意味上特に違いがない場合がある。そこで問題になるのは連用の場合の「で」と「に」とに違いがあるのか、あるとすればどう違うのか、である。次の例は「で」でも「に」でもいい例である。

(33) a. **必死の消防士が** 猛火の中へ 飛び込んでいった。
   b. 消防士が **必死に／で** 猛火の中へ 飛び込んでいった。
(34) a. **元気な子供達が** 校庭を 走り回っている。
   b. 子供達が **元気に／で** 校庭を 走り回っている。
(35) a. **好調の野茂が** 三振の山を 築いている。
   b. 野茂が **好調に／で** 三振の山を 築いている。
(36) a. **無責任な社長は** もう3カ月も 給料を 払ってくれない。
   b. 社長は **無責任に／で** もう3カ月も 給料を 払ってくれない。

　(34)(35)は私の直感では「に」「で」にほとんど違いを感じない。

(36) b の「で」には違和感を感じる。もし主語が「は」であれば「で」でも自然に思われる。

(37) a.　野茂は　**好調に**　三振の山を　築いている。
　　 b.　野茂は　**好調で**　三振の山を　築いている。

そして「好調に」は「三振の山を築く」に対する様態副詞とも言えそうなのに対し、「好調で」はそこで文の流れがやや切れた感じである。場合によっては連用成分と言うより、並列構造としてもよいくらいである。

(36) も同様で、やはり「無責任に」はより副詞的で、「無責任で」はやや切れ目があり、理由を表すという解釈も可能であるし、並列構造ともとれそうである。

つまり連用構造と並列構造とは明確に異なる統語構造でありながら、きわめて接近する場合もあり、両者は或る点で連続する。

5.「〜い」と「〜く」との対応—イ形容詞—

以上ダ形容詞について検討してきた。次はイ形容詞であるが、基本的にはダ形容詞と違いはない。連用成分としてはいわゆる連用形の「〜く」の形をとるが、これも上述の「〜て」や「〜に」と同じく、二次述語文を連用化する形式副詞としたい。以下に少し例をあげる。

(38) a.　**いやらしい男**が　暗がりで　私に　すりよって来た。
　　 b.　男が　暗がりで　**いやらしく**　私に　すりよって来た。
(39) a.　**優しい警官**が　子供の手を　引いて　横断歩道を　渡らせてくれた。
　　 b.　警官が　**優しく**　子供の手を　引いて　横断歩道を　渡らせてくれた。
(40) a.　**図々しい男**が　行列に　割りこんできた。

b.　男が　図々しく　行列に　割りこんできた。
(41)a.　**今日はおとなしい太郎が**　先生のお説教を　聞いている。
　　b.　太郎が　**今日はおとなしく**　先生のお説教を　聞いている。

　(41)a は「今日は」なしに、ただ「おとなしい太郎が先生のお説教を聞いている」だと、連体の「おとなしい」は「太郎」の一般的な属性で、「先生のお説教を聞いている」という特定の出来事の時の「太郎」の状態を必ずしも表現はしていないようだ。
　次の例は目的語についての連体・連用の対応である。

(42)a.　**おいしい天麩羅を**　いただきました。
　　b.　天麩羅を　**おいしく**　いただきました。

　しかし

(43)　**まずい天麩羅を　おいしく食べる方法**

などは「まずい天麩羅がおいしい」のような矛盾する二次述語文を想定することになる。もっとも(43)自体が一種の矛盾表現ではあるが、これは「まずい天麩羅をおいしくして、それを食べる」のような、変化の意味を内包した複雑な文を単純化したものと考えればよいのではないか。

　以上、ダ形容詞・イ形容詞について、一般述語文における連体と連用の対応を見てきた。さらに動詞についても、連体・連用の対応はあるから、次節ではそれらについて検討する。
　また無条件で対応があるわけではもちろんないので、次節では対応の制約についても触れる。

6. 一応のまとめ

　以上の3・4・5節を、もう一度例文をあげて、とりあえずまとめると次のようになる。

(44) a. **裸の**太郎が　肉を　食べている。
　　 b. 太郎が　**裸で**　肉を　食べている。
(45) a. **曖昧な**答えが　返ってきた。
　　 b. 答えが　**曖昧に**　返ってきた。
(46) a. **図々しい**男が　行列に　割り込んできた。
　　 b. 男が　**図々しく**　行列に　割り込んできた。
(47) a. 太郎が　**生の**肉を　食べている。
　　 b. 太郎が　肉を　**生で**　食べている。

　これらについて次のことが言える。
　第一に、一次述語文の主語——(44)の「太郎」、(45)の「答え」、(46)の「男」——、または一次述語文の目的語——(47)の「肉」——について対応がある。
　第二に、一次述語文の主語または目的語の名詞は、二次述語文の主語である。例えば(46)の「男」は、二次述語文の「図々しい」の主語であり、(47)の目的語の「肉」は二次述語文の「生だ」の主語である。
　第三に、一次述語文の表す事柄は、二次述語の示す状態において生じる。例えば(44)では「太郎」が「裸」の状態で「肉を食べている」ことを表している。つまり「裸」であることと「肉を食べている」こととは**同時的**であり、**順接的**である。そこで連用の場合は、順接的なダ形容詞のテ形やイ形容詞の連用形が使われるのである。このような連体・連用の対応を「**同時・順接型**」と呼ぶことにする。なお詳しくは後に述べる。

7. 擬態語と連体・連用の対応

　ここでダ形容詞・イ形容詞に似ている擬態語について見ておこう。

　擬態語は、品詞論的には、原則として副詞であろう。「ぱっと立ち上がる」「さっと飛び退く」「せっせと働く」「ごろっと寝ころぶ」などは動詞の表す動きの様態を示す様態副詞である。しかし中には名詞の表す対象の状態を示す擬態語もある。この場合は「〜だ」「〜する」の形で、形容詞的述語として働き、さらに連体成分にも連用成分にもなり得る。そして連体と連用の対応も可能になる。

　第一に、次の2例は擬態語であろうが、「*ぐでんぐでんと〜する」「*すってんてんと〜する」のような様態副詞的用法がそもそもない。

(48) a. **ぐでんぐでんの**男が　プラットホームに　うずくまっている。
　　 b. 男が　**ぐでんぐでんで**　プラットホームに　うずくまっている。
(49) a. **すってんてんの**ジョンが　ラスベガスのカジノから　出てきた。
　　 b. ジョンが　**すってんてんで**　ラスベガスのカジノから　出てきた。

　これらはむしろ「ぐでんぐでんだ」「すってんてんだ」というダ形容詞であって、その連体・連用の対応についてはすでに述べたところである。つまり連体の場合は「〜の」であり、対応する連用はテ形の「〜で」の形をとっている。

　第二に、「〜と」の形で様態副詞として働く擬態語のなかで、「つるつるだ」「ぴかぴかだ」「ひょろひょろだ」など、「〜だ」の形で述語となるものがかなりある。一種のダ形容詞である。この場合はアクセントも平板化する。連体は「つるつるの」「ぴかぴかの」「ひょろひょろの」に形になる。

　また「つるつるする」「べとべとする」「むかむかする」など「〜する」をつけたり、さらに「すらりとしている」「さらさらしている」など「〜している」をつけたりして状態性の述語になるものもある（西尾 (1981) 参照）。これらは、連体は「〜した」の形になり、連用は「〜と」「〜として」の形

になる。だから形の上ではダ形容詞とは言えないが、やはり連体と連用は対応するのである。

(50) a. ぎらぎらした彼女の目が　相手を　睨みつけている。
　　 b. 彼女の目が　ぎらぎらと／ぎらぎらして　相手を　睨みつけている。
(51) a. きょとんとした太郎が　あたりを　見回している。
　　 b. 太郎が　きょとんと／きょとんとして　あたりを　見回している。
(52) a. その言葉にかっかとした太郎が　次郎に　喰ってかかった。
　　 b. 太郎は　その言葉にかっかとして　次郎に　喰ってかかった。
(53) a. 口をあんぐりした太郎が　ぐっすり　眠っている。
　　 b. 太郎が　口あんぐりと／口をあんぐりして　ぐっすり　眠っている。
(54) a. ぐったりした老人が　ベッドに　横たわっている。
　　 b. 老人が　ぐったりと／ぐったりして　ベッドに　横たわっている。

　漢語系の擬態語も次のように連体と連用が対応する。(56)a の連体成分である「欣喜雀躍たる」はもちろん文語的である。

(55) a. 悄然とした選手達が　球場を　後にした。
　　 b. 選手達が　悄然と／悄然として　球場を　後にした。
(56) a. 欣喜雀躍たる選手達が　球場を　一周した。
　　 b. 選手達が　欣喜雀躍と／欣喜雀躍として　球場を　一周した。

「欣喜雀躍として」は、形の上では「欣喜雀躍とする」という動詞のテ形である。
　ところで以上の例で、連用成分は主語に対する二次述語でなく、一次述語の動詞にかかる様態副詞ではないか、という疑問もあろう。擬態語はたしかに基本的には様態副詞である。しかし以上の例で連体と連用が対応している

とすれば、連体成分はもちろん主語の名詞にかかり、その名詞の状態を表しているのだから、連用成文としても主語の状態を表す二次述語と考えられる。「太郎がぱっと立ち上がった」は言えるが「*ぱっとの太郎が立ち上がった」が言えないのは、「ぱっと」が様態副詞的用法しかなく、したがって連体・連用の対応がないからである。

これまではダ形容詞・イ形容詞・擬態語など状態性の述語について検討してきたが、動詞もまた二次述語文として働くのである。次にそれを見てみよう。

8. 動詞のタ形とテ形による連体と連用の対応

すでに(44)で「裸の太郎が肉を食べている」と「太郎が裸で肉を食べている」という対応をあげた。では「裸の太郎」ではなくて「タキシードを着た太郎」はどうであろうか。

(57) a. **タキシードを着た**太郎が　肉を　食べている。
　　 b. 太郎が　**タキシードを着て**　肉を　食べている。

今度の二次述語は、ダ形容詞やイ形容詞のような状態性の述語でなく、「タキシードを着る」という動詞句を含んでいる。ただ連体成分はタ形で、完了形をとり、「タキシードを着ている」という「太郎」の状態を述べているのである。しばしば指摘されているように、「眼鏡をかけた先生」「帽子をかぶった子供」などは、「眼鏡をかけている先生」「帽子をかぶっている子供」と同じく、動作の完了した結果の状態を示している。動詞による文ではあっても、タ形によって文を状態化するのである。

bのテ形も同様で、この文の場合は、「肉を食べている」ときの「太郎」の「タキシードを着ている」状態を、テ形の動詞句が表現している。この点では「裸で」も「タキシードを着て」でも同じことである。

もう少し例をあげよう。

(58)a.　**手を挙げた**子供達が　横断歩道を　渡っている。
　　b.　子供達が　**手を挙げて**　横断歩道を　渡っている。

　この文は第一に「子供達が横断歩道を渡っている」こと、第二にその「子供達」が「手を挙げている」ことを表現している。連体成分は「手を挙げた（子供達）」のようにタ形が使われていて、「子供達」の「手を挙げる」という動作が完了した結果の状態を示している。その「手を挙げた子供達」が「横断歩道を渡っている」のである。
　ａに対応するｂでは「手を挙げて」とテ形が使われている。これも「子供達が横断歩道を渡っている」ときの「子供達」の状態を示している。「手を挙げて、それから横断歩道を渡る」という継起の解釈も可能ではあるが、やはり「手を挙げた」状態で「横断歩道を渡る」という同時の解釈が普通であろう。
　また

(59)　子供達が　**手を挙げ**　横断歩道を　渡っている。

という「挙げる」の連用形による連用二次述語も可能ではあるが、これは書きことば的であるので、ここではテ形を中心にして考察する。

(60)a.　**華やかな振り袖を着た**女子学生が　ホテルのロビーに　集まっている。
　　b.　女子学生が　**華やかな振り袖を着て**　ホテルのロビーに　集まっている。

　この例では一次述語文の「集まっている」時の「女子学生」の状態を、連体にせよ連用にせよ二次述語文が表現している。

(61)a.　**毛布にくるまったクルド人の**子供達は　震えながら　夜を　過ごし

ている。
　　b.　クルド人の子供達は　**毛布にくるまって**　震えながら　夜を　過ごしている。
(62) a.　**杖をついたよぼよぼの**老人が　こちらへ　歩いてきた。
　　b.　老人が　**杖をついて　よぼよぼと**　こちらへ　歩いてきた。

　(62)の二次述語は「杖をつく」と「よぼよぼだ」という動詞と擬態語とを二重に使ったものだが、それぞれに連体と連用が対応している。「よぼよぼ」は本来擬態語で副詞性が強いから、連用は「*よぼよぼで・*よぼよぼに」は使えず、「よぼよぼ(と)」になる。

(63) a.　**曲がりくねった**道が　頂上へと　続いていく。
　　b.　道が　**曲がりくねって**　頂上へと　続いていく。
(64) a.　空には　**黒ずんだ**雨雲が　隙間もなく　垂れこめている。
　　b.　空には　雨雲が　**黒ずんで**　隙間もなく　垂れこめている。

　これまであげたほとんどの例文は、有生名詞主語であったが、(63)(64)は無生名詞主語である。
　以上のように動詞のタ形とテ形による連体と連用の対応も、ダ形容詞・イ形容詞、擬態語などと同様に、一次述語文の主語の状態を表しているときに成立している。そしてその状態において一次述語の表す事柄が生じるのである。つまり「同時・順接型」である。
　次に一次述語文における目的語について考えよう。この場合も連体・連用の対応がある。ダ形容詞による「生の肉を食べた」と「肉を生で食べた」や「ガス欠の車を運転する」と「ガス欠で車を運転する」などの例をあげた。しかし菊地(1911)は次のような二次述語にならない非文の例をあげている(cf. の例文は奥津による)。

(65) a.　***熱く**鍋の湯を野菜にかけた。(cf. 熱い鍋の湯を野菜にかけた)

b. *空で瓶を投げた。(cf. 空の瓶を投げた)
c. *荷物でいっぱいに車を運転した。(cf. 荷物でいっぱいの車を運転した)

しかし cf. の連体構造はみな正文である。a の連用は菊地の言うように非文と思えるが、b は少し語順を変えて「瓶を（中身を抜いて）空で投げた」とでもすればいいような気がする。c などは次のようにすれば、連体・連用いずれも正文で、対応もしているように思う。

(66) a. 荷物でいっぱいの車を 運転した。
b. 荷物いっぱいで 車を 運転した。

しかし次の例の b は非文であろう。

(67) a. 太郎は 高い肉を 食べた。
b. *太郎は 高く 肉を 食べた。
(68) a. 太郎は 立派な車を 運転している。
b. *太郎は 車を 立派に 運転している。
(69) a. 太郎は 元気な次郎を 殴り倒した。
b. *太郎は 元気で 次郎を 殴り倒した。

(68)(69)の b 自体は非文ではないが、a には対応しないという意味で非文である。(68)b は「車が立派である」のではなく「太郎の車の運転の仕方が立派である」という読みになる。(69)b は「元気」なのは「次郎」でなくて「太郎」であることになり、a とは対応しなくなる。

目的語の場合は無条件で連体・連用の対応があるとは言えない。以上のような対応の有無について、それが何故であるかはまだよく説明ができない。

では動詞のテ形による場合はどうであろうか。「生の肉」でなく動詞による連体の「焼いた肉」は次のようになる。

(70)a. 太郎が　鉄板で焼いた肉を　食べている。(cf. 生の肉を食べている)
　　b. 太郎が　肉を　鉄板で焼いて　食べている。(cf. 生で肉を食べている)

　この例は一見連体と連用の対応があるように見えるが、実は必ずしもそうではない。
　aの連体成分は同じく完了のタ形であり、「鉄板で焼いてある」の意味で「肉」はその主語であり、「肉」の状態を表していると見ることもできる。しかし「太郎または他の人が（肉を）焼いた」が連体文で「肉」はその目的語ともとれる。
　ところがbでは「肉を焼いた」の動作主は「太郎」で、「太郎が肉を焼いて、それを太郎が食べる」と解釈されるだろう。つまり「鉄板で焼いて」は「肉」の状態を表す二次述語でなく、言うなれば「太郎」についての二次述語である。「肉を生で食べる」であれば「肉は生だ」という二次述語文が考えられ、「生だ」という述語に対しては「肉」が主語であるが、「鉄板で焼いた」の場合の「肉」は目的語であって主語ではない。
　これまであげたダ形容詞文・イ形容詞文・動詞文が二次述語として連体・連用で対応する例は、すべて、その主語が一次述語文での主語または目的語であった（但し目的語については非文のものもあり、その制約については更に検討を要する）。そしてこれが連体と連用が対応する重要な条件の一つなのである。この条件に反するbは「肉」については二次述語たり得ず、その意味では、これまで見てきた連体と連用の対応とは違うものである。もしaの「鉄板で焼いた」の動作主が「太郎」であれば、aとbは全体としては同義的である。しかしaの連体成分が「肉」を主語とする状態性述語文であり、bの連用成分は「太郎」を主語とする動作性の述語であるとすると、両者の違いが大きく、連体と連用とが対応しているとは言えなくなる。この場合のテ形動詞は、状態的でありかつ同時・順接的であると言うより、動作的であり、継起的順接である。つまり「肉を焼いて」その結果を「食べる」というので、「焼く」という料理動詞的動作の次に「食べる」という動作が行われ

るのである。さらに言えばこのテ形はむしろ並列的ではないか。
　以上の次第で(70)の動詞文については、連体と連用の対応はないとすべきであろう。
　また「焼く」に対応する自動詞の「焼ける」であれば、次の例のaで「肉」は「焼けた」の主語であるが、にもかかわらずbは非文である。

(71)a.　太郎が　焼けた肉を　食べている。
　　 b. *太郎が　肉を　焼けて　食べている。

「生の肉を食べる」と「肉を生で食べる」は対応するのに、なぜ(71)aとbは対応しないのだろうか？
　次の例も連体と連用の対応の有無については、上例と同じ理由で疑問がある。
(72)a.　太郎は　日本語に訳したシェークスピアを　読んでいる。
　　　　（cf. 日本語訳のシェークスピアを　読んでいる）
　　 b.　太郎は　日本語に訳して　シェークスピアを　読んでいる。
　　　　（cf. 日本語訳で　シェークスピアを　読んでいる）

　aは普通なら「太郎が訳した」とはとれないが、「太郎自ら訳した」可能性も否定はできない。bはおかしな状況ではあるが訳者は「太郎」であろう。
　aのcf.の「日本語訳」であれば、非人称的で動作主については問題にならない。
　次の例ではaの連体文の主語は「太郎」であっても、他の人であってもよかろう。bは、「燗をする」主語は「太郎」でなければなるまい。

(73)a.　太郎は　熱く燗をした酒を　飲んでいる。（cf. 熱燗の酒を飲んでいる）
　　 b.　太郎は　熱く燗をして　酒を　飲んでいる。（cf. 熱燗で　酒を飲んでいる）

なおbのcf.は、菊地（1991）のあげた例であり、これならば「酒」が主語で、「熱燗だ」はその二次述語である。

以上のように、目的語についての連体・連用の対応は、ダ形容詞・イ形容詞そして動詞のタ形・テ形についてもいろいろ問題がありそうである。これについては今のところ十分な説明ができていない。

9. 一応のまとめ─同時・順接型─

これまで一般述語文における連体と連用の対応を、ダ形容詞・イ形容詞・動詞の二次述語文について検討し、連用の場合は順接のテ形を中心にして見てきた。以上をとりあえずまとめると、概略次のようになろう。

9.1. 統語的特色

第一に統語的な構造は、概略次のa、bのようになる。aが連体二次述語文を含み、bが連用二次述語文を含む。cはaに、dはbに対応する例文である。

(74) a. 連体：[[(Ni が) Pred$_2$] Tense] Ni が／を Pred$_1$
  b. 連用：Ni が／を [[(Ni が) Pred$_2$] て] Pred$_1$
  c. 連体：[[(子供達が) 手を　挙げ] た] 子供達が　横断歩道を　渡っている。
  d. 連用：子供達が [[(子供達が) 手を　挙げ] て] 横断歩道を渡っている。

まず連体構造では、主名詞のNi（子供達）は、連体二次述語文の主語であるNiと同一対象を指示する。この主名詞は一次述語文では主語または目的語となる。つまり

(75)　連体二次述語文の主語（Ni）＝主名詞（Ni）＝一次述語文の主語または

目的語 (Ni)

という同一関係にある。

　また連用構造では、連用二次述語文の主語である (Ni) は、連体構造と同じく一次述語文の主語 (子供達) または目的語の Ni と同一である。つまり

(76)　連用二次述語文の主語＝一次述語文の主語または目的語

という同一関係にある。

　そして上記二つの同一関係がまた同一関係で結びつく。つまり連体構造と連用構造とで「子供達」Ni はすべて同一である。そこで両構造に共通のこの N を (一次述語文と二次述語文、連体構造と連用構造の)**「共通軸」**と呼ぶことにする。連体も連用もこの共通軸について述べる二次述語である。この共通軸によって、どちらの構造においても二次述語が二次述語たり得るし、連体と連用が対応するのである。例えば次の「太郎」と「次郎」のように名詞が同一でなければ、つまり共通軸でなければ、a と b の知的意味が違い、連体と連用の対応が成立しないのである。

(77) a.　裸の**太郎**が　肉を食べている。
　　 b.　**次郎**が　裸で　肉を　食べている。

　さらに共通軸の存在に加えて対応する両構造の二次述語の $Pred_2$ も、一次述語の $Pred_1$ も同一である。

　つまりは両構造のそれぞれを構成する要素は、テンスとテ形を除いて全く同じである。つまり二次述語文が、一方では連体成分としてテンスをとり、他方では連用成分としてテ形をとるという形だけが違うのである。

　実はこの統語的特色は同時・順接型に限らない。後に述べる予定の、逆接型、条件型などにも通じるものである。ただ順接のテ形のところに、「〜が」「〜けれど」など逆接の形式副詞や、「〜と」「〜ば」「〜たら」などの条件の

形式副詞が置かれる点が違うのである。だから一般的には、(74)bの「て」のところに副詞のAdvが置かれるのである。

9.2. 意味的特色

第二に、以上の統語的特色に加えて、これまでの例は**同時・順接型**であった。つまり一次述語文と二次述語文とが表す事柄の関係は、同時的であり、順接的であった。(74)の例で言えば、連体にせよ連用にせよ、「子供達が手を挙げている」という二次述語文と、「子供達が横断歩道を渡っている」という一次述語文との意味的関係は、同時的かつ順接的関係である。

ただし後には同時的でない場合や、順接的でない場合も検討することになる。

ともあれ、以上二つの統語的・意味的特色が正しいかどうかを、さらに検証してみる。

9.3. 検証

第一に、連体・連用の対応は、一次述語文の主語と目的語について可能であるが、それ以外では対応がない。

(78) a. 裸の**太郎**が 生の**肉**を 食べている。
   b. **太郎**が 裸で 肉を 生で 食べている。

この例のaでは「裸だ」——「の」は「だ」の連体形——は、主語の「太郎」の連体二次述語であり、「生だ」——「の」は同じく「だ」の連体形——は、目的語の「肉」の連体二次述語である。bはちょっと無理した文ではあるが、「裸だ」——「で」は「だ」のテ形——は主語の「太郎」の連用二次述語であり、「生だ」——「で」は同じく「だ」のテ形——は、目的語の連用二次述語である。

このように、一次述語文の主語と目的語については、連体と連用は対応するのである。ところが次の例では対応がないのである。

(79)a.　太郎は　裸の次郎に　生の肉を　やった。
　　　b.＊太郎は　**次郎に**　裸で　生の肉を　やった。

　この例でaの連体はいいのだが、主名詞の「次郎」はいわゆる間接目的語で「に」をとっており、「裸の」が連用化したbでは、「太郎が裸だ」という読みでなければ、aと対応せず、その意味で非文になる。

(80)a.　太郎は　泥だらけの**次郎から**　パスをもらって　トライした。
　　　b.＊太郎は　**次郎から**　泥だらけで　パスをもらって　トライした。

　(80)の「次郎」は「から」格の名詞であるが、bは「次郎が泥だらけだ」という読みはかなり難しく、「太郎が泥だらけだ」という読みが普通であろう。そこで「から」格の場合も連体と連用は対応しない。

(81)a.　警官が　血だらけの**犯人と**　格闘している。
　　　b.＊警官が　**犯人と**　血だらけで　格闘している。

　(81)の「犯人」は対称格の名詞であるが、aの「犯人」はもちろん「血だらけ」なのである。ところがbは「犯人が血だらけだ」という読みはできない。もっともこの文は対称関係文だから「二人とも血だらけだ」という解釈は可能かも知れない。

(82)a.　太郎が　裸足の**次郎と**　遊んでいる。
　　　b.＊太郎が　次郎と　**裸足で**　遊んでいる。

　この文は共同格の「と」の例である。bについては「太郎が裸足だ」という解釈なら妥当だろうが、「次郎が裸足だ」という解釈はできまい。対称格と同じく、両者共に「裸足だ」という解釈なら可能かも知れない。
　その他次のような格についても同様である。

(83) a. 太郎は　きれいな**図書館で**　本を読んでいる。（場所の「で」格）
　　 b. *太郎は　**図書館で**　きれいに　本を　読んでいる。
(84) a. 花子は　新鮮な**車海老で**　天麩羅を　揚げた。（始発の「で」格）
　　 b. *花子は　**車海老で**　新鮮に　天麩羅を　揚げた。
(85) a. 太郎は　雪が積もった**山道を**　歩いている。（移動の場所の「を」格）
　　 b. *太郎は　雪が積もって　**山道を**　歩いている。

　以上を見ると、主語と目的語についてのみ連体と連用は対応し、それ以外の格では対応がないことが分かる。
　この制約は、本書でこれまでとりあげた諸構造を通じて働く制約であり、関係文法理論で Keenan & Comrie (1972) などが指摘した　主語＞直接目的語＞間接目的語＞斜格　という格の序列が、本章の一般動詞文における連体と連用の対応についても有効であることが示される。
　なお目的語については、以上の条件を満たしていても、対応のない場合もあって問題を残していることはすでに述べた。主語については、原則として対応がある。
　第二に、共通軸は二次述語の主語でなければならない。これまであげた例はすべてこの条件を満たしているが、そうでなければ対応はない。

(86) a. 花子を嫌う**太郎は**　毎日　飲んだくれている。
　　 b. **太郎は**　花子を嫌って　毎日　飲んだくれている。
　　 c. 花子が嫌う**太郎は**　毎日　飲んだくれている。
　　 d. ***太郎は**　花子が嫌って　毎日　飲んだくれている。

　対応のあるa、bでは共通軸の名詞は「太郎」である。aの主名詞の「太郎」は、「太郎が花子を嫌う」という連体文の中では、主語である。そしてbの連用成分であるテ形の「花子を嫌って」の主語も同じく「太郎」である。この場合のaとbは連体と連用の対応がある。

ところがcの主名詞の「太郎」は、連体文の中では「花子が太郎を嫌う」というので目的語である。c自体は有意味な正文である。ところがdでテ形の「花子が嫌って」という連用成分にすると理解しにくい文になってしまい、cとは対応せず、非文である。

(87) a. 太郎に花束を贈られた**花子**は　今　柏病院に　入院している。
　　 b. **花子**は　太郎に花束を贈られて　今　柏病院に　入院している。
　　 c. 太郎が花束を贈った**花子**は　今　柏病院に　入院している。
　　 d. ***花子**は　太郎が花束を贈って　今　柏病院に　入院している。

　aの主名詞の「花子」は受身の連体文「花子が太郎に花束を贈られた」の主語であり、それがbでテ形の連用成分になっても、aと対応している。しかしcでは連体文は能動文であり、「花子」は主語ではなく間接目的語になっている。その能動連体文を連用化したdはやはり不自然な文になっている。能動文と受身文とは同じ知的意味を持つはずなのに、cに対応するはずのdが非文になって、対応が成立しないのは、共通軸の名詞が二次述語文の主語ではないからであろう。

(88) a. 花子といっしょに映画を見た**太郎**は　ピーナッツを　ぽりぽり　食べていた。
　　 b. **太郎**は　花子といっしょに映画を見て　ピーナッツを　ぽりぽり　食べていた。
　　 c. 花子がいっしょに映画を見た**太郎**は　ピーナッツを　ぽりぽり　食べていた。
　　 d. ***太郎**は　花子がいっしょに映画を見て　ピーナッツを　ぽりぽり食べていた。

　aの主名詞の「太郎」は、連体文では主語であり、それを連用化したbは正文としてaと対応している。ところがcの連体文は「花子が太郎といっしょ

に映画を見た」であるから、主名詞の「太郎」は、共同格の名詞であり主語ではない。そこでそれを連用化したdは非文となる。

　第三は、同時・順接型の問題である。

(89) a. **裸の**ターザンが　象に　乗っている。
　　 b. ターザンが　**裸で**　象に　乗っている。
(90) a. ***裸の**ターザンが　タキシードを　着ている。
　　 b. *ターザンが　**裸で**　タキシードを　着ている。

　(89)の例はすでにあげた「裸」の例だが、「ターザンが裸である」ことと「象に乗っている」こととは同時の事柄であるし、順接的な事柄であって、矛盾する事柄ではない。
　ところが(90)は、aもbも、「ターザンが裸である」ことと「ターザンがタキシードを着ている」こととは同時的な事柄と考えられるが、二つの事柄の関係は非順接的で、矛盾関係にある。その両者が同時に成立することはできないから、aもbも非文となる。もちろん連体と連用の対応は問題にならない。
　しかし二つの事柄が矛盾していても、同時的でなければ、次のように非文にはならない。

(91) a. 昨日は　**裸足の**ターザンは　今日は　フェラガモの靴を　履いている。
　　 b. ターザンは　昨日は　**裸足で**　今日は　フェラガモの靴を　履いている。

　一次述語文は「ターザン」の現在の状態を示しているが、二次述語文は過去の状態を示していて、二つの事柄は、矛盾してはいるが、同時ではないから、aもbも非文にはならない。しかしこの場合のテ形はこれまでのような同時的順接ではなく、いわゆる継起的順接であろう。またこの例のbでは

「昨日」と「今日」、「裸足」であることと「靴を履いている」こととは、ちょうど対比的であり、両者均衡しているので、このテ形は連用的(従属的)用法と言うより、並列的(独立的)用法となっている。

　こうして同じテ形であるが、連体と連用との対応が、連体と並列との対応に接近し、こうして連用(従属)と並列(独立)もまた接近するのである。

　また上例のaの連体文は、次のように「だ」のタ形を使って過去であることを明示することもできる。しかし「だった」のテ形「*だって」はないから、

(92)　ターザンは　昨日は　裸足だったが　今日は　フェラガモの靴を　履いている。

のように逆接形式を使うことになる。ここで順接と逆接との接近が見られるし、またこの文も連用構造というより、並列構造と考えられ、連用と並列とが接近することになるのである。

　人は正しく順接形式と逆接形式とを使いわけているが、順接とは何であり、逆接とは何であるかを解明することは興味ある問題ながら、きわめて困難な課題である。

　そこで次に、同時と継起、順接と逆接の問題を考える。

10. 順接表現と逆接表現

10.1. 同時・順接型

　以上テ形を中心とする連用成分と連体成分との対応を検討した。そして連体と連用は無条件に対応するものではなく、いくつかの制約があることを述べた。

(93)a.　裸のターザンが　象に　乗っている。
　　b.　ターザンが　裸で　象に　乗っている。

(94) a. *裸のターザンが　タキシードを　着ている。
　　 b. *ターザンが　裸で　タキシードを　着ている。

　(93)aの「裸の」は「裸だ」の連体形と考えるが、そのテ形がbの「裸で」で連用成分となり、連体と連用は対応している。
　ところが(94)はaもbも非文である。「裸である」ことと「タキシードを着ている」こととは矛盾する（逆接的）な事柄であり、同一人物が同時にこの二つの事柄を満足させることはできない（もっともタキシードの下に何も着ていないという意味ならよいが）。つまり「同時・順接の制約」が働く。
　連体二次述語文は主名詞にかかって名詞句を作る。名詞句としてはそこで一応完成はするのだが、しかし次に主語・目的語などとして一次述語文の中で働かなければならない。主名詞を共通軸として、一次述語文と二次述語文は密接な関係を持つのである。その関係の一つが両者間の意味的な整合関係である。
　(93)aは「ターザンが裸である」ことと「ターザンが象に乗っている」こととを「ターザン」を共通軸として関係づけているのである。一次述語文と二次述語文とを入れ替えて、

(95)　象に乗っているターザンは　裸だ。

としても、「ターザン」についての事柄的な情報は同じである。Thompson(1971)が関係節構造の基底構造を、補文構造とせず、並列構造とすると主張したのはこのことであろう。要するに(93)aの連体も、(95)の連体も、「ターザンが裸だ」と「ターザンが象に乗っている」という二つの文を結びつけたものなのである。
　しかし「ターザンが裸だ」という文と「ターザンがタキシードを着ている」という二つの文は、そのまま連体構造を介して結びつけることはできないのである。
　このことは(93)bのような連用二次述語を含む構造についても言える。

これもつまりは共通軸「ターザン」についての二つの文を結合したものなのである。(93)bは「ターザンが裸である」ことと「ターザンが象に乗っている」こととを連用構造によって表したものであり、両者の間に矛盾はない。しかし(94)bは共通軸について述べる二次述語と一次述語とは矛盾しているので、非文になるのである。

10.2. 継起的順接

しかしこの様な「同時・順接の制約」に反しても正文となる場合がある。

第一は、二つの文の述べる事柄が同時でない場合である。**第二**は、順接のテ形でなく、「が」「けれども」「のに」など逆接の形式を使う場合である。

第一の場合は次の通りである。

(94)の「ターザンが裸である」ことと「ターザンがタキシードを着ている」こととは同時的でなければ矛盾しない。すでに似た例をあげたが、次の例であれば正文である。

(96)a. 昨日は 裸のターザンが 今日は タキシードを 着ている。
　　b. ターザンが 昨日は 裸で 今日は タキシードを 着ている。

「裸で」が、何の付加的表現もなく、単独で使われると、典型的な同時・順接型の連用成分になるのだが、この例のように「昨日は〜今日は〜」のような付加的表現がつくと、二次述語文と一次述語文との非同時性を明示することになり、前件と後件とは矛盾なく成立することになる。そしてbの「裸で」はやはり順接のテ形としてよかろう。「手を洗ってご飯を食べる」のようなテ形は「継起のテ形」などと言われるが、しかし、同時か、継起か、ということは、前件と後件の表すことがらによるので、テ形自体は同時も継起もなく、ただ順接を表すと解釈するのがよくはないか。また前件と後件とは内容的には逆接的な事柄だから、「昨日は裸だったが今日は〜」のように逆接形を使うこともできはするが、テ形でも十分文法的である。

しかしこの例のテ形は、同じ順接であっても、(96)bの連用(従属)の働

きでなく、前件と後件とを対比的に並列（独立）させる働きになっている。連用から並列への移行である。

10.3. 逆接表現

　第二は逆接の問題である。
　テ形が逆接を表すとしてよく引かれる例に、次のようなものがある。

(97) a.　知っていて、知らない振りをする。（cf. 知っているが、知らない振りをする）
　　 b.　分かっていて、やめられない。（cf. 分かっちゃいるけど、やめられない）

　この例の前件と後件との時間的関係は同時であろう。しかし前件と後件との意味的関係が逆接的であることが明らかであるので、逆接形を使わなくてもテ形で用が足りるのであろう。つまりテ形は比較的無標の接続形式で、逆接的関係の2文を、場合によっては結合できるということではないか。
　しかし次の逆接的な文はテ形では非文である。

(98) a.　いつも裸のターザンが　今日は　タキシードを　着ている。
　　 b.　ターザンは　＊いつも裸で／いつも裸だが　今日は　タキシードを　着ている。

　(96)ではテ形の「裸で」でもaとbとは対応しているのに、(98)aに対するbでは同じテ形の「裸で」では非文になってしまう。つまりテ形は無条件で逆接的な用法とはならないのである。そこで連用成分を「裸だが」のように逆接表現にすると正文になる。無標のテ形と違い、「けれど」「が」などの逆接表現は、有標の逆接専用の形なのであろう。
　テ形は時によって逆接的な2文を結合することもできるのだが、逆接の形式は次のように順接表現に使うことができない。

(99) a. **いつも甘いものが好きな**田中先生が　今日も　豆大福を　食べている。
　　 b. 田中先生は　**いつも甘いものが好きで／*好きなのに**　今日も　豆大福を食べている。

　この例では「いつも甘いものが好き」であることと、「今日も豆大福を食べている」こととは矛盾せず、むしろ「今日も」ととりたて詞の「も」をとっていることは、二次述語文の命題の内容からして一次述語文の内容が当然のことと考えられるからである。つまり「田中先生は甘いものが好きだ」「豆大福は甘いものだ」「故に田中先生は豆大福が好きだ」という推論が働き、一次述語文と二次述語文との意味的関係は順接的であり、したがって逆接的な表現は許さないのである。さらに言えば、この順接的テ形構文は、次のように、理由構文とも関連する。

(100) a. 田中先生は　甘いものが**好きで**　今日も　豆大福を　食べている。
　　　b. 田中先生は　甘いものが**好きだから**、今日も　豆大福を　食べている。

　このことから、テ形には理由の意味もある、とよく言われる。しかし順接は理由と矛盾せず、前件と後件の表す事柄に因果関係があると認知されれば、有標の理由表現である「から」などを使わなくとも、順接のテ形でも用は足りるのである。理由構文については後に触れる予定だが、ともあれ(99)bの例からすると、やはりテ形は逆接形と明らかに意味的な対立があり、テ形はただ二次述語を連用成分にするだけでなく、順接的に一次述語文へと関係づける役割を果たしているのである。
　では次の文はどうであろうか。

(101) a. **甘い物が好きな**田中先生が　なんと　酒を　飲んでいる。

b. 田中先生は　*甘い物が好きで／甘い物が好きなのに　なんと酒を飲んでいる。

　bのテ形「甘い物が好きで」では非文になり、「好きなのに」と逆接形なら正文である。前件の事柄と後件の事柄とは逆接的であるから、テ形ではなく、逆接形式を使わなければならないのである。一方、aの一次述語文には「なんと」という逆接関係を表す形がある。つまり話し手は、一次述語文と連体二次述語文との間に逆接関係があり、それを「なんと」によって表そうとしたのである。連体成分はテンスで終わり、順接・逆接などを明示する接尾辞的形式はとれない。「*甘いものが好きなのに田中先生」などとは言えないから、「なんと」のような逆接関係の副詞を一次述語文の方に置いて、両者の逆接関係を表現するのである。

　またbの「甘いものが好きなのに」のような逆接成分になると、はたして連用なのか、並列なのか微妙なところである。

　このようにして順接関係でなく、逆接関係であっても、連体と連用とは対応すると言えるのである。連体二次述語文と一次述語文の関係が明らかに認知されれば、逆接の副詞はなくてもいいが、あればより明確な表現になる。逆接の副詞には「だが」「だけど」「なのに」「しかし」「ただし」「でも」「逆に」「かえって」「意外に」「そのくせ」「あろうことかあるまいことか」などなどかなりある。これらは何か逆接的な事柄の存在を前提とする表現であるが、これらのより詳細な研究も興味ある問題である。

　もう少し例をあげよう。

(102) a. 社長の高山氏は　しかし　経営の実権は　何も　持っていない。
　　　b. 高山氏は　社長で／だが　しかし　経営の実権は　何も持っていない。

　この例では「社長である」ことと「経営の実権を持っていない」こととは逆接的な関係にあるが、一次述語文の逆接の副詞「しかし」によってテ形が

使える例である。

(103) a. いつも元気な太郎が **珍しく** 風邪を ひいた。
    b. 太郎は ＊いつも元気で／いつも元気なのに **珍しく** 風邪をひいた。

この例ではテ形は使えない。「珍しく」は普通の状態とは対立的な状態を示す逆接副詞と考えられる。

(104) a. **普段は** 気が荒い船員達も **さすがに** 怯んでしまった。
    b. 船員達は ＊普段は気が荒くて／気が荒いのに **さすがに** 怯んでしまった。

この「**さすがに**」はこの場合は逆接副詞であろう。

(105) a. 白魚が泳いでいたその川は **今では** すっかり 汚れてしまった。
    b. その川は ＊白魚が泳いでいて／泳いでいたが **今では** すっかり汚れてしまった。

この例は昔と今とを対比する逆接表現だが、「**今では**」がそれを明示している。

(106) a. 緊急に召集された教授会は **いつまでたっても** 結論が 出なかった。
    b. 教授会は ＊緊急に召集されて／召集されたのに **いつまでたっても** 結論が 出なかった。

この例の「**いつまでたっても**」は「〜ても」という逆接条件の接辞による

逆接表現である。

以上のようにして、連体と連用の対応が逆接的表現である場合もあるのである。

10.4. 挿入の逆接形式

(107) a. **25日に大統領に就任する**金泳三氏は　20日午後、北原賢次氏と会見した。

b. 金泳三氏は　***25日に大統領に就任して／25日に大統領に就任するが**、20日の午後　北原賢次氏と　会見した。

このスタイルの文は新聞記事などによく出てくる。上例の二次述語文「25日に大統領に就任する」ことと、一次述語文「20日午後に北原賢次氏と会見する」こととは、逆接的関係ではないから、テ形でもよさそうだが、bのテ形では非文である。逆接形式の「が」を使うとこの場合は正文になる。

つまりテ形によって結合される二文の表す事柄の時間的関係は、原則として同時的ないし順行的継起でなければならず、逆行的継起は許されないのである。高橋(1983)はテ形に関する包括的な研究で、興味深いものだが、彼もテ形による前件と後件との「関係的意味」を、「共起」つまり同時と順行的「継起」としている。ところが上例では、前件は未来のことであり、後件は過去のことである。テ形はテンスがないので、それを後件のテンスにゆだねるのだが、とすると、bのテ形文は、後件と同時あるいは以前でなければならず、いずれにせよ過去のことになる。ところが前件は未来のことであるから、テ形はこのような逆行的継起には使えないのである。

もし次のように(107)aの連体二次述語文と一次述語文を交換し、連体二次述語文のテンスを未完了形にして順行的継起を表すようにすれば、テ形を使って正文となる。

(108) a. **20日午後北原賢次氏と会見する**金泳三氏は　25日に　大統領に就任する。

b. 金泳三氏は　20日午後北原賢次氏と会見して　25日に　大統領に就任する。

さて(107)に戻って、bのテ形はだめだが、逆接形の「が」ならよくなっている。しかしこの「が」は本来の逆接表現ではない。前件と後件の意味は逆接的関係にはない。電話などで「もしもし、こちらは田中でございますが／けれど」のような殆ど無意味な「が」「けれど」があることはよく知られている(ただし「のに」「にもかかわらず」のような逆接表現とは交換できない)が、(107)bの場合も本来の逆接表現ではない。金泳三氏の北原氏との会見を報じる文に、金氏の大統領就任の情報が挿入されたという感じのものである。そこでこれを「挿入の逆接形式」と呼びたい。

もう少し例をあげよう。

(109) a. **来月結婚する**二人は　今月　新居に　引っ越した。(「〜る〜た」型)
　　　b. 二人は　**来月*結婚して／結婚するが**　今月　新居に　引っ越した。
(110) a. **来月結婚する**二人は　今月　新居に　引っ越す。(「〜る〜る」型)
　　　b. 二人は　**来月*結婚して／結婚するが**　今月　新居に　引っ越す。
(111) a. **今月結婚する**二人は　来月　新居に　引っ越す。(「〜る〜る」型)
　　　b. 二人は　今月　**結婚して／結婚するが**　来月　新居に　引っ越す。
(112) a. **今月結婚した**二人は　来月　新居に　引っ越す。(「〜た〜る」型)
　　　b. 二人は　**今月*結婚して／結婚したが**　来月　新居に　引っ越す。
(113) a. **今月結婚した**二人は　すでに　先月　新居に　引っ越した。(「〜た〜た」型)
　　　b. 二人は　**今月*結婚して／結婚したが**　すでに　先月　新居に

引っ越した。

　上の諸例のaは連体二次述語文と一次述語文のテンス形式、ル形、タ形の可能な組み合わせをあげたものである。
　(109)は(107)と同じ**「〜る〜た」**型であるが、bのテ形では非文になり、挿入の逆接形式でなければならない。
　(110)の**「〜る〜る」**型は、前件も後件も未来の事柄であるが、逆行的継起である。そこでテ形はやはり許されず、挿入の逆接形式が使われる。
　(111)も(110)と同じく**「〜る〜る」**型であり、前件と後件は未来の事柄であるが、両者の時間的関係は(110)と違って順行的継起である。そこでbではテ形が使えるのだが、挿入の逆接形式でもよい。つまり挿入の逆接形式は、特に逆行的継起の場合にだけ使われるのではなく、順行・逆行にかかわらず使えるのであり、もはや本来の逆接の意味を失って、無標・中立的な挿入的コメントの働きしかしていないのである。
　(112)の**「〜た〜る」**型での前件と後件の時間的関係は単純ではないが、この例に関して言えば、前件は過去のこと、後件は未来のことである。つまり順行的継起であるから、テ形が使えそうであるが、これはおかしい。テ形自体にはテンスがないので、前件のテンス的意味は後件のテンスにゆだねられるのである。後件のテンスはル型であるから、前件も未来の事柄になってしまう。これでは(111)と同じである。そこでテ形は避けて、挿入の逆接形式を使えば「今月結婚したが」という風に過去の事柄であることが明示される。
　(113)の**「〜た〜た」**型は逆行的継起であるから、テ形では非文になるので、挿入の逆接形式が使われる。
　以上連体二次述語文のテンスと一次述語文のテンスの組み合わせが、両文の表す事柄の順行的・逆行的継起を表すわけだが、連用の場合、テ形は順接的継起に限られるので、順接・逆接の制限がない挿入の逆接形式が使われることになるのである。

11. 制限的・非制限的連体と理由構文・条件構文

11.1. 制限的連体と非制限的連体

　連体・連用の対応は順接・逆接にとどまらない。以下に述べる目的・理由構文や条件構文でも、連体と連用の対応があると考えられる。

　まず次の例を見てみよう。

(114)　塩辛い漬け物は　健康に　よくない。

　この文は二通りに解釈できる。
　第一の読みは次のようなものである。

(115)　（漬け物というものはすべて塩辛いものだ。塩辛い食べ物は健康によくない。そこで）
　　　塩辛い漬け物は　健康に　よくない。

　第二の読みは次の通りである。

(116)　（漬物には甘いものも塩辛いものもある。塩辛い食べものは健康によくない。そこで）
　　　塩辛い漬物は　健康に　よくない。

　同じ形の文(114)に二通りに解釈ができるのは、主語の「漬け物」に連体成分の「塩辛い」がついているからである。連体成分のない次の文は、特殊な文脈のない限り、一般命題として理解され曖昧さはない。

(117)　漬け物は　健康に　よくない。

　連体成分がついて二義性が生ずるのは、次のような事情による。

連体成分には**制限的用法**と**非制限的用法**とがあることはよく知られている。上の(114)について、第1の解釈である(115)は、非制限的用法である。「塩辛い」はすべての「漬け物」の属性として述べられており、「漬け物」の外延を狭めるものではない。

第二の解釈(116)は制限的用法である。連体成分の「塩辛い」は「漬け物」の外延をせばめて、「甘い漬け物」を排除し、その部分集合である「塩辛い漬け物」に限るのである。

11.2. 非制限的連体と連用との対応

ではこの連体成分を連用成分に変えたらどうなるであろうか。
まず非制限的連体の場合である。

(118) (漬け物というものはすべて塩辛い)
 a. **塩辛い漬け物は** (だから)健康に よくない。(非制限的連体)
 b. 漬け物は **塩辛く／塩辛くて／塩辛いから** (だから)健康に よくない。

aは要するに「すべての漬け物が塩辛い」ということと「すべての漬け物が健康によくない」ということを述べる文で、前件と後件とは順接的関係にある。

aの非制限的連体に対応する連用はbに示されているが、まず第一に、「塩辛く」というイ形容詞の連用形が可能である。しかしこれだと「漬け物は塩辛く、そして健康によくない」のような並列構造と理解される可能性がある。つまり「漬け物は塩辛い」「漬け物は健康によくない」という「漬け物」を主語つまり共通軸にした二つの命題を、並列的に結合した書きことば的な感じがある。

第二のテ形の「塩辛くて」が一般的のように思うが、これだと一次述語にかかる連用成分的な解釈が可能である。ただし並列構造の解釈も可能だろう。連用成分だとすると「健康によくない」という一次述語にかかり、よく

言われるように、テ形が理由を表す副詞句をつくるとの解釈を可能にする。テ形自体が理由を表すとは考えないほうがよいと思うが、話し手の意図としては、二次述語文を一次述語文へと因果関係において結びつけようとするものではないか。

　第三に、一次述語文と二次述語文とのあいだの因果関係を明示するには、理由の形式副詞である「から」「ので」などを使って「塩辛いから／ので」などとすればよい。理由句は本来連用的で、並列構造にはならないであろう。このように連用形・テ形・理由句が類義的ではありながら、並列（独立）から連用（従属）へと移行するのも興味ある現象である。

　またこれまでも指摘したことだが、連体成分はテンスで終わり、「から」「ので」のような接辞的成分はとり得ないので、後件との因果関係を明示することができない。しかし上例のａのように、一次述語文の方に「だから」などの理由の副詞句を置けば、前件の連体成分が後件に対して理由を表していることが明示される。ｂの「塩辛いから」のように「から」をつけて理由句が明示されていれば、もちろん「だから」などは不要である。

　次は制限的用法である。

11.3. 制限的連体と連用との対応

(119)　（漬け物には甘いものも辛いものもある。その中の）
　　a.　**塩辛い漬け物は**　健康に　よくない。（制限的用法）
　　b.　漬け物は　*塩辛く／*塩辛くて／*塩辛いから／塩辛いと　健康によくない。

　この制限的用法の場合は、ｂのように、非制限的用法では使えた「塩辛い」の連用形も、テ形も、理由句も、使うことはできない。これでは「漬け物」すべてについて「塩辛い」と言うことになり、非制限的用法と解釈されてしまう。そこで「塩辛いと」のように条件句にすると、ａと同義的な文になる。連体成分が「漬け物」の外延を制限したように、条件句も「塩辛いと」という条件によって、主語である「漬け物」の外延を制限しているのである。連

体成分は、形の上では、制限的用法と非制限的用法の区別はつかないが、このように条件句として連用化すれば、制限的であることが明示できるのである。

逆に非制限的用法の連体成分を条件句に連用化すると次のように非文になる。

(120) （漬け物はすべて塩辛い）
 a. **塩辛い**漬け物は　健康によくない。
 b. *漬け物は　**塩辛いと**　健康によくない。

つまりaの連体が、すべての「漬け物」を「塩辛い」と断定しているにもかかわらず、bの条件句はそれを断定していないのだから、対応がないのである。

また特定の漬け物について次のように言うときも、非制限的用法であり、連用成分もテ形または理由の副詞句になり、条件の副詞句は非文になる。

(121) （テーブルの上の漬物を食べてみて）
 a. **塩辛い**この漬物は　健康によくない。
 b. この漬物は　**塩辛く／塩辛くて／塩辛いので／*塩辛いと**　健康によくない。

aは「漬け物」の外延を狭めた特定の「この漬物」が、すなわち「塩辛い」と言っているので、連体の「塩辛い」が「この漬物」の外延を制限しているわけではない。つまり非制限的用法である。要するに「この漬け物は塩辛い」ということと「この漬け物は健康によくない」ということを言っているので、話し手の意図としては両者に因果関係があると考えているのであろう。

以上制限的連体と非制限的連体とが、それぞれ理由と条件の連体に対応することを概観したが、さらに両者について検討してみよう。

12. 非制限的連体と目的・理由の連用

12.1. 目的構文

そこでまず非制限的連体が理由の連用と対応する場合について、もう少し例をあげて検討する。

奥津(1973)、奥津他(1986)などで、奥津は目的と理由の形式副詞をいくつかあげ、目的の副詞句を含む構文と理由の副詞句を含む構文とを記述した。

(122) a. **海中深く航行する原潜をレーダーで監視する**ソ連の軍事偵察衛星コスモスは(**そのために**)1キロワット程度の電力を必要とする。
b. ソ連の軍事偵察衛星コスモスは **海中深く航行する原潜をレーダーで 監視するために／*監視して** 1キロワット程度の電力を必要とする。

まずaの太字部分の連体成分は非制限的用法で、「コスモス」の機能あるいは使命、つまり目的を述べていると考えられる。そして一次述語文はこの目的のために何が必要かを述べている。逆に、一次述語文の述べることがらが、何のために必要かを連体二次述語文で述べている。連体成分を「監視するための」とすれば、目的であることが明示できるが、それがなくても、文全体から、目的構文と解釈できる。

また一次述語文に「**そのために**」のような目的の副詞句を挿入すれば、aが目的構文であることが明示できる。そしてaが目的構文であることを明示するのが、bにおける「〜ために」という目的の副詞句である。こうして連体と連用とは対応するのである。ただし「ために」でなく理由の「ので」による連用も可能であろう。目的と理由とが密接な関係にあることは、奥津(1973)、奥津他(1986)などでも指摘した通りである。

またこの連体を、「監視して」のようなテ形にすると非文になるのは、a

の連体が目的の二次述語文であることの一つの根拠にもなろう。目的構文の前件と後件は本来逆行的な時間関係にあるので、同時ないし順行的時間関係を表すテ形は使えないのであろう。目的構文というのは、人が未来に或ることを実現すべく、それ以前に或る行為をすることの表現である。そこで目的構文は、原則として、目的の副詞句の主語と一次述語文の主語とが同一であり、どちらの述語も意志の表現であり、目的の副詞句のテンスは未完了形である。したがって目的の連体成分のテンスも未完了形でなければならない。上例の「コスモス」は人工衛星ではあるが、人に準じて扱えるであろうし、連体成分の主語と一次述語文の主語とは一致するし――つまり「共通軸」――、両動詞とも意志的表現であり、連体成分のテンスは未完了形である（奥津(1973)、奥津他(1986)など参照）。こうして上例のaは目的構文となる条件を一応満たしている。ただしこれらの条件を備えたものが常に目的構文になるというわけではない。

(123) a. 子供を *食べさせる／食べさせたい母親は　死にものぐるいで働いた。
　　　b. 母親は　子供を食べさせたいので／食べさせるために　死にものぐるいで働いた。

この例は或る「母親」についての、個別的な出来事を述べている。「働く母親」の目的は「子供を食べさせるため」なのだが、aの「子供を食べさせる（母親）」という連体は、この文脈では目的の表現とは解釈できず、その意味では非文となる。この連体文の主語は母親であり「母親は子供を食べさせる」という文も目的が表現できない。そのかわり連体文を「母親は子供を食べさせたい」という願望表現にすれば、この母親の目的が表現できる。「或ることをしたいので、或ることをする」ということは「或ることを目的として、或ることをする」ということである。

(124) a. 来年家を建てる／建てたい山田君は（そのために）せっせと　貯金

をしている。
b. 山田君は　来年家を建てるために／建てたいので／建てるので（そのために）せっせと貯金をしている。

　aの連体成分は「せっせと貯金する」目的とも解釈できるし、理由とも解釈できる。「そのために」を一次述語文に置けば、目的であることが明示できる。「ため」は理由を表す形式副詞でもあるが、「山田君」の行為は、きわめて目的意識的行為であることは間違いない。

(125) a. ＊風邪をひかない／ひきたくない次郎は　毎日　乾布摩擦をしている。
b. 次郎は　風邪をひかないように／ひきたくないので　毎日　乾布摩擦をしている。

　aの「風邪をひかない」という連体成分は目的の表現とは解釈できず、その意味では非文になるから、「ひきたくない」という願望表現にしなければならない。対応する目的表現としては「ために」でもよいが、「ように」の方が適当であろう。

(126) a. 弁護士になる目的の長男は　法学部に　入学した。
b. 長男は　弁護士になる目的で　法学部に　入学した。

　aの連体成分は「長男は弁護士になる目的だ」——これは一種のうなぎ文であろう——の連体形で、後件の行為の目的であることを明示している。連用の「〜する目的で」が目的の副詞句をなす。

12.2. 理由構文

(127) a. 雨に降られた太郎は　びしょ濡れになった
b. 太郎は　雨に降られて／降られたので　びしょ濡れになった。

(128) a. **雨でびしょ濡れになった**太郎は　風邪をひいてしまった。
   b. 太郎は　**雨でびしょ濡れになって／びしょ濡れになったので**　風邪をひいてしまった。
(129) a. **風邪をひいた**太郎は(それで)学校を　休んだ。
   b. 太郎は　**風邪をひいて／ひいたので**(それで)学校を休んだ。

　上の3例で見るように「太郎」は次々に因果関係の連鎖の中に組み込まれていく。それぞれの前件と後件の表す事柄に因果関係を見てとれば、話し手は「ので」を使って二次述語文を理由句とすることができる。テ形の場合は、それが理由を表す形式副詞であるかどうか疑問であるが、少なくとも順行的継起的順接の表現とは言える。単なる継起的出来事に、人は因果関係を認めるのかも知れない。毎朝、日が昇り、飼い主が来て餌をくれることに慣れた鶏が、或る朝、飼い主の姿を見て喜んだら、しめられて食べられた、という話がある。デビッド・ヒュームは、因果関係とは、継起的事象の経験の反復による主観的な想像物だと言った。「て」は本来継起的順接を意味するのだが、それを使うことによって、聞き手に因果関係を読みとらせることは可能であろう。

　その点では連体成分とて同様である。例えば(127)aの二次述語文である「雨に降られた」は、形の上ではもちろん理由句ではないし、テ形でもない。ただテンスの形が「た」で完了形である。これは一次述語文の「びしょ濡れになった」という出来事より前に「雨に降られた」ことを表し、両者に継起的関係があることを示している。そこで聞き手は二次述語文と一次述語文の間に因果関係を読みとることができる。

　もちろん連体成分のテンスが完了形だからと言って、すべて因果関係が読みとれるわけではない。それはテ形の連用成分すべてに、因果関係を読みとれるわけではないことと同じである。また理由構文の前件と後件とが、すべて順行的継起関係にあるとは言えない。そうであることが多いであろうが、理由構文では、同時・順行的継起・逆行的継起すべてが可能である(奥津(1973)、奥津他(1986)など参照)。

次の例は逆行的継起関係にある理由構文である。

(130) a. **今年の秋に結婚する**太郎は（そのために）3月に小さなマンションを買った。
　　 b. 太郎は　今年の秋に　＊**結婚して／結婚するので／結婚するために／結婚するが**　3月に小さなマンションを買った。

　連体は非制限的用法と考えられるが、連用成分としては、この場合はテ形が使えない。たしかに前件と後件とは因果関係にあるが、両者は逆行的な時間的関係にある。テ形は本来同時的または順行的順接関係の表現だから、この例ではテ形の連用にはならないのである。むしろ「太郎」の行為は目的意識的行為であるから、目的構文としてもよかろう。さらに前件と後件を因果関係と見ず、中立的に述べるのであれば、挿入の逆接形式を使うこともできる。それらのどれをとるかは、話し手の意図が、連体成分をどう後件と関係づけるかによるのである。

(131) a. **比重が1.5の**この物質は　水に入れると　すぐ沈む。
　　 b. この物質は　**比重が1.5なので／1.5で**　水に入れると　すぐ沈む。

　この例の前件と後件との時間的関係は同時であろう。同時・順接の「で」でもいいが、「重い物質だからすぐ沈む」と読める。
　以上本節では、まず制限的連体が条件の連用と対応し、非制限的連体が目的・理由の連用と対応する場合があることを概観し、非制限的連体の場合についていささか詳しく述べた。制限的連体が条件の連用と対応する場合については、次に述べる。

13. 制限的連体と条件構文

本節では制限的連体と条件構文との関係について少し詳しく検討したい。

(132) a. 酒を飲んだドライバーは　車を　運転してはいけない。
　　　b. ドライバーは　酒を飲んだら　車を　運転してはいけない。

　この例の連体成分「酒を飲んだ」は制限的用法で、事柄からして非制限的用法はない。「すべてのドライバーは酒を飲んでいる」とか「すべてのドライバーは車を運転してはいけない」と言っているわけではない。ａの連体成分は「すべてのドライバー」の外延を「酒を飲んだ」ものに制限し、そのような「ドライバー」は「運転してはいけない」というのである。つまり「運転してはいけないドライバー」の条件を提示しているのである。しかし連体成分は、条件を表す「たら」などの形式副詞はとれないから、その条件を明示するのは、ｂのような条件句を含む構文なのであり、こうして連体と連用とは対応するのである。本節はこの制限的連体と条件の連用との対応について検討する。

　なおこの例では「ドライバーは　酒を飲んで　車を運転してはいけない」のようにテ形も使える。けれども、このテ形は、「てはいけない」という否定表現にかかるのではなく、「ドライバーは［酒を飲んで車を運転し］てはいけない」のように「車を運転する」にかかる順接的表現なのである。

13.1. 近接的継起の「と」

　さて条件を表す形式副詞として「と」「ば」「たら」「なら」などがあり、これらの統語論的・意味論的研究はおびただしい数にのぼる（例えば益岡編(1993)には数編の論文とともに詳細な文献目録と研究史概説がある）。本節は条件表現そのものの研究を意図するものではなく、連体と連用の対応という文法現象に関する限りで、条件表現に触れるにすぎないが、「と」や「たら」には条件と言うより、すでに述べた順接的継起のテ形に似た働きもあ

り、それが多用されている。これについてまず触れておこう。

(133) a.　**トンネルを抜けた汽車**は　雪国に　走り込んだ。
　　　b.　汽車は　**トンネルを抜けると／抜けて**　雪国に　走り込んだ。

　aの連体は非制限的用法であるが、これと一次述語文との間に因果関係は認められず、前件と後件とは単純な順行的継起関係にある。そこでbでは順接・継起のテ形が使えるが、「抜けると」のような「と」も使える。つまり「と」は、ある場合にはテ形と交替可能であり、条件と呼ぶにふさわしくない用法を持つ。条件といっても、もちろん仮定条件ではなく、既定条件的である。ただテ形は一般的な継起の表現だが、「と」は**近接的継起**の表現で、前件と後件とに時間的あるいは心理的近接性があるものと考える。前件と後件の時間的関係は「〜とき」による同時、「〜と」による近接的継起、「〜て」による一般的な同時または継起などによって表現しわけているのである（これについては奥津(1987)、中島(1988)を参照）。
　ただ連体成分には「〜と」のような接辞的要素はつかないから、近接的継起を明示することはできないが、次のように後件に近接的継起を表す副詞的要素を置くことはできる。

(134) a.　会社から疲れて帰ってきたお父さんは　**すぐ**　ごろりと　ひっくり返りました。
　　　b.　お父さんは　会社から疲れて帰ってくると　**すぐ**　ごろりと　ひっくり返りました。
(135) a.　腰の投げ銭を抜きとった平次は　**間髪を入れず**　稲葉小僧に投げつけた。
　　　b.　平次は　腰の投げ銭を抜きとると　**間髪を入れず**　稲葉小僧に投げつけた。

　(134)では主文にある「すぐ」が、(135)では主文にある「間髪を入れず」

が、前件と後件の近接的継起関係を表現している。

13.2. 制限的連体と条件の連用

(136) a. 苦い薬は　身体に　よく効く。
  b. 薬は　苦いと／*苦くて／*苦いから　身体によく効く。

　この例は「すべての薬が苦い」と言うわけではないから、連体成分の「苦い」は制限的用法で、したがって連用成分としては「と」による条件句となる。

　固有名詞や「この人」「その本」のように特定の対象を表す名詞がとる連体成分は、多くの場合非制限的で、したがって連用は順接や理由表現である場合が多いようだが、制限的連体であることもある。

(137)　（太郎はふだんはおとなしいが）
  a. 酒を飲んだ太郎は　別人のように乱暴になる。
  b. 太郎は　酒を飲むと　別人のように乱暴になる。

　この例は「太郎」を「酒を飲んだ」時と「酒を飲まない」時とに分け、前者の方に制限した場合の「太郎」について述べたものである。

(138)　（花子は着物を着たりドレスを着たりするが）
  a. 和服の花子は　なかなか　きれいだ。（しかしドレスの場合はきれいではない）
  b. 花子は　和服だと／*和服で／*和服だから　なかなか　きれいだ。

　「花子は頭がいい」というのは「花子」の一般的な属性を述べているので、次の連体は非制限的であろう。したがって対応する連用は条件にはならない。

(139) a. 頭のいい花子は　大学院に　入学した。
b. 花子は　頭がよく／頭がよくて／頭がいいので／*頭がいいと　大学院に入学した。

　もちろん「花子」の個別的臨時的状態を述べる場合であっても、非制限的連体であり得る。そういう場合も連体はテ形または理由句になり、条件句にはならない。

(140) a. 風邪をひいた花子は　今日　学校を　休んだ。
b. 花子は　風邪をひいて／ひいたから／*ひくと　今日　学校を　休んだ。

　次の2例は同じ「4年制の」という連体成分でありながら、制限的と非制限的で違う例である。

(141) a. 4年制の大学は　全国で　365校ある。
b. 大学は　4年制だと／*4年制で／*4年制だから　全国で　365校ある。

　大学には4年制大学と2年制大学がある。(141)aで「4年制の」という連体成分なしに、「大学は全国で365校ある」と言えば、「365」はすべての大学の数になってしまう。しかし実際は2年制を除いた数だから、「4年制の」という連体成分は必要であり、これは制限的用法である。そしてbのようにこれに対応するのは条件の連用成分である。

(142) a. 4年制の本学は　成人教育にも　力を入れている。
b. 本学は　4年制で／*4年制だから／*4年制だと　成人教育にも　力を入れている。

この例の「本学」は個別的存在であり、その一般的属性を「4年制だ」と述べているので非制限的である。そこで対応する連用は条件句ではだめである。また「本学」が、「4年制」であることと、「成人教育に力を入れる」こととには、因果関係は認められないから理由句もだめである。そこで対応する連用は順接のテ形になる。ただしこの場合は連用というより並列構造であろう。

13.3.「いちど」「ひとたび」「いったん」

ここで興味のあるのは「いちど」「ひとたび」「いったん」などの条件の副詞である。

(143) a. **一度起訴された**容疑者は　マスコミから　有罪扱いされてしまう。
　　　b. 容疑者は　**一度起訴されると／されれば／されたら**　マスコミから有罪扱いされてしまう。

容疑者は起訴されない場合もあるから、aの連体は「容疑者」を「起訴された」ものに限定している。そして「起訴された」場合に「有罪扱いされる」と主張しているのだから、aに対応するbの連用は「と」などによる条件表現になる。

そして連体成分にも連用成分にもある「一度」という副詞も、この例では、「一度」「二度」「三度」のような単なる頻度副詞でなく、条件表現の一つである。

すでに指摘したように、連体成分はテンスで終わり、後件との関係を表す接辞的要素である形式副詞はとれないが、一次述語文の方に逆接・理由・近接的継起などの副詞を置いて、前件と後件の関係が明示できる。ところがこの「一度」は前件、つまり連体成分の中に置いて、自らが後件に対する条件句であることを表示するのである。

「いちど」では口語的でもあり、通常の頻度副詞として使われやすいが、

「ひとたび」となれば、ほとんど条件副詞的にしか使われないであろう。
　『長恨歌』にある「廻眸一笑百媚生」を訓読すれば、次のようになろう。

(144)a.　**一たび笑える**楊貴妃は　百の媚（なまめ）かしさ生まれ……
　　　b.　（楊貴妃は）**一たび笑えば**百の媚かしさ生まれ……（吉川（1954）の訓み、太字は筆者）

　『平家物語』烽火の沙汰にも「この后**一たび**ゑめば百の媚ありけり」という訓みがある。
　また荊軻の「壮士一去兮不復還」も次のような訓みが可能であろうし、これも連体と連用の対応がある。

(145)a.　**ひとたび去った**壮士は　もう帰らない。
　　　b.　壮士は　**ひとたび去れば**　もう帰らない。

　これも仮定条件ではなく、既定条件だから「壮士**ひとたび**去ってまた帰らず。」とテ形も可能である。こうしてみると「ひとたび」は和語ではあるものの、漢文訓読に由来する条件副詞であるのかも知れない。「もし」などを渡辺（1971）は誘導副詞と名付けたが、この「ひとたび」なども条件の接辞的要素と呼応して条件句を構成する形式と考えられる。ただ「もし」などは連体成分には含まれ得ないが、「いちど」「ひとたび」は連体成分の中にあって、それが条件句をなすことを明示するのである。
　中国語においても上の漢詩にある「一」は単なる数詞ではない。条件を意味する副詞的形式と考えられる。これは現代中国語でも同様である。
　中島（1990）によると中国語に次のような条件構文がある。

(146)　　J：　ここへ来ると、急に酔いが出る。（『雪国』）
　　　　C：　**一**来到這里**就**醉了

Jは『雪国』からの引用だが、Cはその中国語訳である。日本語原文の条件句を「一来到這里」の「一」によって表現している。ついでながら後件の「就」も前件の「一」に呼応する条件表現と考えられる。

もう一つ漢語の「一旦（いったん）」がある。「**一旦**緩急あれば、義勇公に奉じ」も条件の副詞であろう。話しことばでも次のように使われて、連体と連用とが対応する。

(147) a. **いったん泣き出した**赤ん坊は　なかなか泣きやまない。
　　　b. 赤ん坊は　**いったん泣きだしたら**　なかなか泣きやまない。

言うまでもないことだが、上述の「いちど」「ひとたび」「一旦」などは「二度」「三度」と同じく頻度副詞としても働く。連体成分の場合に、それが条件の副詞であるか、頻度の副詞であるかは、前件と後件の意味関係によるのである。

英語の once にも似た働きがある。一つはもちろん once、twice のような頻度表現だが、次のような例がある。

(148)　**Once** he proposes, he never retracts.（彼は一度言いだしたら、なかなかひかない）

そして Quirk et al (1985) はこの once を if などと同じく subordinating conjunction の一つとしている。

こうして中国語も英語もそして日本語にもよく似た発想による文法現象があるのである。

以上一般述語文における制限的連体が、条件の連用と対応することを見てきた。Thompson(1971)は、英語の関係節構造を、埋め込み構造からでなく、二文の並列構造(conjunction)から派生させることを主張したものであるが、それに反して次のaのような関係節を持つ文は、bのような並列構造からでなく、cのような if-then 構文（条件句構文）から派生されるものであると指

摘した上で、意味論的・統語論的にきわめて興味あるこの問題については、残念ながら見送ることにする、と述べている。

(149) a. Men who smokes pipes look distinguished. (**パイプタバコを吸う男**は偉そうに見える)
　　　b. (Men smoke pipes) (men look distinguished).
　　　c. If a man smokes a pipe, he will look distinguished. (男は、**パイプタバコを吸うと、偉そうに　見える**)

つまり a の関係節は、「男」一般を「パイプタバコを吸う男」に制限する制限的連体だが、だからこそ、単なる並列構造でなく、条件構造になるのではないか。とすると英語でも日本語と同様な連体と連用の対応があることになる。とすれば、彼女の「見送った問題」に、ここで一つの解決を与えたことになるのである。

14. まとめ

以上、本章をまとめると次のようになる。

(150)　連体成分（連体二次述語文）と主文（一次述語文）との意味的関係によって、対応する連用成分（連用二次述語文）は順接・逆接・理由・目的・条件などの標識（形式副詞）を持つ副詞句となる。また連体成分や主文に、逆接副詞・条件副詞など、それぞれの意味を明示する副詞を置くこともできる。また連体構造が制限的か非制限的かも重要な役割を果たす。
　　　共通軸となる名詞は、連体成分の主語であり、かつ一次述語文において主語または目的語である。ただし目的語についてはかなりの制約があるがどのような制約か、特殊語彙的なものか一般化できるものかまだはっきりしない。

第 2 部　特殊な連体と連用との対応―準連体など―

この第2部では、単純に連体と連用の対応とは言えないのだが、名詞句の中のある連体的要素が、同義的な他の文では連用成分となっているような対応現象をとりあげる。その第一が第5章の「不可分離所有と所有者移動」であり、第二が第6章の「不定指示詞構造」であり、第三が第7章の「数量詞移動」である。

第5章　不可分離所有と所有者移動

1. はじめに

　さて本章も、名詞句の中の連体的名詞が、その名詞句から移動して主格成分、つまり連用成分になるという現象をとりあげる。

　それは奥津(1983a)で不可分離所有と関連して「所有者移動」と呼んだ現象である。その後角田(1991)のような研究も出たので、奥津(1983a)を再検討し、補足しながら述べてみたい。

2. 直接受身文と所有者移動

(1) a.　仲人は［花嫁の手］を　とった。
　　b.　［花嫁の手］は　仲人に　とられた。
　　c.　［花嫁］は　仲人に　［手］をとられた。

　a は他動詞能動文である。主語であり動作主である「仲人」の動作「とる」の対象は「花嫁の手」であり、これが目的語である。典型的な他動詞文であるから、b のような受身文ができるはずである。

　b は能動文の目的語である「花嫁の手」を主語に昇格させ、主語である「仲人」を斜格に降格させ、動詞「とる」に「られる」をつけたもので、これが一般的な受身、いわゆる「直接受身」である。だが b のような単純な受身文

ではいささか不自然で、人は非文と感じるかも知れない。しかし次のような文脈があれば十分自然な文である。

（２）　花嫁の手は　仲人にとられて、しなやかにゆれた。

ところが(1)cのように「花嫁」だけを主語にし、「手」を「とられる」の前におけば、それだけでも自然な表現となる。もちろん次のような文脈があれば、より自然な文になる。

（３）　花嫁は　仲人に　手を　とられて　退場した。

(1)のa、b、cの知的意味は同じであると考えられる。つまり「仲人」がいて「花嫁」がいて、「仲人」はその「花嫁」の「手」を「とる」という動作をしたのである。

他動詞能動文と直接受身文の同義性はすでにしばしば指摘されたところで、ただ能動・受動の違いは話し手の「視点」が動作主に置かれるか、対象に置かれるか、であることもすでに説かれている。奥津(1983b)は『枕草子』『徒然草』を資料とし、奥津(1988)は『万葉集』を資料として、この「視点」の立場から受身文を研究したものである。

cは直接受身文としては特殊な形のものではあるが、a、bと同義的であり、さらに後述するが、これも一種の直接受身文と考えたい。

さてこの３文の関係であるが、次の二つの場合が考えられる。

第一は、先ず他動詞能動文のa「花嫁の手をとる」からはじめ、対応する二つの受身文があるとする立場である。つまり次のような立場である。

（４）　　能動文a＜　b 所有物主語の受け身：「花嫁の手がとられる」
　　　　　　　　　　c 所有者主語の受け身：「花嫁が手をとられる」

その受身文の一つは、bの「花嫁の手がとられる」で、能動文の目的語で

あり、所有者の身体部分である「花嫁の手」がそのまま主語に格上げされる通常型の直接受身文である。

　もう一つはcの「花嫁が手をとられる」で、能動文の目的語「花嫁の手」から連体成分である所有者の「花嫁」が移動して、主語つまり連用成分の「花嫁が」となり、「手を」はそのまま目的語として残り、動詞が受身動詞になるという直接受身文のバリエーション、すなわち所有者移動の受身文である。

　第二は、能動文から目的語の「花嫁の手」が主語に格上げされ、通常の直接受身文であるb「花嫁の手がとられる」が派生し、その主語から「手」だけがもう一度移動して「手を」という目的語となり、所有格の「花嫁の」が「花嫁が」となってcの「花嫁が手をとられる」が派生されるという立場である。つまり「所有者」の移動ではなく「所有物」の移動である。

　これは次のように図示されよう。

（5）　a ⟶ b ⟶ c

　結論として私は第一の(4)cをとる。つまりの能動文から直接に連体成分の「花嫁の」が移動して主語となり、連用化して受身文になるのである。

3.　直接受身と間接受身

　前節(1)cおよび(3)の例文は、実は森田(1977)から借りたものである。森田は受身文をいくつかに分類しているが、(3)のような文はいわゆる間接受身と考えているようである。たしかに

（6）　太郎は　雨に　降られた。

は間接受身である。これはおおむね次のような埋め込み構造と考えられる。

（7） 太郎は［雨が降る］られた。

　先ず自動詞文が埋め込まれている。「雨が降る」は自動詞文であるから、他動詞文を前提とし、主語・目的語の文法関係を変えるような直接受身文はできない。また「雨が降る」だけで完結した文であり、「太郎」のような要素は必要としない。「太郎」は主文の主語であり、「られる」はその主語が、補文「雨が降る」が表す出来事によって不利益を受けるという意味を持つ間接受身文を作る述語である。「雨が降る」こと自体は利益・不利益に関係ない中立的な自然現象であるが、間接受身になると、主文の主語が補文の表す出来事によって不利益を受けるという意味になる。いわゆる被害の受身である。間接受身文の意味はもちろん補文の意味と同じではない。

　間接受身文が含む補文は自動詞文に限らない。次のように他動詞文も間接受身文の補文になる。

（8）a.　次郎が　いい論文を　書いた。
　　 b.　太郎は（ライバルの）次郎に　いい論文を　書かれた。

　aは非言語学的な常識からすれば、むしろ喜ばしい出来事を表すが、これを補文とするbは、そのことが主文の主語「太郎」にとって不利益であることを表す。直接受身であれば、他動詞能動文の目的語が受身文の主語になるのだが、間接受身ではbのようにそのまま目的語として残る。このことから、受身文に目的語があることが、間接受身であることの目印になると、一般には考えられており、森田（1977）の場合もそう考えているようである。

　しかし「花嫁が仲人に手をとられる」というのは被害ではない。そこで森田は間接受身にもう一つ「恩恵の受身」とでも言うべきものを加える。だが「仲人に手をとられる」ことは「花嫁」にとって恩恵なのか被害なのか、いっそ仲人でなく花婿さんに手をとってもらいたい花嫁もいるであろう。つまりはこの受身文は利害に関係ない中立的な出来事を表しているのである。

　間接受身文に対して直接受身文は、その形式の持つ言語内的な意味として

は、利害に中立な文であると考えるべきものである。「花子が太郎に殺された。」という直接受身文が被害を表すなどと言うのは、言語外的な社会的通念からする判断によるのであって、直接受身文そのものの意味とは区別すべきものである（これについては奥津（1983b）を参照されたい）。そこで問題の「花嫁の手」の受身文は、間接受身でなく何か他のもの、つまりは直接受身文であると解釈できないだろうか。

4. 不可分離所有の文法と意味

ここで問題の(1)の文を再度示す。

(9) a. 仲人は ［花嫁の手］を とった。
 b. ［花嫁の手］は 仲人に とられた。
 c. ［花嫁］は 仲人に 手を とられた。

cが間接受身文だとして、間接受身文の主語は補文にはないはずであるが、cの主語の「花嫁」は、能動文のaにすでに所有格の形で含まれている。そして間接受身文は被害の意味を持ち、中立的な能動文の意味と違うはずであるが、cはaと同義であり、さらに直接受身文のbとも同義である。ではaのような形の他動詞文は常にcのような受身文になれるか。

(10) a. 仲人は 花嫁の扇子を 拾った。
 b. 花嫁は 仲人に 扇子を 拾われた。

能動文のaは仲人の行為を中立的に述べた文である。場合によっては「花嫁」にとってありがたい行為であろう。しかし所有者が移動したbは「花嫁」にとっての被害を表す間接受身と理解され、利害に中立的で能動文と同義的な直接受身文とは解釈しにくい。

「花嫁の手」と「花嫁の扇子」とでこのような違いが出てくるのは、「手」

が人の身体部分であり、切り離すことのできない部分——**不可分離所有物**(inalienable possession)——であるのに対し、「扇子」はもちろん身体部分でなく、分離可能な疎遠な所有物であるからだと考えられる。つまり所有者移動あるいは連体と連用の対応が可能な条件は、まず所有物が身体部分のような不可分離所有物であることであると言えそうである。なお身体部分以外の所有物についても、場合によっては所有者移動がありそうであることについては後に触れる。ともあれ生物とその身体部分との関係が密接不可分であることは、おそらく普遍的なことであろうから、それが種々の言語の文法や意味に反映することは自然であろう。

　不可分離所有については、早くから言語学者によって注目され、研究されてきている。最近では Fillmore (1968) に詳しい記述があるが、それ以前にも Havers (1911)、Bally (1926)、Frei (1939) などがあるという。また最近では「所有傾斜」についての角田 (1991) の研究が興味深い。

　例えば英語では次のような例がある。

(11) a.　Mary pinched John's nose.

　　 b.　Mary pinched John on the nose.

(12) a.　John's nose was pinched by Mary.

　　 b.　John was pinched on the nose by Mary.

　英語の場合は能動文でも (11) a のように身体部分を目的語とする他動詞文では、b のように目的語の名詞句から身体部分 (所有物) が移動して斜格となり、所有者が目的語となることができる。そして両文は同義的なのである。

　受身文も同様で (12) a、b のように、身体部分でも、所有者でも、その主語になって同義的なのである。おそらく身体部分が移動した b 文の方が好まれるであろう。そして「ジョンの犬」「ジョンの本」のような分離可能な所有ではこのような現象は見られないであろう。

　フランス語でも次のような例がある。

(13) a. Les yeux de Sylvi sont jolie. （シルヴィの目はきれいだ）
　　b. Sylvie est jolie des yeux. （シルヴィは目がきれいだ）
(14) a. Son etoffe est fine. （彼女の布地は上等だ）
　　b. *Elle est fine d'etoffe. （彼女は布地が上等だ）

　(13) a では「目」のような身体部分が主語となっているが、それを移動させ所有者を主語とした b も同義的な文である。日本語訳もまさに所有物移動が行われている。ところが不可分離所有でない (14) a を所有物移動させた b は非文となる。

　上のフランス語の例は形容詞文であるが、日本語の「象の鼻が長い」に対する「象は鼻が長い」などと似ている。所有格の「象」がいわゆる主語上昇して、二重主語構文になる。フランス語は二重主語とはいかないようだし、(14) の日本語訳なら非文にはならないようである。しかしフランス語では不可分離所有の場合にこのような現象があることは注目される。日本語の「象の鼻」構文については、ここでは触れないが、長い間多くの研究が出ていることは言うまでもない。

　英語・フランス語などの他の言語については上述のようであるが、日本語では不可分離所有について後述のように、所有者移動の現象がある。ただし英語では能動文・受身文のいずれにもある所有物移動が、日本語では受身文に限ていることが日・英語の違いということになる。

5. 日本語の不可分離所有と所有者移動

　以上のようにして、日本語では直接受身文の場合に所有者移動つまり連体と連用の対応があるのである。もう少し例をあげ、さらに考察を加えてみよう。

(15) a. 師範生が　山嵐の鼻柱を　殴った。
　　b. 山嵐の鼻柱が　師範生に殴られて（曲がってしまった）。

c.　**山嵐**が　師範生に　鼻柱を　殴られて（すごく怒った）。

　上の3文は同義であろう。「鼻柱」はもちろん身体部分の不可分離所有物で、「殴る」という動作の直接の対象は「鼻柱」であり、したがってaの能動文では、それが目的語になっている。しかし「師範生」は、道端の電柱を殴ったように単に「鼻柱」を「殴った」のではなく、むしろその「鼻柱」の持ち主である「山嵐」を「殴った」のである。「山嵐」の立場からみても、彼自身が「殴られた」のであり、「鼻柱」の痛みは「鼻柱」が感じるのではなく、その持ち主の彼自身が感じているのである。もし「山嵐」の鉛筆が折られても、彼自身は痛みを感じまい。身体部分はまさに単なる所有物ではなく、所有者自身と一体化しており、身体部分に加えられた動作はその所有者自身に加えられた動作と感じるのである。手足がなくても人は生きていける。人は、その身体部分よりも、その所有者である自分自身の方を重要視するであろう。やはり所有者が主であり、所有物は従であるのである。だから「鼻柱」のような身体部分よりも、むしろその所有者である「山嵐」を主語とする受身文の方が好まれるのであろう。

　また身体部分は無生名詞として扱われる。受身文では、有生名詞の方が無生名詞より序列が高く、主語になりやすい。これについては奥津(1983d)奥津(1988)などで詳しく論じた。そこで無生名詞である身体部分を主語にする直接受身文よりも、有生名詞である所有者を主語とする直接受身文の方が好まれるのであろう。さきの「花嫁の手」がそうであり、上例の「山嵐の鼻柱」もそうである。

　以上の理由からして、不可分離所有を含む構文は、能動文の目的語や受身文の主語に、所有物を置くよりも、所有者を置く方をより好むのではあるまいか。

　以下もう少し例をあげておく。

(16)a.　太郎が　**おばあさんの肩を**　もんでいる。
　　b.　おばあさんの肩が　太郎に　もまれて（楽になった）。

c. **おばあさんが**　太郎に　肩を　もまれて（目を細めている）。
(17)a. だれかが　太郎の肩を　ポンとたたいた。
　　b. 太郎の肩が　だれかに　ポンとたたかれた。
　　c. **太郎が**　だれかに　肩を　ポンとたたかれた。
(18)a. 先生が　太郎の頭を　やさしくなでた。
　　b. 太郎の頭が　先生に　やさしくなでられた。
　　c. **太郎が**　先生に　やさしく　頭を　なでられた。
(19)a. 蚊が　太郎の腕を　ところどころ刺した。
　　b. 太郎の腕が　蚊に　ところどころ刺された。
　　c. 太郎が　蚊に　腕を　ところどころ刺された。
(20)a. 太郎は　次郎の右頬に　強烈なパンチをかました。（間接目的語）
　　b. 次郎の右頬は　太郎に　強烈なパンチをかまされた。
　　c. **次郎は**　太郎によって　右頬に　強烈なパンチをかまされた。
(21)a. 太郎は　花子の手に　バラの花束を　渡した。
　　b. 花子の手は　太郎から　バラの花束を渡され（て震えた）。（間接目的語）
　　c. **花子は**　太郎から　手に　バラの花束を渡され（て喜んだ）。

　(16)cは被害の受身ではあるまい。通常の状態では「太郎」による「肩もみ」は「おばあさん」にとって心地よいことであるはずだ。かといってこれを「恩恵の受身」とする必要はない。aもcも「太郎」と「おばあさん」との関係の客観的中立的な描写であろう。無生名詞である身体部分を主語とした直接受身文のbは、もはや恩恵の受身とは言えず、中立的な叙述であろう。無生名詞主語の受身文はあまり好まれないわけだが、それでもbのような文脈があれば、自然な文になる。
　(17)(18)も被害の受身とは言えない。
　(19)(20)は言語外的な要因から被害ととられるだろうが、言語内的な意味としてはやはり中立的と考えるべきである。
　なお(20)b、c、(21)b、cの受身文は、能動文において直接目的語ではな

く間接目的語である「次郎の右頬」「花子の手」が、受身文においてそのままま主語となった受身文、または所有者が移動して主語となり、動作の直接的な対象である所有物はそのまま目的語として残った受身文である。いずれにせよ能動文においては所有者移動はできないが、受身文においては所有者移動ができるのである。

6. まとめ

　英語などでは能動文の目的語で所有物移動が可能であり、所有者が当然受身文において主語となるのであるが、日本語においては、能動文の目的語ではできない所有者移動でも、受身文の主語となれば可能なのである。ここでも　主語≧直接目的語≧間接目的語≧斜格　という関係文法でいう格の序列が保たれている。目的語は可能だが主語では不可能という言語が存在すればその反例となるのだが、それについては分からない。

　なお角田(1991)によれば、所有者昇格(つまり所有者移動)の現象は世界の諸言語に例があるそうで、ニジェル・コルドファニアン語族に属するハヤ語では「所有者昇格は所有者が動作を被った場合にだけ可能である」とHyman(1977)が指摘しているそうである。つまり日本語と同じく受身文においてのみ所有者移動が可能なのである。

　さてしかし問題が残っている。所有者移動は不可分離所有の場合だけ可能なのであろうか。所有・被所有関係は不可分離所有に限らない。不可分離所有と非不可分離所有とで所有者移動に画然たる区別ができるであろうか。

(22)a.　先生は　**その母親の**子供を　ほめた。
　　b.　その母親の子供は　先生に　ほめられた。
　　c.　**その母親は**　先生に　子供を　ほめられた。

　cの受身文は被害の意味を持たないから間接受身とは言えないだろう。そして「子供」は「母親」の文字通りの身体部分とは言えない。しかし母親

と子供のような親族関係は、きわめて密接な関係であることも事実である。とすればこれも所有者移動と考えてもよいのではないか。

(23) a. 担任の先生が　**太郎の絵を**　ほめた。
　　 b. 太郎の絵が　担任の先生に　ほめられた。
　　 c. **太郎が**　担任の先生に　絵を　ほめられた。

　この例での「太郎の絵」はもちろん身体部分ではないが、「太郎」が作り出したいわば分身のようなものであるから、これも所有者移動と考えてもよさそうである。

(24) a. 太郎は　花子の本を　一日中読んだ。
　　 b. ?花子の本は　太郎に　一日中読まれた。
　　 c. ?**花子は**　太郎に　本を　一日中読まれた。

　上例のｂが不自然なのは、日常の話しことば的な文で、無生名詞が主語であるためであろう。そして形の上では所有者移動の受身文と見えるｃも不自然な文である。ただしｃが被害の意味を持つ間接受身文なら、正文であろう。この場合の「本」は「花子」の所有物であるかどうかは不明である。「太郎」が自分の本を「一日中読んで」そのために「花子」が迷惑したという場面かも知れない。「本」とその所有者との関係は親族関係や創作物関係よりも遠い関係であることは言うまでもなかろう。
　このようにして所有者と所有物との関係には、身体部分のように不可分離なものから始まって、その距離が次第に遠くなるという序列があり、それにしたがって所有者移動も可能・不可能が決まるのかも知れない。「持ち主の受身」などとよく言われる現象でもある。このような所有関係の序列については角田(1991)の敬語を中心にしての詳細な研究がある。角田を手がかりにしながら所有者移動の問題をさらに考えなければならないだろう。
　しかしともかく不可分離所有の受け身では、能動文の目的語にある連体成

分が、受け身文になると主語という連用成分になるという、連体・連用の対応があるのである。

第6章　不定指示詞構造

1. 不定指示詞構造

　本章は不定指示詞構造について述べる。

（1）a.　巨人と阪神と［**どっちか**　打力の強いチーム］が優勝する。
　　　b.　巨人と阪神と［打力の強いチーム］が［**どっちか**］優勝する。

　上例のaもbも、巨人・阪神戦で引き分けでなければ「どっちか」が勝つわけである。「どっちか」は「阪神か巨人か」をどちらと決めずに、どちらかを不定に指示する不定指示詞である。
　その「どっちか」をさらに「打力の強いチーム」と具体的に述べているわけであるが、「打力の強いチーム」と言っても、「阪神」とも「巨人」とも特定しているわけではない。
　そしてa、b統語的な形は違っても、どちらも同義の文である。
この「どっちか」と「打力の強いチーム」をまとめて一つの名詞句にしたのがaの「どっちか　打力の強いチーム」である。この名詞句から「どっちか」が外に移動し、副詞的に働いているのがbである。つまり**不定詞指示詞移動**である。
　ただしaの名詞句は、これまでのような連体構造ではない。従って文字通りの連体と連用の対応とは言えない。

名詞句の「どっちか　打力の強いチーム」では「どっちか」と「打力の強いチーム」とは同格に並列しているように見えるが、bでは「打力の強いチーム**が**」と「が」をとって、それが主語であることを明示しており、「どっちか」は格助詞なしで述語にかかっているように見える。

　そこでaの名詞句においては、統語上・意味上「打力の強いチーム」が主で「どっちか」は従であると考えられる。つまり連体構造における連体成分が、主名詞に対して従的なのと似ているから、これを「**準連体**」と呼ぶことにする。

　さすれば(1)のa、bは連体・連用の対応の亜種と考えてよい。
奥津(1985b)はこの不定指示詞移動を論じたものである。そしてその前に不定指示詞一般について論じたのが奥津(1984)奥津(1985a)である。

　そこでまず不定指示詞とは何かについて述べよう。

2.　不定指示詞とは

　いわゆる「コ・ソ・ア・ド」についてはすでにかなりの研究がある。その主な文献の再録と詳細な解説をしたものに金水・田窪(1992)がある。

　ただし「コ・ソ・ア」についての研究が多く、「ド」については従来あまり研究がなされていないようである。以下「ド」について簡単に述べる。詳しくは上記奥津の文献をお読みいただきたい。

　「どっち」「どれ」「だれ」「どこ」などは疑問詞とよく呼ばれるが、「不定指示詞」(上記奥津の論文では「不定詞」と呼んだ)と呼ぶべきであろう。断っておくが品詞論として不定指示詞をたてようというわけではない。「コ・ソ・ア」は指示詞と呼ばれるが、これも品詞論としてたてる必要はない。「これ」「それ」「あれ」などは名詞であるし、「こう」「そう」「ああ」などは副詞である。つまり指示詞とは交差分類になってしまう。ただこれらが「指示」という特殊な機能あるいは意味を持っているから仮に指示詞と呼ぶのである。

　「ド」も指示詞の一つではある。しかし「コ・ソ・ア」が、物理的・心理的空間の特定の領域において、単数または複数の対象を指示するのに対し、

「ド」はそのような特定の対象を指示するのではない。その意味でまず不定指示詞なのである。

　そして不定指示詞は複数の指示対象を持つが、その対象の間の関係も不定であり、次に述べる4種の統語的な型において現れて、その関係が特定化するという性質を持っている。以下「ド」を「Wh」と表記するが、その四つの型というのは次のaからdまでのようなものである。それ以外のeは非文になる。

（2）a.　巨人と阪神と　**どっち**が　優勝するか？(Wh〜か？型)
　　　b.　巨人と阪神と　**どっちか**が　優勝する。(Whか型)
　　　c.　巨人と阪神と　**どっちも**　優勝しない。(Whも型)
　　　d.　巨人と阪神と　**どっち**が優勝し**ても**、おもしろくない。
　　　　　　　　　　　　　　　　　　　　　　　(Wh〜ても型)
　　　e.　*巨人と阪神と　**どっち**が　優勝する。

　そして不定指示詞が使われる場合には、言語的あるいは非言語的文脈において、その不定指示詞が指示する対象が原則として存在していなければならない。これを「**前提集合**」と呼ぶことにする。

（3）　どっちが　優勝するか？

とだしぬけに問われても答えようがない。(1)aのように「巨人と阪神と」などと、「どっち」の場合は2項目の指示対象が明示されて、はじめて答えることができる。つまり「どっち」は「巨人」「阪神」の2項目を「巨人」とも「阪神」ともきめずに、不定に指示するのである。「どっちか」「どっちも」「どっちが…ても」も同様である。いずれも「どっち」が指示する2項目の前提集合が明示されなければ、不十分である。

　次に四つの用法だが、まずaはいわゆるWh疑問文である。Whは疑問文に多用されるから疑問詞などと言われたのだろうが、この文が疑問文であ

るのは文末詞の「か」によるのであって、「どっち」によるのではない。事実 b、c、d は疑問文でなく平叙文である。「どっち」はその前にある「巨人」「阪神」を指示するが、その 2 項目の関係は不定である。疑問文末詞の「か」がつくことによって、話し手が聞き手にこの 2 項目の中のひとつの選択を求める Wh 疑問文になるのである。これは「巨人が優勝するか？ 阪神が優勝するか？」と二つの Yes-No 疑問文を並列させて、その一つの選択を要求する疑問文と同じで、いずれも選択疑問文なのである。奥津(1973)は「どちら」「どれ」「どこ」などを使う Wh 疑問文を、上述のように Yes-No 疑問文の複数の並列構造から説明し、**択一並列疑問文**と呼んだ。さらに「巨人が優勝するか？ 阪神が優勝するか？ どっちが優勝するか？」と 3 文を並列しても同じことである。

　b の「どっちか」は「阪神か巨人か（が優勝する）」という選択並列名詞句と同じ働きをする。そして「どっち」に後接する「か」は「巨人か阪神か」の「か」と同じ選択並列詞の「か」である。つまり「どっち」が指示する 2 項目は、「か」によって選択関係にあることになる。さらに言えば「巨人か阪神かが　優勝する」は「巨人が優勝するか、阪神が優勝するかする」のような 2 文の選択並列構造と等価であり、奥津(1973)は「か」による並列名詞句と選択並列文とを関係づけて、**選択並列結合**と呼んだ。

　c の「どっちも」の「も」は、「巨人も阪神も」の「も」と同じとりたて詞の「も」で、「どっち」が指示する 2 項目が 2 項目とも優勝しないことを意味する両立並列構造をつくる。そしてさらに c は「巨人も優勝しないし、阪神も優勝しない。どっちも優勝しない。」などという並列文と等価なのである。

　もっとも「Wh も」の型は常に否定文になるわけではない。「巨人も阪神も強い」も正文である。

　d は逆接接続構造であるが、「巨人が優勝しても、おもしろくない。阪神が優勝しても、おもしろくない。」という「～ても」による逆接文を含む 2 文の並列と等価で、「どっち」はやはり「阪神」「巨人」を不定に指示するのである。またこの 2 文の後に「どっちが優勝してもおもしろくない。」を加

えても結局は同義である。
　以上の四つの型は「どれ」「どこ」「だれ」「なに」など他の不定指示詞についても原則として同じである。

3. 不定指示詞同格構造と不定指示詞移動

　さてそこで問題の不定指示詞移動であるが、これは上の四つの型の中のb、「どっちか」「どれか」「どこか」など「Whか」、つまり選択並列名詞句の用法と関わる。「Whか」も便宜上不定指示詞と呼んでおくが、これらが名詞であることは、次の例からも明らかであろう。

(4)a.　太郎と次郎の **どっちかが** 来たらしい。
　　b.　コーヒー・紅茶・ミルク **どれかを** 飲みたい。
　　c.　アメリカかヨーロッパか東南アジアか、**どこかへ** 行こう。

　つまりどの「Whか」も格助詞をとって、主語、目的語、移動の目標などとして働いている。
　そしてこれらが名詞であれば、連体構造の主名詞になれるはずである。

(5)a.　**だれかが** この仕事を手伝ってくれる。
　　b.　この仕事を手伝ってくれる**だれか**（がいてくれればいいが。）
(6)a.　闇の中に **なにかが** 怪しく光っている。
　　b.　闇の中に怪しく光っている**なにか**（をみた。）

　つまり奥津(1974)のいう同一名詞連体あるいは内の連体で、aの主語名詞「だれか」「なにか」はいずれも文末に位置して主名詞となり名詞句をつくる。
　しかし原則として主名詞になれるとしても、「Whか」の場合はどこか不自然な感じのものもある。

(7)a. コーヒーか紅茶か　ぼくは　**どっちかが**　飲みたい。
　　b. ?コーヒーか紅茶か　ぼくが飲みたい**どっちか**（を持ってきてください。）
(8)a. このクラスで　**だれかが**　英語が話せる。
　　b. ?このクラスで　英語が話せる**だれか**（に頼もう。）

　普通の名詞なら問題なく主名詞になるところだが、「Whか」の特殊性の故か、不安定なのである。そこで不定指示詞の場合は特殊な表現がある。

(9)a. コーヒーか紅茶か　君は　どっちかが　好きだ。
　　b. コーヒーか紅茶か［君が好きなどっちか］（を飲んでくれ。）
　　c. コーヒーか紅茶か［どっちか　君の好きな方］（を飲んでくれ。）

　bはやや不自然だが一応正文として、bとcとの知的意味は同じであろう。しかし統語的な構造はもちろん異なる。bの主名詞であった「どっちか」はcでは前方に移動し、その結果主名詞を失った連体成分の「君の好きな」は、それだけでは自立できないので、新たな主名詞としていわゆる形式名詞の「方」をとり、やや形をかえて「どっちか　君の好きな方」という名詞句となる。この場合の主名詞は「方」が最も適当であろうが、「の」「もの」などでもよかろう。要は前提集合の要素である「コーヒー」と「紅茶」の意味に矛盾せず、そのどちらをも指示し得る、より抽象的な名詞を選べばよいのである。
　cの「どっちか君の好きな方」は全体として名詞句であろうが、その内部構造は一種の同格名詞構造と考えられる。まず「どっちか」はやはり名詞句であろう。そして「君の好きな方」も前提集合の2項目を不定に指示する。つまり「コーヒー」または「紅茶」を指示する。だから「どっちか」と「君の好きな方」は同一対象を指示し、同格に前後して並んでいると見るべきであろう。これを**不定指示詞同格構造**と呼ぶことにする。
　なぜ「Whか」にこのような特殊な構造があるかと言えば、不定指示とい

う不安定な意味によるのであろう。もし安定した普通の名詞であれば、通常の連体構造でよいので、次のように同格構造は非文になる。

(10)a. ［君の好きな**飲み物**］を飲んでくれ。
 b. *［**飲み物** 君の好きな方］を飲んでくれ。(cf.［どっちか 君の好きな方］)

不定指示詞移動はこのような不定詞同格構造から生じる。本章冒頭にあげた(1)のa、bの例がそれである。次の例もそれである。

(11)a. コーヒーか紅茶か［**どっちか　君の好きな方**］を 飲んでくれ。
 b. コーヒーか紅茶か［**君の好きな方**］を［**どっちか**］飲んでくれ。

bでは目的語は格助詞の「を」をとっている「君の好きな方」である。「どっちか」は意味の上ではやはり目的語的であり、また「君の好きな方」と同一物、つまり「コーヒー」または「紅茶」を指示してはいるが、この文の中では名詞とみるより副詞的である。つまり連用である。
「どっちか　君の好きな方」を同格構造とは言ったが、こうしてみると両者の間におのずから主従関係がありそうである。つまり名詞句から移動するのは「Whか」の方で、移動した結果は名詞的性格を失って副詞化してしまう。したがって同格とは言っても「君の好きな方」を主とし「どっちか」を従とするのである。
「どっちか」を「君の好きな方」に対する連体成分とみる可能性もあるかも知れないが、ここでは統語上は連体成分ではないが、意味上は主従関係にある同格構造とみたい。ただ従であるという点で連体に近くなっていると思う。故に**準連体**と呼ぶのである。
以上のようにして、不定指示詞同格構造からの不定指示詞移動は、連体から連用への移動ではないにせよ、それに準ずるものと考えられるし、名詞句からの従的な要素の移動であるという点では連体移動と似た現象である。そ

して準連体・連用の対応である。

　以下にもう少し例をあげておく。

(12) a.　この中で　どれか　気に入ったのを　おとりください。（どれ）（を格）
　　 b.　この中で　気に入ったのを　どれか　おとりください。
(13) a.　彼女には　なにか　耐えきれないことが　あったに違いない。（なに）（が格）
　　 b.　彼女には　耐えきれないことが　なにか　あったに違いない。
(14) a.　今晩は　なにか　おいしいものを　食べよう。（なに）（を格）
　　 b.　今晩は　おいしいものを　なにか　食べよう。
(15) a.　**だれか　あの気球を潰して来る者**は　いないか。（だれ）（が格）
　　 b.　**あの気球を潰して来る者は　だれか**　いないか。
(16) a.　この研究のために　だれか　有能な助手を　雇いたい。（だれ）（を格）
　　 b.　この研究のために　有能な助手を　だれか　雇いたい。
(17) a.　**どこか　ゆっくり休めるところ**が　ありますか。（どこ）（が格）
　　 b.　**ゆっくり休めるところが　どこか**　ありますか。
(18) a.　別荘用に　どこか　静かな土地を　買いたい。（どこ）（を格）
　　 b.　別荘用に　静かな土地を　どこか　買いたい。
(19) a.　夕方　どこか　静かなところを　散歩しよう。（どこ）（を格）
　　 b.　夕方　静かなところを　どこか　散歩しよう。

　上例は「どれか」「なにか」「だれか」「どこか」などの不定指示詞が、が格・を格である場合の例である。それ以外はどうか。

(20) a.　太郎か次郎か　どっちか　強い方に　味方しよう。（に格）
　　 b.　?太郎か次郎か　強い方に　どっちか　味方しよう。
(21) a.　ごほうびを　だれか　よく勉強する子に　あげましょう。（に格）

b. ?ごほうびを　よく勉強する子に　だれか　あげましょう。
(22)a.　おや、車が　なにか　変なものに　ぶつかったよ。(に格)
　　b. *おや、車が　変なものに　なにか　ぶつかったよ。
(23)a.　花子と善子と　どっちか　きれいな方と　デートしよう。(と格)
　　b. *花子と善子と　きれいな方と　どっちか　デートしよう。
(24)a.　この手紙は　だれか　知らない人から　もらった。(から格)
　　b. *この手紙は　知らない人から　だれか　もらった。
(25)a.　どこか　静かなところで　余生を過ごしたい。(で格)
　　b. *静かなところで　どこか　余生を過ごしたい。
(26)a.　どこか　眺めのいいところまで　行こう。(まで格)
　　b. *眺めのいいところまで　どこか　行こう。

　以上の例の文法性の判定には、人によって違いがあるかも知れないが、おおむね非文としてよいのではないか。
　「に格」には周知のように多くの用法があり、上例の「に格」もまったく非文とすることはできないと感じられるものもありそうだ。時点格の「に」の場合には、次のように移動可能のものと不可能のものとがあるようだ。

(27)a.　いつか　暇なときに　また会いましょう。
　　b.　暇なときに　いつか　また会いましょう。
(28)a.　いつか　雨が降った日に　君とはじめて会ったね。
　　b. *雨が降った日に　いつか　君とはじめて会ったね。

　以上の例からすると、不定指示詞移動は原則として「が格」と「を格」の場合に可能であり、それ以外は不可能ということになる。
　また「が格」「を格」のように呼んだが、格助詞の形による表層的な格において考えるか、主語・目的語のようなより深いいわゆる文法関係において考えるかは問題のあるところだ。(19)の「散歩する」は自動詞であろうから、「どこか静かなところを」は目的語とはしにくいが、不定指示詞移動は

可能のようである。だからあまり狭い意味での文法関係を考えない方がいいが、かといって無条件で「を格」が移動可能と言えないところがある。また「に格」でも、間接目的語というより(27)のように時格の場合に移動が可能の場合もある。しかしその辺はあまり厳しく考えず、主語・目的語の優位は動かせないところで、不定指示詞移動は原則として主語・直接目的語の場合に可能であるとしておく。

　この不定指示詞移動に限らず、本書で述べる連体と連用の対応を中心とする種々な文法現象は、原則として主語・目的語の場合に可能であるという制約がある。これはKeenanとComrieの関係文法の原則で、日本語に限らず多くの言語の種々な文法現象に適用できる一般的な原則なのである。つまり種々な文法現象においてそれを可能にする「主語≧直接目的語≧間接目的語≧その他の格」のような文法関係の序列があるというのである。

4. まとめ

　以上本章は必ずしも連体と連用の対応ではないが、不定指示詞同格構造という名詞句の中の意味的には従である不定指示詞が、その名詞句の外にあって連用成分になっても、その2文が同義的である現象を述べた。つまり準連体と連用の対応である。

　なお以上述べたことは、韓国語についてもおおむねあてはまる。これについては奥津(1995b)奥津(1995c)を参照していただきたい。

　ついでに不定指示詞構造ではないが、似たような現象をあげておく。「内閣総理大臣　村山富市氏」も一種の同格構造であろうが、やはり「村山富市氏」が主であるようで、準連体と連用の対応を持つ。

(29) a.　内閣総理大臣　村山富市氏は　中東諸国を訪問した。
　　 b.　村山富市氏は　内閣総理大臣として　中東諸国を訪問した。

　つまり同格名詞ではあっても、意味上は従的な「内閣総理大臣」の方が移

動するのであるが、不定指示詞とは違うので、「～として」のような一種の格助詞をつけなければならない（なおこれについては奥津（1974）を参照していただきたい）。

第7章　数量詞移動

1. 数量詞移動とは

（1）a.　昔ある所に［子豚3匹］が　住んでいました。（NQC 型）
　　 b.　昔ある所に［3匹の子豚］が　住んでいました。（Q ノ NC 型）
　　 c.　昔ある所に［子豚］が［3匹］住んでいました。（NCQ 型）
　　　　（N は名詞、Q は数量詞、C は格助詞）

　奥津（1969）は上の3文を、統語構造は違うが、同義の文と見て、a の名詞句「子豚3匹」から数量詞の「3匹」が移動して、c になるという変形規則、つまり〈NQC 型〉から〈NCQ 型〉への変形で、この2文の関係を説明した。数量詞は本来は名詞であろうが、移動の結果の「3匹」は副詞的な、つまり連用成分となる。

　以後多くの研究が出たが、変形を認める立場の殆どは、b の「3匹」を連体成分とする連体名詞句「3匹の子豚」からの数量詞移動、つまり〈Q ノ NC 型〉から〈NCQ 型〉への変形としている。この立場だと、まさに連体と連用とが対応することになるのだが、後に述べる理由で、奥津（1969）は a を基底形とし、b からの数量詞移動と考えた。

　「子豚3匹」というのはいささか固い書きことば的表現であるが、「3匹の子豚」の方もいささかバタくさい表現である。日本語として最も自然な文は、数量詞が移動した c であろう。しかし事柄としての3文の意味は同じで

あるから、その関係を移動という操作的概念で説明しようというわけである。しかしどれが基底形で、どれが派生形か、という議論を避けて、構造の違う3文に対応関係があり、それがどのような対応であるかを説明するというのでも、それはそれでよいと思う。

ともあれ奥津が基底形とした「子豚3匹」の「子豚」と「3匹」とは、一種の同格構造をなすのだが、意味上・統語上はやはり「子豚」が主で、「3匹」は従であり、だからこそ「3匹」の方が移動して、「子豚」の方は主語として残るのである。つまり「3匹」を準連体とし、「子豚」を準主名詞とするのである。

また上例の3文について、次のように「子豚」は数量詞なしでも使えるが、「3匹」の方は、文脈があれば別だが、「子豚」なしでは使えない。

(2) a.　昔ある所に　**子豚が**　住んでいました。
　　 b.　昔ある所に　**3匹が**　住んでいました。
　　 c.　昔ある所に　**3匹**　住んでいました。

数量詞というものは、まず名詞があって、その名詞の指示対象の数量的側面を表現するものであって、この点でも、両者の主従関係は明らかである。

「3匹の子豚」のような連体名詞句の場合は、統語上は「子豚」が主名詞で「3匹の」はそれにかかる連体成分であり、意味上ももちろん「子豚」が主で「3匹」は従である。同格構造からの数量詞移動にせよ、連体構造からの数量詞移動にせよ、名詞句からの数量詞の移動という点でも、名詞と数量詞との意味上の主従関係という点でも、同格構造からの移動は連体構造からの移動と共通点があるのである。

この点では第6章の不定指示詞同格構造と似ている。

(3) a.　巨人と阪神と［**どっちか**　打力の強い方］が　優勝する。
　　 b.　巨人と阪神と［打力の強い方］が［**どっちか**］優勝する。

不定指示詞の「どっちか」は、aでは「打力の強いほう」と形の上では同格に並んで名詞句をつくるが、意味上は「どっちか」の方が従であり、その故であろうが、bでは不定指示詞の方が名詞句から移動して、連用成分となるのである。つまり統語上も不定指示詞の方が従なのである。

話を数量詞移動に戻せば、移動の結果の数量詞は、統語的にはたしかに副詞的な性格になるが、述語に対して意味的にそれを修飾するとは言えないだろう。(1)cの例で言えば、「3匹」が、「住んでいる」という動詞に対して、意味的にも本来述語を修飾する様態副詞であるとか、程度副詞であるとか、頻度副詞であるとかは言えない。意味的にはやはり移動前の名詞とかかわり、その数量的側面を表現しているのである。川端(1967)が、「1度」「2度」のような「度数副詞」と「1匹」「2匹」のような「個数副詞」との違いを指摘し、前者は述語に対する逆述語であっても主語に対する述語ではなく、後者は主語に対する述語であっても述語に対する逆述語ではない、と述べているのも、このことの指摘であろう。つまり「3匹」は、移動の後も主語の「子豚」に対して「子豚は3匹だ」と二次述語的な役割を果たしているのである。

2. 数量詞移動の制約

さて数量詞の移動を、連体名詞句からの移動と考えるにせよ、同格名詞句からの移動と考えるにせよ、無条件で移動が可能であるわけではない。その条件を、〈1.格、2.数量詞の移動先、3.述語、4.定名詞句と不定名詞句、5.部分数量詞、6.属性Qと数量Q〉などについて考えることにする。

2.1. 格の制約

先ず第一に格あるいは文法関係に関する制約がある。

数量詞移動は原則として主語または目的語の名詞句からの移動に限られるのである。

次に移動可能なものの例を少しあげよう。

(4)a.　昨日　学生5人が　先生の家に来た。（主語）
　　b.　昨日　学生が　5人　先生の家に来た。
(5)a.　机の上に　本3冊が　ある。（主語）
　　b.　机の上に　本が　3冊　ある。
(6)a.　田中さんには　子供2人が　ある。（主語）
　　b.　田中さんには　子供が　2人　ある。
(7)a.　太郎は　昨日　本3冊を　買った。（目的語）
　　b.　太郎は　昨日　本を　3冊　買った。
(8)a.　僕は毎日　コーヒー3杯を　飲む。（目的語）
　　b.　僕は毎日　コーヒーを　3杯　飲む。

　(6)の「子供2人」は主語なのか、所有の意味の「ある」の目的語なのか、議論のあるところである。Shibatani (1976) 柴谷 (1978) は

(9)　田中さんには　子供が　2人　おありになる。

のような尊敬語形が可能なので、主語はむしろ「田中さん」であり、「子供」は目的語であるとしている。そして次の例をあげる。

(10)a.　これらの3人の学生に、フランス語が　わかります。
　　b.　*これらの学生に、3人　フランス語が　わかります。
(11)a.　これらの3人の学生が、フランス語が　わかります。
　　b.　これらの学生が、3人　フランス語が　わかります。

　上の(10)bが非文になるのは、「学生」が主語であっても、「に」という表層格をとっているからであるとし、(11)bが正文であるのは「学生」が「が」格をとっているからであるとした。そこで数量詞移動は、文法関係でなく、表層の格により可能となることを主張した。
　ただし(11)のaとbとは意味が違うようである。「これらの3人の学生」

は定名詞句であり、後に述べる「定名詞句からの数量詞移動」であるから移動ができないという別の制約によるのではないだろうか。

　Harada(1976)は柴谷の主張に対して、やはり文法関係が数量詞移動を制約すると反論している。塚本(1986)は数量詞移動に関する韓国語との対照研究であるが、やはり柴谷を批判して、文法関係をとるべきことを主張している。

　文法関係をとるか、表層格をとるか、は微妙な問題があって簡単には決めがたい。自然言語にはどんな場合にも境界に曖昧なところがあって、単純な一般化はできない。かといってまったく規則性がないわけではない。数量詞移動についても文法関係の制約はまちがいのないところで、明らかな主語・目的語であれば、移動は可能である。それに加えて表層格に関する制約も働く場合があるかも知れないのである。Kuno(1978)も、数量詞移動の条件を、文法関係と表層格の両方について見る必要があると述べている。

　さらに次のような例がある。

(12)a.　太郎は　東南アジアの国５カ国を　旅行した。（移動格）
　　b.　太郎は　東南アジアの国を　５カ国　旅行した。

　(12)の「東南アジアの国」は、目的語というより移動自動詞文の移動の場所を示す移動格の名詞であろう。にもかかわらず数量詞移動ができるということは、柴谷の表層格説を裏付けることになる。しかしこのような移動自動詞文は、ごく弱い他動性を持っており、移動格の名詞も弱い目的語であると解釈する可能性もある。とすれば、目的語であるから数量詞移動ができるという文法関係の条件を満たすことになる。このような例を見ると文法関係と表層格とは接近するところがあるわけである。

　間接目的語あるいは「に」格の名詞句からの数量詞移動は、種々議論されてきた。

　奥津(1969)は、間接目的語からの数量詞移動はできないことを指摘したが、井上(1978)も次の例をあげている。

(13) *私はこの辞書を少年たちに数人プレゼントした。

しかし Kuno (1978) は次の例は全くの非文ではないとしている（原文ローマ字）。

(14) a.　4、5人の友達に　手紙を　書いた。
　　 b. ?友達に　4、5人　手紙を書いた。

いずれにせよ間接目的語からの数量詞移動にはかなりの制約があるようだ。
　Shimozaki (1989) は、次の (15) のように、井上の (13) の語順を変えて、間接目的語を直接目的語の後に置けば、文法性が高まるとする。

(15) ?私は　少年たちに　数人　この辞書をプレゼントした。

この判定も難しいが、与え動詞文では「〜が〜に〜を」の語順が基本的であることは確かであろう。Haig (1980) はこのように文中における格の順序を数量詞移動の可能性の制約としているようである。
　間接目的語のほかにも使役文の被使役者、受身文の動作主など「に」格をとる名詞句からの数量詞移動にも強い制約がありそうだ。

(16) a.　先生は　学生10人に　レポートを書かせた。
　　 b. ?先生は　学生に　10人　レポートを書かせた。
(17) a.　先生が　教室で　学生5、6人に　取り囲まれている
　　 b. ?先生が　教室で　学生に　5、6人　取り囲まれている。

(17) b などは、むしろ「先生」の数が「5、6人」という読みのほうが自然で、これなら主語からの数量詞移動ということになる。
　以上のように、「に」格をとる名詞句からの数量詞移動もかなり強い制約

がありそうである。

さらに「と」「で」「から」などの格助詞をとる名詞句からの数量詞移動も、難しそうである。

(18) a. 田中先生は **学生5人と** セミナーをしている。(共同格)
　　 b. *田中先生は **学生と　5人** セミナーをしている。
(19) a. 太郎は先週 **女子学生7人と** デートした。(対称格)
　　 b. *太郎は先週 **女子学生と　7人** デートした。
(20) a. 一行は **バス3台で** 箱根に向かった。(手段格)
　　 b. *一行は **バスで　3台** 箱根に向かった。
(21) a. 先生は **市内の大学3校で** 講義をしている。(所格)
　　 b. *先生は **市内の大学で　3校** 講義をしている。
(22) a. **フィルム1本から** 12枚とれます。(起点格)
　　 b. ***フィルムから　1本** 12枚とれます。

ただしこれらの例文の判定にも個人差があるかも知れない。また次の「デパートで」は明らかに所格であろうが、これはよさそうである。

(23) a. 昨日 **市内のデパート2店で** 火災が発生した。(所格)
　　 b. 昨日 **市内のデパートで　2店** 火災が発生した。

ともあれ以上のように、格との関係で数量詞移動の制約があることは確かであるが、主語・直接目的語以外の格については、文法性の判定にゆれがあるとしても、おおむね強い制約があると考えてよかろう。

2.2. 数量詞の移動先の制約

さて格の制約が許せば、数量詞はどこへでも移動できるのだろうか。奥津(1969)は次のような例をあげている。

(24) a. 太郎は 本を 3冊 買った。
　　 b. 本を 太郎は 3冊 買った。
　　 c. 3冊 太郎は 本を 買った。
　　 d. 太郎は 3冊 本を 買った。

　このように数量詞はかなり自由に移動するのではあるが、移動規則としては、移動元の主語または目的語の名詞の直前か直後に移動させる規則を書いた。つまり上のaとdである。紙数の都合もあって十分な説明はできなかったが、名詞に隣接する位置を先ず定めたのである。しかし隣接といっても、名詞に先行するdよりも、その直後に置かれるaの方がよりよい位置である。bとcとは数量詞移動ではなく、bは移動後の名詞がいわゆるスクランブルでさらに文頭に移動し、cは移動後に数量詞がさらに文頭にスクランブルしたものである。
　しかし問題はそれほど単純ではない。

(25)　保母さんが 3、4人 園児を 公園に連れていった。

　この文では数量詞は主語から移動したとも、目的語から移動したとも解釈できる。自動詞文・他動詞文、その他種々な要素を含んだ文について、さらに数量詞の移動先を検討しなければならない。事実そのような研究もなされているが、その一つが上にも触れたShimozaki(1989)である。彼は、数量詞移動を含む37の例文の許容度を、15人のインフォーマントについて調査した。その例文をいくつかあげる(原文はローマ字)。

(26) a. 手紙を 友達に 4、5人 書いた。
　　 b. 友達に 4、5人 手紙を 書いた。
　　 c. 友達に 昨日 4、5人 手紙を 書いた。
　　 d. 友達に 4、5人 昨日 手紙を 書いた。
　　 e. 手紙を 4、5人 昨日の朝から晩まで 友達に 書いた。

これは「に」格の名詞による「友達に書く」という表現で、「に」格名詞の制約については上述したが、これらの例文などによって調査したものである。

　その結果、数量詞移動の可能性についての重要な条件は、「隣接性の条件」であるという。aよりbの方が許容度が高いのは、語順によるのだろうが、名詞と数量詞に「昨日」が介在しているcより、その介在がないdの方が許容度が高いのは、隣接性の条件によるのであろう。特に長い副詞句が介在したeがきわめて許容度が低いのは、語順と隣接性の双方の条件によるのであろう。詳しく紹介はできないが、まずは妥当な結論であると思う。

　注目すべきは許容度に関する調査の結果で、彼はそれを4段階に分けるのだが、ゼロも4もなかった。きわめてゼロに近いものと、きわめて4に近いものとは当然あった。

　研究者は、文法性について自己の判断によって仮説を立て、論を進めていくことが多いのだが、その判断はできる限り慎重であるべきであり、できる限り客観的であるべきである。調査の仕方もまた問題ではあろうが、Shimozaki (1989) のような方法による結論は尊重すべきものである。

2.3. 述語の制約

　格の制約以外に、述語についての制約もありそうである。Harada (1976) は状態性述語の文からは数量詞移動ができないと述べている。

　まずHaradaの例をあげる（原文はローマ字）。

(27) a.　2、3人の生徒が／は　頭がいい。
　　 b.　*生徒が／は　2、3人　頭がいい。

　しかし次のような例は正文であることも指摘している。ただしこの場合の「欲しい」は状態性の述語ではなく、この文は一種の他動詞文で、「5匹の猫」は目的語であって、それ故に移動可能なのだとしている。

(28)a.　私は　5匹の猫が　欲しい。
　　b.　私は　猫が　5匹　欲しい。

　また矢澤(1985)も次のような例をあげて、述部が動詞句以外のとき、数量詞は連用成分になりにくいとしている。

(29)a.　?ココニイル女性ハ　5人　高校ノ先生ダ
　　b.　ココニイル女性5人ハ　高校ノ先生ダ
(30)a.　?アノ台ノ上ニ並ンダ牛乳ハ　5本　古イ
　　b.　アノ台ノ上ニ並ンダ5本ノ牛乳ハ　古イ

　矢澤によれば、aの名詞述語や形容詞述語の場合は、連用成分では不自然のようであり、bの方は数量詞が名詞句の中にあるが、これなら自然な文である、と言う。
　しかし次節で述べるように、定名詞句からの数量詞の移動は許されないという制約があり、(29)(30)のaとbは同義ではなく、またaは必ずしも非文ではなく、「ここにいる女性は　5人が　高校の先生だ」ならまず正文であろう。
　また矢澤は、「全員」「ほとんど」などの総量や概数を表す数量詞、また「ほしい」のような他動詞的な形容詞なら、自然であると指摘している。

(31)　ココニイル10人ノ女性ハ　全員　高校ノ先生ダ。
(32)　リンゴガ(ヲ)3個　欲シイ

　しかし総数や概数でなくても、とりたて詞がつけば次のように自然な文になるようだ。

(33)　あそこにある5本の牛乳は　1本だけ　新しい。

さらに矢澤は、動詞文であっても、次のような場合は不自然であるとしている。

(34) a. 牛肉500グラムヲ　食べハジメル／食べツヅケル。
　　 b. 500グラムノ牛肉ヲ　食べハジメル／食べツヅケル。
　　 c. ?牛肉を　500グラム　食べハジメル／食べツヅケル。

つまり述語に「～はじめる」「～つづける」のようなアスペクト詞がつくとき、数量詞移動は不自然な文をつくるというのである。しかしこれは文法性の判定にゆれがありそうである。

(35) 牛肉を　500グラム　食べはじめたが、300グラムで　食べられなくなった。

などは私にはよさそうに思える。しかし文法性の判定にゆれがあるときは、断定的な結論は控える方がいいから、動詞にアスペクト詞あるいはその他の助動詞などがつくときには、数量詞移動にさらに制約があるかもしれないことも考えて、できるだけ多くの複合的な述語について調べることも今後の課題であろう。

2.4. 定名詞句と不定名詞句からの数量詞移動

　数量詞移動が提唱されてから、種々の研究がなされたが、否定的な議論も出てきた。
　Muraki (1974) は次の例をあげて数量詞移動を否定した。

(36) a. その3本の鉛筆をください。
　　 b. その鉛筆を3本ください。

たしかにaとbとでは意味が違う。aは「鉛筆」が「3本」あって、それ

を「3本」とも要求しているのであるが、bは「鉛筆」が「3本」以上ある中から「3本」を要求していると解釈される。だからaから数量詞を移動させてbを作るわけにはいかないと言うのである。

井上 (1978) も

(37) a. 前を走っていた 2 台の乗用車がつかまった。
　　 b. 前を走っていた乗用車が 2 台つかまった。

のような例をあげ、両文の異義性から数量詞移動に否定的であった。たしかにbでは「乗用車」は 2 台でなく、それ以上と解釈するのが普通のようである。

また国広 (1980) も次の例をあげて、数量詞移動に疑問をいだいている。

(38) a. 10 段の階段をのぼる。
　　 b. 階段を 10 段のぼる。

これも確かにaでは「階段」のステップの数が全部で「10 段」であって、その「階段をのぼる」という意味であるのに、bの方の「階段」のステップの数は「10 段」以上で、その中の「10 段をのぼる」という意味である。aの数量詞「10 段」が移動して、bの文になったとすると、両文の同義性が失われてしまう。

以上のような例から数量詞移動を否定するのである。

しかし神尾は、神尾 (1977) などで、これらの場合も数量詞移動が可能であると主張した。奥津 (1983) も、従来の数量詞移動に関する議論をまとめた上で、神尾とは別の観点からやはり数量詞移動を擁護した。奥津は次のように考えたのである。

第一に、これらの批判はみな基底形を〈Q ノ NC〉型としている。

第二に、Muraki と井上の例の基底形の名詞句は定名詞句であって、不定名詞句ではない。

基底形を〈NQC型〉とし、定名詞句と不定名詞句とを区別すれば、指摘された難点は解消するはずである。

　数量詞移動を認める立場も認めない立場も、殆どがＱノNC型を基底形としている。しかしNQC型もたしかに存在するのだから、無条件に一方を基底形とすることはできない。次は新聞記事であるが、太字部分はみなNQC型である。

(39)　一日未明、東京都内で暴力団事務所などへの発砲が六件続いた事件で、警視庁捜査四課などは二日、短銃などを持って葛西署などに出頭してきた**暴力団幹部三人**を銃刀法違反（短銃所持）の現行犯で逮捕、**回転式短銃計三丁**を押収した。さらに**所属する組事務所など約三十カ所**を家宅捜索し、**回転式短銃一丁**と**実弾約二十発**を押収した。

つまりこの記事では「三人の暴力団幹部を逮捕した」とか「計三丁の回転式短銃を押収した」とかの〈ＱノNC型〉ではないのである。どちらの型を選ぶかは、話しことば・書きことばのような文体の違いや、その他の要因がありそうで、これ自体が一つの研究課題であるが、今は触れない。

　またMurakiの例も井上の例も、定名詞句から数量詞を移動させている。(36)ａの例で言えば「その」で指示された「3本の鉛筆」(ＱノNC型)は定名詞句である。その「3本」を移動させたｂでは、「3本」はむしろ不定と言うべきであり、「その鉛筆」は3本以上あると考えられる。

　英語であれば次のようにこの違いが明らかになる。つまりａは定名詞句で、言うならばＱノNC型であり、ｂのthose penncilsは定であるが、threeは不定なのである。

(40)a.　those three pencils（その3本の鉛筆を）
　　b.　three of those pencils（その鉛筆を3本）

　上のａとｂとの意味が違うように、(36)のａとｂは同義でなく、したがっ

て数量詞移動は許されない。

しかしだからと言ってすべての数量詞移動が許されないわけではない。(1)のほか従来数量詞移動の例とされてきたものは、不定名詞句からの移動であり、この場合は数量詞移動が可能であるとすればよい。また〈QノNC型〉でなく、〈NQC型〉を基底形とすれば、定・不定に関わらず数量詞移動ができそうに思える。

(1)の例は、3匹の子豚の物語の冒頭の文であろうから、「子豚3匹」も「3匹の子豚」も新情報であり不定名詞句であって、どちらからでも数量詞移動可能である。しかし次の場合は違う。

(41) (昔ある所に子豚が3匹住んでいました。)
  a. ところがある日 **その子豚が 2匹** 狼に食われてしまいました。
  b. *ところがある日 **その2匹の子豚が** 狼に食われてしまいました。

この例の文脈では、数量詞「2匹」が名詞句「その子豚」の外にあるaはいいのだが、bの「その2匹の子豚」(QノNC型)は、前提にある「子豚が3匹」とは矛盾し、従ってaをbからの移動の結果とすることはできない。文脈と無関係であればbは文法的だが、(41)の例の文脈では定名詞句の指示する「その子豚」は「3匹」いたはずだから、bは非文となる。Murakiの例と同じく、やはり〈QノNC型〉の定名詞句からの数量詞移動は許されないのである。

つまり数量詞移動で指摘された難点は、基底形を定名詞句の〈QノNC型〉とするところから生ずるので、不定名詞句が基底形なら移動可能であるし、以下のように〈NQC型〉からの移動とすれば、この難点は解消すると考えられる。

次の(42)aの「その子豚2匹」は一応〈NQC型〉であるが、こうすると(41)bのように即座に非文とは判断されない。ただしこの場合は「その3匹の子豚の中の2匹」という意味で、「その子豚」と「2匹」の間にポーズ(以下記号|で表示する)を置いて発話すればよい。後に例をいくつかあげる。

(42) （昔ある所に子豚が 3 匹住んでいました。）
　a. 　ところがある日　**その子豚｜2 匹が**　狼に食われてしまいましたが、1 匹は　助かりました。
　b. 　ところがある日　**その子豚が　2 匹**　狼に食われてしまいましたが、1 匹は　助かりました。

ところで「その子豚 2 匹」には二つの構造が考えられる。

(43) a. ［その［子豚 2 匹］］
　　b. ［その子豚［2 匹］］

　a は「その」が「子豚 2 匹」を定名詞として指示している。「子豚」も「2 匹」も定である。これは先行文脈の「子豚が 3 匹」とは矛盾する。その文脈を受けて定名詞とするなら［その［子豚 3 匹］］でなければならない。一方 b では、定であるのは「子豚」であって、「2 匹」は「その」の指示範囲に入らない不定の数量詞である。この場合なら(42) a の数量詞を移動させて、(42) b の文を作ることができる。
　つまり(43) b は、形の上では〈NQC 型〉なのだが、実は「その子豚 3 匹の中の 2 匹（が狼に食われた）」という意味なのである。上述のように(42) a で N と Q の間にポーズを置いて発話した方がよいのは、こうすることで(43) b を a の構造と区別できるからである。a では「子豚」と「2 匹」の間にポーズを置かないことで b との構造と意味の違いを示すことができる。そこで、この型を次のように表示する。

(44)　**N｜QC 型**

　以上のようにして、名詞句の中で、名詞も数量詞も定であれば、数量詞移動が許されず、名詞も数量詞も不定であるか、名詞は定であっても数量詞が不定であれば、移動が許されるのである。より簡単には数量詞が不定であれ

ば移動できるのである。Muraki (1974) 井上 (1978) は定の数量詞の移動のみを考えていたわけである。

2.5. 全体数量と部分数量

上では (42) a の「その子豚｜2匹」のように定名詞と不定数量詞を含む名詞句を〈N｜QC型〉としたが、これを言い換えれば

(45) その子豚 3 匹の中の 2 匹

ということなので、次のような型として表示することもできる。

(46) 「N (ノ (中ノ)) QC 型」

更に簡略化して

(47) **N ノ QC 型**

とする。N は定名詞であり、この定名詞には「3 匹」のような数量詞を明示的或いは非明示的に示すことができる。Q は定名詞 N が指示する対象の数量より小である数量である。(42) a で言えば N は定名詞句である「その子豚」を示し、Q は「2 匹」を示す。「その子豚の中の 2 匹」と言ってもいいし、「中の」を省いて「その子豚の 2 匹」と言ってもいいし、ポーズを置いて「その子豚｜2 匹」と言ってもよかろう。とにかく単純な不定名詞句の〈NQC型〉の「子豚 3 匹が」とは違うのである。

そこで定名詞句 N の中の「3 匹」を「**全体数量**」、Q の不定数量「2 匹」を「**部分数量**」と呼ぼう。

(48) (昔あるところに子豚が 3 匹住んでいました。)
  a. ところがある日 その子豚 3 匹の 2 匹が 狼に食われてしまいまし

た。
b. ところがある日　その子豚3匹は　2匹が　狼に食われてしまいました。
c. ところがある日　その3匹の子豚は　2匹（が）狼に食われてしまいまいました

まずaの「その子豚3匹の中の2匹が」が〈NノQC型〉であるが、不定数量詞のQは統語的にはむしろ「Nノ」という連体成分を受ける主名詞である。その主名詞の「2匹」は、bでは依然として「が」をとって主語として働いている。

一方aでは連体であった定名詞句「その子豚3匹の」は、bでは主名詞の「2匹」から移動して「その3匹の子豚は」と主題となっている。これは一種の連用であろう。

ただし〈NQC型〉の「子豚3匹が」から移動して連用化したのは数量詞Qの「3匹」であったが、今回は「その子豚3匹」という定名詞句である。

NのNという連体構造から連体のNが移動して主語或いは主題になるのは例の「象の鼻が長い」と「象は鼻が長い」といういわゆる主語上昇に似ている。

「象」が全体で「鼻」がその部分であり、「象の」という連体が主題になっている。

しかしcでは「その子豚3匹」が「が」をとり、「2匹」は「が」はとれないだろう。或いは二重の「が」の回避が働いたのかも知れない。

以上の次第で、とにかく〈NノQC型〉におけるNとQとの関係は、QがNの二次述語的な関係ではなく、従って数量詞移動を否定する根拠にはならない。

(49) ぼくは　昨日　ビールを　5本買ってきた。
a. 今日　**そのビール｜3本を**　飲んで、2本は　残しておいた。
b. 今日　**そのビールは　3本を**　飲んで、2本は残しておいた。

  c.　今日　そのビールを　3本　飲んで、2本は　残しておいた。

　上例のaでの「そのビール」は「5本」のはずであるし、「3本」はその「5本」の中の「3本」を意味する。bやcの方が普通の発話であろうが、3文は同義であろう。
　上にあげた井上(1978)の例も数量詞移動の反例にはならない。もう一度次に示す。

(50) a.　前を走っていた2台の乗用車がつかまった。
  b.　前を走っていた乗用車が2台つかまった。

　aの「前を走っていた2台の乗用車」は、井上自身も指摘しているように、定名詞句である。そしてbとは同義ではない。しかし次のaのように基底形を考えれば、bと同義文になる。

(51)　(前を5台の乗用車が走っていた。)
  a.　**前を走っていた乗用車｜2台が**　捕まって、3台が逃げた。
  b.　**前を走っていた乗用車は　2台が**　捕まって、3台が逃げた。
  c.　**前を走っていた乗用車が　2台**　捕まって、3台が逃げた。

　井上(1978)は全体数量詞を含む次のような例もあげ、bは非文であるから、aはbからの数量詞移動の結果ではないと述べている。

(52) a.　並んで走っていた数台のトラックがガードレールに3、4台ぶつかった。
  b.　*並んで走っていた数台の3、4台のトラックがガードレールにぶつかった。

　しかしこれも〈NノQC型〉と考えれば、「数台」が全体数量詞で、3、4

台が部分数量詞である。

(53) a. 並んで走っていた数台のトラック｜3、4台が　ガードレールにぶつかった。
b. 並んで走っていた数台のトラックは　3、4台が　ガードレールにぶつかった。
c. 並んで走っていた数台のトラックが　3、4台　ガードレールにぶつかった。

この場合、ぶつかったのは「数台のトラック」ではなく、「その数台の中の3、4台」なのである。
　もう一つ例をあげる。

(54) a. **襲いかかってきた5人の男｜3人を**　倒したが、2人に逃げられた。
b. **襲いかかってきた5人の男を　3人**　倒したが、2人に逃げられた。

　上の諸例で見ると、定名詞と不定数量詞との分離が可能になるのは、やはり名詞句が主語または目的語である場合に限るようである。他の格の場合はどうであろうか。

(55) a. おばあさんは　その3匹の子豚の2匹に　プレゼントを　あげました。(間接目的語)
b. *おばあさんは　その3匹の子豚に　2匹　プレゼントをあげました。
(56) a. ぼくたちは　5本買ったビールの2本で　乾杯した。(手段格)
b. *ぼくたちは　5本買ったビールで　2本　乾杯した。
(57) a. 前を走っていた3台の車の1台と　ぶつかった。(対称格)

b. *前を走っていた3台の車と　1台　ぶつかった。
(58) a.　5人のガールフレンドの3人から　チョコレートをもらった。（起点格）
　　　b. *5人のガールフレンドから　3人　チョコレートをもらった。

　こうして見ると、定名詞句からの部分数量詞の移動でも、原則として主語・目的語に限るというような格の制約があるわけである。
　ところでKikuchi(1994)は、所有格からも数量詞移動ができる場合があるとして、次のような興味ある例をあげている（例文の原文はローマ字）。

(59) a.　あの医者は　児童の目を　30人　調べた
　　　b.　日立が　学生の採用を　300人　中止した。
　　　c. *ジョンが　友達のおもちゃを　3人　こわした。

　aは「児童30人の目を調べた」からの数量詞移動と考えられるが、「児童30人」は所有格であるにもかかわらず、そこからさらに「児童の目」という名詞句をも越えて数量詞が移動している。
　bでも「学生300人の採用」という名詞句の中の所有格から数量詞が移動している。しかし無条件で移動が可能であるわけではなく、cは非文とされる。aの「児童」は身体部分の「目」の所有者であり、いわゆる不可分離所有の場合である。bの名詞句の主名詞である「採用」は動名詞である。
　不可分離所有については、第5章で論じた。動名詞による機能動詞文について第1章で記述したが、この両者は文法的にも意味的にも特色のあるもので、Kikuchiはこれを数量詞移動についても指摘したわけであるが、本書では紹介にとどめる。
　また次の例は場所格であるが、数量詞移動が可能である（中空芳江の指摘）。

(60) a.　国内の大学115校で　紛争が起こっている。

b. 国内の大学で 115校 紛争が起こっている。

さて部分といっても、その極限は全体である。そこで次のような文が可能になる。

(61) ところが ある日 その子豚が ３匹とも／全部 狼に食われてしまいました。

しかしこれも次のような〈ＮノＱＣ型〉からの定名詞句と部分数量詞の分離と考えられる。

(62) a. ところが ある日 その３匹の子豚の３匹ともが／全部が 狼に食われてしまいました。
b. ところがある日 その３匹の子豚が ３匹とも／全部 狼に食われてしまいました。

以上のようにして数量詞移動は、数量詞を含む名詞句の定・不定、新情報・旧情報？など談話文法にも関わる問題があり、これについては大木(1987)に詳しい研究がある。

2.6. 属性Ｑと数量Ｑ

(63) a. 太郎は今月 2000ccの車を 買った。
b. *太郎は今月 車を 2000cc 買った。

この例の「2000cc」を数量詞とするに異論はあるまい。それの連体用法を含むａの「2000ccの車」は不定名詞句であるから、数量詞移動ができるはずだが、それを移動したｂは非文である。

しかし同じ数量詞の「2000cc」でも、次の場合は移動可能である。

(64) a. 太郎は 2000ccの酒を 飲んだ。
　　 b. 太郎は 酒を 2000cc 飲んだ。

　奥津(1983)は、いささかぎごちない名付けだが、(63)の場合のような数量詞を「**属性Q**」、(64)のような場合の数量詞を「**数量Q**」と名付けて区別した。つまり「2000ccの車」の「2000cc」は、「大きい車」「高い車」「力の強い車」などというのと同じで、その車の属性を表すのであって、数量を表しているのではないので、これを属性Qとする。一方、数量詞移動が可能な場合の数量詞は、名詞の指示対象を数えたり量ったりするもので、「車」ならば「1台」「2台」と数えるが、「2000cc」「3000cc」などとは数えないのである。
　(64)の「酒」はいわゆる uncountable な名詞であるが、「リットル」で量ったり、「1杯」「2杯」などと量り、数量詞移動が可能なので、これを数量Qとする。
　しかし連体用法の場合はどちらも形の上では同じ〈QノNC型〉であるから、区別しにくい。奥津(1983)のように〈NQC型〉からの移動とすれば、次のようにこの問題は自然に解決する。

(65) a. ＊太郎は今月 車2000ccを 買った。
　　 b. ＊太郎は今月 車を 2000cc 買った。

　このようにそもそも基底形のはずの「車2000cc」が非文なのだから、移動もできないのである。
　もう少し例をあげておく。aとbは非文だが、cは属性Qだから正文であり、dは数量Qであるから正文で、eのように数量詞移動が可能である。

(66) a. ＊おじさんは 足袋12文を はく。
　　 b. ＊おじさんは 足袋を 12文 はく。
　　 c. 　おじさんは 12文の足袋を はく。

d.　おじさんは　3足の足袋を　買った。
　　e.　おじさんは　足袋を　3足　買った。

「足袋」は「1足」「2足」と数えるのであって、「12文」はそのサイズを示す属性Qである。次も同様。

(67) a. *瓶1リットルが　必要だ。　（cf. 酒1リットルが　必要だ。）
　　b. *瓶が　1リットル　必要だ。（cf. 酒が　1リットル　必要だ。）
　　c. 1リットルの瓶が　必要だ。（cf.1リットルの酒が　必要だ。）
　　d. 3本の瓶が　必要だ。　　（cf.3本の酒が　必要だ。）

さきに数量詞移動の反例として国広(1980)を紹介したが、その例をもう一度次に示す。

(68) a.　10段の階段をのぼる。
　　b.　階段を10段のぼる。

　aとbとは同義ではない。aの「10段」は属性Qと考えられる。「1段」「2段」というのは、「階段」という通路を構成する「ステップ」あるいは「段」を数える数量詞であって、「階段」を数える数量詞ではない。aの意味は正確には「10段のステップを持つ階段をのぼる」ということであろう。とすれば数量詞移動は許されないのである。
　bは、10段以上のステップがあるであろう「階段」のステップの中の「10段」を「のぼる」という意味で、部分数量詞と考えてもいいだろうか。
　ともあれ以上のような理由で、(58)は、数量詞移動を否定する反例とはならない。
　以上のようにして、Muraki(1974)、井上(1978)、国広(1980)などによる数量詞移動に対する反論も、数量詞の定・不定の区別、全体数量と部分数量の区別、〈Nノ QC型〉〈N ｜ QC型〉という基底形をたてること、属性Qと

数量Qの区別などによって、数量詞移動がやはり有効であることが示せたと思う。また数量詞にも種々な用法があり、それらをすべて数量詞移動可能とすべきではなく、数量詞の種々相も十分研究すべきことなどが示されたと思う。

ただ結果として数量詞についての種々な制約、数量表現の諸相が明らかになったことは収穫である。

しかし断っておくが、数量詞移動という変形にこだわるわけではない。変形という操作的概念でなく、連体と連用の対応、あるいは名詞句の中のある成分と連用成分との対応という静態的な概念で説明してもいいのである。

3. 数量詞の諸相

前節の属性Qのように、数量詞ではあっても、数量詞移動と関係のない働きをするものも多い。例えば時点格・期間格の名詞や頻度の副詞である。

(69) 太郎は　1926年8月6日に　生まれた。(時点格)
(70) 太郎は　2年間　アメリカで暮らした。(期間格)
(71) 太郎は　中国へ　5回　行った。(頻度副詞)

これらについても奥津(1969)で簡単に触れた。頻度の数量詞については、最近では北原(1995)があった。これらはもちろん主語や目的語の指示対象の数量的側面の表現ではない。例えば頻度の数量詞は、動詞または文全体の表すことがらを数えるのであって、本来の働きが連用なのである。「1926年の生まれ」「2年間のアメリカ暮らし」「5回の中国訪問」などの連体用法もあるが、これらに対応する連用があるかどうかなどは改めて考えたい。

上に触れた矢澤(1985)は、従来の数量詞に関する諸研究をふまえ、特に連用成分としての数量詞を中心に、多くの例文をあげて数量詞の種々な働きを記述している。ということは矢澤は数量詞移動を認めていないのかも知れない。私としては、上述のように、数量詞移動はやはり有効だと思うが、そ

れ以外の数量詞の用法についての研究ももちろん重要である。その意味で矢澤の研究は興味深い。矢澤の例を少しあげる。

(72) a. 10秒3ノ世界記録ヲ　更新シタ
    b. 世界記録10秒3ヲ　更新シタ
    c. *世界記録ヲ　10秒3　更新シタ

　cが非文であるのは、aまたはbの数量詞が移動したものとしてはの話で、矢澤としてはこれを数量詞移動の反例としたいのかも知れない。しかし「世界記録」を数えるのは「一つ」「二つ」などで、カール・ルイスが金メダルを五つも六つも持っているのと同じである。「10秒3」というのは「世界記録」の数量Qではないから、数量詞移動はできないはずである。「10秒3」は属性Qの一種とも考えられるが、bはNQCの形であるから、簡単に属性Qとは言えないおもしろい例である。c自体は、aまたはbからの移動でなければ、正文である。つまり

(73) 旧世界記録5分を　新世界記録4分49秒7に　10秒3　更新した。

という意味なら正文で、変化動詞文の一つである。この「10秒3」は旧・新世界記録の差、変化の程度を示したもので、程度副詞と解釈できないだろうか。程度副詞は本来連用であって、「10秒3の世界記録」とか「世界記録10秒3」のような構造はとれないのである。

(74) 50キログラムノ体重ヲ　5キログラム　減ラス
(75) 50キログラムノ体重ヲ　5キログラム　増ヤス

という矢澤の例文も変化動詞文で、「5キログラム」は、やはり変化の程度とでもと言うべきもので、移動した数量詞ではない。つまり

(76) 体重を 50キログラムから 45キログラムに 5キログラム 減らす。
(77) 体重を 50キログラムから 55キログラムに 5キログラム 増やす。

ということで、「5キログラム」は増減いずれにしても変化の程度を示すものであろう。

4. まとめ

　数量詞は統語的にも意味的にも特色のある働きをする。その働きは多様である。いわゆる数量詞移動はその中の一つであり、それにはいくつかの制約があり、その制約を述べてきた。
　本書のテーマである厳密な意味での連体と連用の対応ではないが、名詞句の中の準連体的成分が、その外に出て連用成分となるという点で、連体と連用の対応に準じる現象と考えてよかろう。

追　記

　数量詞移動に関しては、まず奥津(1969)があり、その後、主として生成文法関係で種々の研究がなされた。それらに対して、奥津(1983)での再論があるわけだが、さらに以後今日まで、文献にはあげないが、Miyagawa(1989)、三原健一(1998)、高見健一(2001)など数々の研究がなされた。そこで奥津の再々論が必要だろうが、本書は『日本語学』での連載の内容を変えないという原則だから、再々論は今後の課題としたい。
　また中国語などとの対照研究については一応奥津(1986)があるが、より深めた研究はこれも今後の課題としたい。

終　章

1. 連体と連用の対応の統語的条件

　以上7章にわたって、日本語における連体と連用の対応について検討してきた。予定していたトピックについてはほぼ述べ終わったので、ここで総まとめをしておきたい。
　まず連体と連用の対応とは次のようにまとめられる。

（1）　或る文の中の連体成分（準連体を含む）をとる名詞句から、その連体成分が移動して連用成分になっても、二つの文の知的意味が同じになる現象を連体と連用の対応と言う。

　しかし無条件で連体と連用が対応するわけではない。その条件は、まず概略次のような統語的な型で表示できる（第4章　9.1.を参照）。

（2）　連体：[(Ni が)　Pred$_2$] Ni が／を　Pred$_1$
　　　連用：Ni が／を　[[(Ni が) Pred$_2$] Adv] Pred$_1$

　上の「連体」では、主名詞(Ni)は連体成分の主語と同一であり、連体二次述語(Pred$_2$)と共に連体成分を作る。その名詞句は一次述語(Pred$_1$)文において主語又は目的語になる。

次に「連用」では、連体二次述語が名詞句から移動して、連用二次述語文になる。その際二次述語文に形式副詞(Adv)がついて連用成分(副詞句)を作り、「連体」と同じ一次述語にかかって、一次述語文を成す。
　「連体」と「連用」の両者は、名詞(Ni)を共有し(共通軸)、一次述語と共に二次述語も共有する。
　「連体」と「連用」とが以上のような型であれば、両文の知的意味が同一となり連体と連用は対応するのである。
　「子供達が手を挙げて横断歩道を渡っている」という例を見てみよう。

(3)　連体：[[(子供達が)手を　挙げ]た]子供達が　横断歩道を　渡っている。
　　　連用：子供達が[[(子供達が)手を　挙げ]て]横断歩道を　渡っている。

　まず「連体」「連用」の共通軸の名詞(Ni)「子供達」は、「連体」の名詞句の主名詞であり、連体二次述語文「手を挙げた」の主語である。この主名詞は一次述語文「横断歩道を渡っている」の主語となる。
　「連用」においては、共通軸の「子供達」はやはり一次述語文の主語であるが、連体二次述語文であった「(子供達が)手を挙げ(た)」(「た」は消去される)は連体成分から移動し、順接の形式副詞「て」をつけて連用二次述語句(副詞句)となっている。
　しかし「連体」「連用」どちらも「子供達が横断歩道を渡っている」こと、その子供達が「手を挙げている」ことを表現している。つまりは両者とも

(4)a.　子供達が手を挙げている
　　b.　子供達が横断歩道を渡っている

という2文を1文にまとめたものである。ただ連体成分の場合は、主名詞の「子供達」を直接に連体修飾しているので問題はないが、連用成分となる

と、形の上では連用的(副詞的)であるから、動詞の「渡る」にかかっているように見える。しかし「**さっさと渡る**」「**のろのろ渡る**」のような副詞とは違う。意味の上からは動詞にかかる副詞的用法ではなく、「子供達」を主語とし、彼らが「手を挙げている」状態を表現する文が一次述語文に埋め込まれているのである。

(5) 子供達が手を挙げた。そして(その子供達は)そのまま横断歩道を渡っている。

と2文に分けて言ってもいいわけであるが、それにしても第2文のように主語省略という文法的手段をとるのが普通であろう。

　以上の次第で、二つの文があり、その主語が同一であれば、一方の述語を一次述語とし、他方の述語を二次述語とし、さらにその二次述語を連体と連用のどちらかを選んで、一次述語文の中に組み込むというのは自然の成り行きではないか。

　さてしかし共通項の名詞が一次述語文の主語であればいいのだが、目的語の場合はかなり難しい。この場合の連体と連用の対応の例もかなりあげたが、非文の例もあった。特殊語彙的な制約もありそうだが、何か一般的な条件はないものか。

　以上が連体と連用の対応の一般的な統語構造だが、具体的には7種の構造に連体と連用の対応がみられた。

2. 7種の文構造における連体と連用の対応

2.1. 機能動詞文(第1章)

機能動詞文は次のように形式化できる。

(6) 　連体：Nが　([[連体成分][VN]])を　FV
　　　連用：Nが　[連用成分][VN](を)　FV

（7） 連体：企業が［［政党幹部］への［金品］の［ひそかな］［贈与］］をする。
連用：企業が　［政党幹部］に／へ　［金品］を　［ひそかに］［贈与］する。

「贈与」のような動名詞（VN）は、まずは動詞的機能を持つから「贈る」のような通常の動詞と同じく、主語をはじめとする種々な格成文をとり、更に副詞もとる。

しかし同時に名詞的機能も持つから、それだけで述語となれず、「する」などの機能動詞（FV）が必要である。そしてその名詞性の故に連体が可能となり、連体と連用の対応が成立する。

ただし「贈与する」のような非分離形では連体は不可能で、格助詞「を」をとる「贈与をする」のような分離形で、目的語の形をとって連体が可能となるのである。

そこで上例の「連用」のような種々な格成分や副詞が連体化して上例の「連体」となる。ただし主語は連体化しない。

しかし機能動詞文における連体と連用の対応は特殊な性格を持っている。

主名詞である動名詞が連体成分の主語であるとは言えない。例えば「金品の贈与」の「金品の」が「贈与」を主語とする二次述語とは言いにくい。ただし「激しい練習をする」などの主名詞は「練習が激しい」のように連体成分での主語でもある。

「する」などの意味希薄な機能動詞も、述語として自立的に文を作ることはできないから、一次述語とは言いにくい。

この意味で連体と連用の対応は確かにあるものの、前節で述べた連体と連用の対応の一般的な型からみれば、特殊なものである。

2.2. 自然現象文（第 2 章）

（8） 連体：［［連体成分］［VN］］が　FV
連用：［連用成分］［VN］が　FV

（9）　連体：[[耳を聾せんばかりの] [激しい]] [雷鳴]] が した。
　　　連用：[耳を聾せんばかりに] [激しく] [雷鳴] が した。

　「雨」「霧」「雷鳴」「雪崩」などの自然現象を表す名詞も一種の動名詞と考える。ただしその自然現象が現象することを表す自然現象文では、動名詞は主語となり、「降る」「たつ」「する」などの機能動詞をとる。
　主語であるという点で、連体と連用の対応の条件を満たしている。そして機能動詞文の動名詞のように、自然現象名詞は文の述語となるわけではないので、格成分をとらず、従ってそれを連体とも連用ともすることはない。
　連体成分に対して自然現象名詞は主名詞であり、それがどうであるかを示す連体成分の主語でもある。
　連用成分も連体成分と同じく、その自然現象がどうであるかを連用的に表現する。
　ただし機能動詞の「する」は意味希薄で一次述語としてのは軽い。しかし機能動詞には既述のようにかなり具体的な意味を持つものもあった。「冷たい雨が降る：雨が冷たく降る」「赤い火が燃える：火が赤く燃える」など一次述語文の中に二次述語文が埋め込まれているという構造が認知しやすく、一般の連体と連用の型に近づいている。

2.3. 変化動詞文（第3章）

（10）　連体：[連体成分 N] が／を　V
　　　　　　　　〈結果〉
　　　連用：[N] が／を [連用成分] V
　　　　　　〈結果〉
（11）　連体：お母さんは　いつも [おいしい　ご飯] を　炊いてくれる。
　　　連用：お母さんは　いつも [ご飯] を [おいしく] 炊いてくれる。

　動詞（V）は変化動詞、名詞（N）の意味役割は〈結果〉である。
　「炊く」は生産動詞で、「ご飯」は、〈始発〉の「米」に変化を与えてでき

た〈結果〉である。連体成分と連用成分は〈結果〉がどんなであるかを表現する二次述語である。

　自他の対応があれば自動詞文も同じく連体と連用が対応する。

(12)　　連体：おいしいご飯が　炊けた。
　　　　連用：ご飯が　おいしく　炊けた。

　ただし生産動詞は本来他動詞文だから、対応する自動詞文がない「絵を描く」「仁王像を彫る」なども連体と連用の対応がある。
　主語についての連体と連用の対応は一般的なのだが、目的語についての条件は難しい。しかし変化動詞文において、目的語が〈結果〉であるものには対応があるようである。

2.4.　一般述語文（第4章）

　機能動詞文・自然現象文・変化動詞文はそれぞれ特殊な条件において連体と連用とが対応する。しかし以上のいずれの条件にも制約されない一般的な述語を一次述語とする文において、連体と連用とが対応するものを一般述語文とする。つぎにその型を示す。

(13)　　連体：[連体成分 N] が／を　Pred
　　　　　　　〈順接／逆接／理由／条件〉
　　　　連用：[N] が／を [連用成分]　Pred
　　　　　　　　　〈順接／逆接／理由／条件〉

　この場合連体成分と連用成分とは〈順接〉〈逆接〉〈理由〉〈条件〉などの意味を持ち、連用成分においては、「〜て」「〜のに」「〜から」「〜たら」などの形式副詞をとる。
　そして本章第1節の(2)に示した典型的な形の連体と連用の対応である。一次述語文の主語が同時に連体成分・連用成文の主語である場合は、その故

に連体と連用の対応が顕著である。共通軸の名詞が一次述語の目的語である場合は、自由な連体と連用の対応がないようで、その条件については今後の課題としたい。

　連用成分が〈順接・逆接・理由・条件〉のどれをとるかは、連体成分と主名詞との関係によってきまる。

(14)　順接
　　　連体：裸のジョンが　生の肉を　食べている。
　　　連用：ジョンが　裸で　肉を　生で　食べている
(15)　逆接
　　　連体：甘いものが　好きな　田中先生が　なんと　酒を　飲んでいる。
　　　連用：田中先生は　甘いものが　好きなのに　なんと　酒を　飲んでいる。
(16)　理由
　　　連体：塩辛い　漬け物は　健康に　よくない。(非制限的連体)
　　　連用：漬け物は　塩辛いから　健康に　よくない。
(17)　条件
　　　連体：酒を飲んだ　ドライバーは　運転してはいけない。(制限的連体)
　　　連用：ドライバーは　酒を飲んだら　運転してはいけない。

3. 不可分離所有の受身文・不定指示詞移動・数量詞移動

　前節でとりあげたものは、それぞれに異なりながらも、比較的一般的な文構造における連体と連用の対応であった。
　それ以外に、名詞句の中に、連体二次述語文とは言えないが、連体に準ずる成分を含み、それが連用化して、連体と連用とが対応する三つの構造があ

る。それらをまとめて「準連体」と呼んでおく。

3.1. 不可分離所有の受身（第5章）

(18) 　準連体・能動文：[N₁の　N₂] を　V-る
　　　　　　　　　　〈所有者〉〈所有物〉
　　　連　用・受身文：[N₁] が　[N₂] を　V-られる
　　　　　　　　　　〈所有者〉〈所有物〉

　上の型のN₁は不可分離所有の所有者、N₂はその所有物で身体部分である。

(19) 　準連体・能動文：誰かが [太郎の肩] を　ポンと　叩いた。
　　　連　用・受身文：[太郎] は　誰かに [肩] を　ポンと　叩かれた。

　名詞句「太郎の肩」の「太郎の」は、形の上では「肩」を主名詞とする連体成分だが、二次述語とは言い難い。
　その能動文を受身文にすると、通常は〈所有者〉で連体成分の「太郎」が名詞句から移動して、受身文の主語、つまり連用成文となる。〈所有物〉の「手」はいわゆる不可分離所有で、他動詞の動作は〈所有者〉に及ぶものとして、それが受身文の主語となるのである。

3.2. 不定指示詞移動（第6章）

(20) 　準連体：[Whか　N] が／を　Pred
　　　連　用：[N] が／を　[Whか]　Pred

　「Whか」は「どっちか」「誰か」のような不定指示詞でNに対して従、Nは名詞で「Whか」に対しては主たる働きをするいわば主名詞である。「Whか」はその意味で連体に準ずるものである。両者は一つの名詞句を成すが「Whか」の方が名詞句から移動して連用的になり、Nは主語または目

的語として残る。その点で連体と連用の対応に準ずる現象である。

(21) 準連体：阪神と巨人と［どっちか　投手力のいい方］が　優勝する。
　　　連　用：阪神と巨人と［投手力のいい方］が［どっちか］優勝する。

3.3. 数量詞移動（第 7 章）

(22) **準連体**：［N　Q］が／を　Pred
　　　連　用：［N］が／を　［Q］Pred
　　　（Q は数量詞）
(23) **準連体**：昔　或る所に［子豚 3 匹］が　住んでいました。
　　　連　用：昔　或る所に［子豚］が［3 匹］住んでいました。

　名詞（N）と数量詞（Q）とで、「N Q」型の名詞句「子豚 3 匹」となる。「子豚」が主で、「3 匹」は従的な働きをする。「3 匹の子豚」であれば数量詞は形の上でも完全な連体成分であるが、「子豚 3 匹」を基底形とする。
　その「3 匹」が名詞句から移動して連用的に働く。

4.　おわりに

　以上で連体と連用の対応についての記述は一通り終わった。
　しかしもちろんこれですべてが終わったわけではない。連体と連用の対応はそれぞれを含む二つの一次述語文の知的同義性を前提としている。
　しかし連体と連用という異なる構造をとる限り、何かが違うのではないか。違いがあるとすれば、その違いは何か？　人は何故ある時は連体を、ある時は連用を選ぶのであろうか？
　また連体と連用の対応のある構造は、上述の諸構造ですべてであろうか？　また逆に上述の諸構造はさらに少数のものにまとめられないか？　よりいっそうの一般化ができないだろうか？
　連体と連用はいずれも従属的な構造だが、すでに指摘したように、連用的

な形はとっていても、場合によっては従属でなく独立的な並列構造となるのではないか？　従属と並列とはそれぞれ何であり、全く異なるものか、それともどこかで連続するものか？　連続するとすれば、どのように連続するのか？　などなど、残された問題は多い。

　これらについては、しばらく再点検の時間を置いて、その上で結論を出したいと思っている。

　序章にも述べたが、本書の内容は明治書院の月刊誌『日本語学』に 1995 年から、1997 年まで、23 回にわたって連載したものである。それからすでに 10 年ほどが経ってしまった。この間に本書の内容に関する研究もいろいろ出て、それらについても本書に取り入れるべきであろうが、それもできなかった。自らの怠惰を恥じるのみである。

　『日本語学』への連載を始めるにあたって、一応の草稿を準備し、1 年ぐらいのつもりで始めたのだが、毎月書いているうちに、いろいろと発展があり、とうとう 2 年近くになってしまった。このわがままを許してくださった『日本語学』編集委員会の先生方、明治書院編集部の方々に心からお礼を申し上げる。また毎回の草稿を読み、貴重なコメントを与えてくれた沼田善子氏にも感謝の意を表したいと思う。

　また『国語学』193 集展望号で田窪行則氏は、「連載途中であるからその完結を待つ」とのコメントをくださったが、どうやら連載が終わり、10 年後に一書となり、通読しやすい形になった。おおかたの指教を請う次第である。

　なお今回ひつじ書房からの刊行を快く認めてくださった明治書院に対して感謝申し上げるとともに、松本功氏はじめひつじ書房の皆さんにも感謝申し上げたい。

参考文献

池上嘉彦(1981)『「する」と「なる」の言語学』大修館書店
井上和子(1976)『変形文法と日本語　上』大修館書店
─────(1978)『日本語の文法規則』大修館書店
大木　充(1987)「日本語の遊離数量詞の談話機能について」『視聴覚外国語研究』第10号　大阪外国語大学
奥田靖雄(1968)「日本文法・連語論」『教育国語』12号
─────(1976)「言語の単位としての連語」『教育国語』45号
奥津敬一郎(1967a)「対称関係構造とその転形」『日本語研究』国際基督教大学日本語科
─────(1967b)「自動化・他動化および両極化転形」『国語学』70集
─────(1969)「数量的表現の文法」『日本語教育』14号
─────(1971)「「なくす」と「なくする」」森岡他編『講座　正しい日本語5』明治書院
─────(1973)『生成日本文法論』学位論文　東京都立大学
─────(1974)『生成日本文法論』大修館書店(上記学位論文の前半を出版したもの)
─────(1976)「補文構造としての変化文―「〜ニナル」「〜ニスル」―」井上和子編『日本語文法の機能的分析と日本語教育への応用』昭和50年度科学費研究報告
─────(1978)『ボクハウナギダの文法』くろしお出版
─────(1980a)「「ホド」―程度の形式副詞―」『日本語教育』41号
─────(1980b)「ダ型文と前提の型―ホドダ文を例として―」『日本語研究』第3号　東京都立大学日本語研究会
─────(1980c)「動詞文型の比較」国広哲弥編『日英語比較講座』第2巻　大修館書店
─────(1981)「移動変化動詞文―いわゆる spray paint hypallage ―」『国語学』127集
─────(1983a)「不可分離所有と所有者移動」『都大論究』第20号　東京都立大学国語国文学会
─────(1983b)「何故受身か？―〈視点〉からのケース・スタディー―」『国語学』132集
─────(1983c)「数量詞移動再論」『人文学報』160号　東京都立大学
─────(1983d)「変化動詞文における形容詞移動」渡辺実編『副用語の研究』明治書院
─────(1984)「不定詞の意味と文法―「どっち」について―」『都大論究』第21号　東

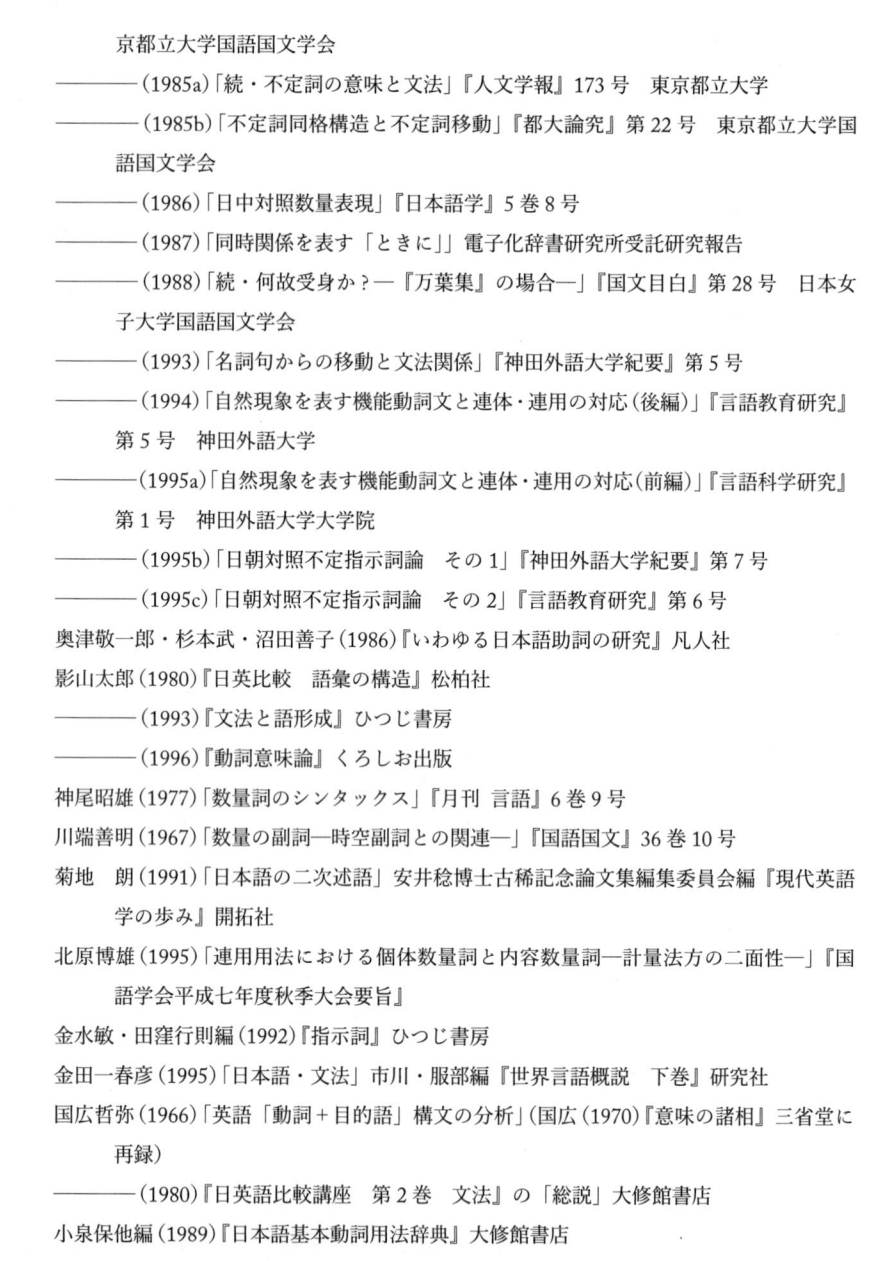

　　　　京都立大学国語国文学会
―――(1985a)「続・不定詞の意味と文法」『人文学報』173号　東京都立大学
―――(1985b)「不定詞同格構造と不定詞移動」『都大論究』第22号　東京都立大学国
　　　　語国文学会
―――(1986)「日中対照数量表現」『日本語学』5巻8号
―――(1987)「同時関係を表す「ときに」」電子化辞書研究所受託研究報告
―――(1988)「続・何故受身か？―『万葉集』の場合―」『国文目白』第28号　日本女
　　　　子大学国語国文学会
―――(1993)「名詞句からの移動と文法関係」『神田外語大学紀要』第5号
―――(1994)「自然現象を表す機能動詞文と連体・連用の対応(後編)」『言語教育研究』
　　　　第5号　神田外語大学
―――(1995a)「自然現象を表す機能動詞文と連体・連用の対応(前編)」『言語科学研究』
　　　　第1号　神田外語大学大学院
―――(1995b)「日朝対照不定指示詞論　その1」『神田外語大学紀要』第7号
―――(1995c)「日朝対照不定指示詞論　その2」『言語教育研究』第6号
奥津敬一郎・杉本武・沼田善子(1986)『いわゆる日本語助詞の研究』凡人社
影山太郎(1980)『日英比較　語彙の構造』松柏社
―――(1993)『文法と語形成』ひつじ書房
―――(1996)『動詞意味論』くろしお出版
神尾昭雄(1977)「数量詞のシンタックス」『月刊 言語』6巻9号
川端善明(1967)「数量の副詞―時空副詞との関連―」『国語国文』36巻10号
菊地　朗(1991)「日本語の二次述語」安井稔博士古稀記念論文集編集委員会編『現代英語
　　　　学の歩み』開拓社
北原博雄(1995)「連用用法における個体数量詞と内容数量詞―計量法方の二面性―」『国
　　　　語学会平成七年度秋季大会要旨』
金水敏・田窪行則編(1992)『指示詞』ひつじ書房
金田一春彦(1995)「日本語・文法」市川・服部編『世界言語概説　下巻』研究社
国広哲弥(1966)「英語「動詞＋目的語」構文の分析」(国広(1970)『意味の諸相』三省堂に
　　　　再録)
―――(1980)『日英語比較講座　第2巻　文法』の「総説」大修館書店
小泉保他編(1989)『日本語基本動詞用法辞典』大修館書店
国立国語研究所(1963)『分類語彙表』秀英出版
小林茂之(1986)『連体成分移動の研究』修士論文　東京都立大学

柴谷方良(1978)『日本語の分析』大修館書店

杉本　武(1991)「ニ格をとる自動詞―準他動詞と受動詞―」仁田義雄編『日本語のヴォイスと他動性』くろしお出版

鈴木重幸・鈴木康之(1989)「編集にあたって」言語学研究会編『日本文法・連語論(資料編)』むぎ書房

鈴木孝夫(1973)『ことばと文化』岩波書店

鈴木康之(1979)「規定語と他の文の成分との移行関係」『言語の研究』むぎ書房

高橋太郎(1983)「構造と機能と意味―動詞の中止形(〜シテ)とその転成をめぐって―」『日本語学』2巻12号

田野村忠温(1988)「「部屋を掃除する」と「部屋の掃除をする」」『日本語学』7巻11号

塚本秀樹(1986)「数量詞の遊離について―日本語と朝鮮語の対照研究―」『朝鮮学報』119・120 朝鮮学会

角田太作(1991)『世界の言語と日本語』くろしお出版

中島悦子(1988)「継起の「と」と同時の「とき」」『国文目白』第28号　日本女子大学国語国文学会

──── (1990)「日本語と中国語の条件表現―「と」と"一""就"を中心に―」『日本語教育』70

西尾寅弥(1981)「「擬音語・擬態語＋する」の形成について」『語学と文学』第20号　群馬大学語文学会

仁田義雄(1983)「結果の副詞とその周辺―語彙論的統語論の姿勢から―」渡辺実編『副用語の研究』明治書院

平尾得子(1990)「サ変動詞をめぐって」『待兼山論叢』第24号　日本学篇

益岡隆志編(1993)『日本語の条件表現』くろしお出版

松下大三郎(1930)『改選標準日本文法』中文館(徳田政信編の復刻版、勉誠社、1978)

宮城　昇(1986)『基礎スペイン語文法』白水社(初版は1953)

宮島達夫・国立国語研究所(1972)『動詞の意味・用法の記述的研究』秀英出版

宮田幸一(1948)『日本語文法の輪郭』三省堂

村木新次郎(1980)「日本語の機能動詞表現をめぐって」『国立国語研究所43』

──── (1991)『日本語動詞の諸相』ひつじ書房

森田良行(1977)『基礎日本語1』角川書店

矢澤真人(1985)「連用修飾成分の位置に出現する数量詞について」『学習院女子短期大学紀要』23

──── (1987)「連用修飾成分による他動詞文の両義性」『国語国文論集』第16号　昭和

62年3月 学習院女子短期大学国語国文学会
――――(1992)「連体と連用の相関」日本語文法談話会発表資料
――――(1993)「いわゆる「形容詞移動」について」『小松英雄博士退官記念日本語論集』三省堂

山田孝雄(1908)『日本文法論』宝文館出版

吉川幸次郎・桑原武夫(1982)『新唐詩選続編』岩波書店

鷲尾龍一(1996)「語のタイポロジー」『月刊 言語』25巻11号

渡辺 実(1971)『国語構文論』塙書房

渡辺実編(1883)『副用語の研究』明治書院

Anderson, J. M. (1971) *The Grammar of Case: Toward a Localist Theory*, Cambridge University Press

Bach.E. & Harms (eds) (1968), *Universals in Linguistic Theory*, Holt, Rinehart and Winston

Bally, Ch. (1926) L'expression des idée de sphère personnelle et de solidalité dans les langues indoeuropéenes, *Festschrift Louis Gauchat*, Arau

Carrier, J. & J. H. Randall (1992) The Argument Structure and Syntactic Structure of Resultatives, Linguistic Inquiry, 23-2

Fillmore (1968) The Case for Case, Bach and Harms (eds) (1968)

Fillmore, C. J. & Langendoen (eds) (1971), *Studies in Linguistic Semantics*, Holt, Rinehart & Winston

Frei, H. (1939) "Sylvie est jolie de yeux", *Mélanges de linguistique offerts à Chales Bally*, Geneva

Grimshaw, J & A. Mester (1988) Light Verbs and θ-Marking, *Linguistic Inquiry* 19

Haig, J. H. (1980) Some Observationas on Quantifier Floating in Japanese, *Linuistics* 18,

Harada, S. (1976) Quantifier Float as a Relational Rule, *Tokyo Metropolitan Linguistics*, No. 1

Hasegawa, N. (1991) On Head Movement in Japanese : The Case of Verbal Nouns, 『上智大学言語学会会報 6』

Havers, W. (1911) *Untersuchungen zur Kasussyntax der indogermanischen Sprachen*, Strasbourg

Hinds, J. and I. Howard (eds) (1978) *Problems in Japanese Syntax and Semantics*, Kaitakusha

Hopper, P. J. & S. A. Thompson (1980) Transitivity in Grammar and Discourse, *Language* 56-2

Keenan & Comrie (1972) Noun Phrase Accessibility and Universal Grammar, King's College Research Centre, unpublished (*Linguisitic Inquiry*, 8-1 に改訂再録)

Kikuchi, A. (1994) Extraction from NP in Japanese, Nakamura (ed) (1994)

Kuno, S. (1978) Theoretical perspectives on Japanese linguistics, Hinds and Howad (eds) (1978)

Kuroda, S-Y. (1965) *Generative Grammatical Studies in the Japanese Language*. Ph.D dissertation,

MIT

Martin, S. E. (1975) *A Reference Grammar of Japanese*, Yale University Press

Muraki, M. (1974) *Presupposition and Thematization*, Kaitakusya

Nakamura, M. (ed) (1994) *Current Topics in English and Japanese*, Hituzi Syobo

Quirk, Greenbaum, Leech and Svartvik (1985) *A Comprehensive Grammar of the English Language*, Longman

Shibatani, M. (1977) Grammatical Relation and Surface Cases, *Language* 54-3

Shimozaki, M. (1989) The Quantifier Float Construction in Japanese,『言語研究』95

Thompson, S. A. (1971) The Deep Structure of Relative Clauses, Fillmore, C. J. & D. T. Langendoen (ed) *Studies in Linguistic Semantics*. Holt Rinehart & Winston

Williams, E. (1980) Predication, *Linguistic Inquiry*, 11-1

索引

A
Anderson, J.M.　90

B
Bally　206

F
Fillmore　206
Frei　206

G
Gimshaw and Mester　37, 44, 47

H
Haig　230
Harada　229, 233
Hasegawa　47
Havers　206
Hopper and Thompson　118
Hyman　210

K
Keenan and Comrie　169
Kikuchi　244
Kuno　229, 230

Kuroda　47

L
light verb　47

M
Martin　47
Muraki　235, 247

O
once　197

Q
Quirk et al　197

S
Shibatani　228
Shimozaki　230, 232, 233

T
Thompson　173, 197

W
Wh 疑問文　215
Williams　145

Y
Yes-No 疑問文　216

あ
「あがる」　65, 75
「あくび」　81
「暑い」　60

「雨」　65
「雨が降る」　52
「嵐」　60
「霰」　54
「ある」　76

い
「息」　63, 81
「息切れ」　80
イ形容詞　154
イ形容詞文　163
池上嘉彦　90
一次述語　146, 251
一次述語文　198
一次述語文の主語　156
一次述語文の目的語　156
「いちど」　195
「一旦（いったん）」　195, 197
「一致格」　96
一般述語文　145, 256
一般の二次述語　146
一般変化動詞文　104, 125, 143
移動動詞文　90
移動変化動詞　129
「稲光」　60, 78
井上和子　47, 229, 242, 247
引用格　37
引用動詞　38

う
受身の機能動詞　17
「生まれる」　110
「海鳴り」　79

え
影響性（affectedness）　118

お

「起きる」 64, 76
奥田靖雄 123
奥津敬一郎 14, 17, 20, 72, 85, 88, 91, 94, 95, 98, 99, 123, 129, 148, 150, 186, 187, 189, 192, 201, 202, 205, 208, 214, 216, 217, 222, 223, 225, 229, 231, 236, 246, 248
奥津敬一郎他 17, 20, 186, 187, 189
「起こる」 64
「おたまじゃくし」 107
「おたまじゃくし」型の文 117
「音」 62, 79
「おりる」 65, 71
「終わる」 113
恩恵の受身 204

か

「孵る」 111
「蛙」 107
「香り」 62, 80
「かかる」 71
「限り」 23
格成分 31
格の序列 169, 210
格の制約 227
格の代換 (hypallage) 121, 123, 139
影山太郎 47, 48, 85, 144
「陽炎 (かげろう)」 57, 74
「霞」 55
「風」 59, 76
壁塗り代換 95
神尾昭雄 236
「雷」 57
川端善明 227

関係文法 210
韓国語 222
間接受身文 204, 205
間接目的語 34

き

期間格 41
菊地朗 148, 149, 161
記述 (depictive) の二次述語 146, 148
擬態語 157, 158
北原博雄 248
起点格 37
機能動詞 7, 11, 47
機能動詞文 8, 253
逆接 28, 257
逆接関係 177
逆接形 177
逆接表現 172, 175, 179
逆接副詞 178
共通軸 166, 169, 170, 198
共同格 36
「霧」 55, 71
金水敏・田窪行則 214
近接的継起 192
金田一春彦 118

く

「くしゃみ」 63, 81
国広哲弥 123, 236, 247
「雲」 56
「来る」 65, 75

け

継起的順接 174
形式動詞 85
形式副詞 252
形容詞移動 8
〈結果〉 89, 91, 92, 94, 106, 127, 144
結果格 39
〈結果〉の外在 101
〈結果〉の変化動詞への編入 97
結果副詞 101

こ

小泉保他 122, 124
「洪水」 76
「声」 62, 79
「氷」 56
「こおる」 65
「呼吸」 81
個数副詞 227
「コ・ソ・ア・ド」 214
小林茂之 9
「ご飯を炊く」 120
「殺す」 113

さ

「寒い」 60
「寒気」 80

し

使役文 36
「地震」 76
自然現象文 51, 254
時点格 40
「死ぬ」 113
柴谷方良 228
〈始発〉 89, 91, 94, 106, 118
「しぶき」 75
「霜」 56
従属 260
主語 127
〈主体〉 89, 91, 94, 106, 118
手段格 41
順接 28, 257

索引　269

順接表現　172
準他動詞　34
準連体　214, 219
条件　257
条件構文　191
条件の連用　190
条件表現　28
消滅動詞　98, 113
消滅動詞文　104, 112, 126, 142, 143
所有者　208
所有者移動　207, 210
所有者移動の受身文　203
所有者主語の受け身　202
所有者昇格　210
所有物　208
所有物主語の受け身　202
身体部分　208

す

数量Q　246
数量詞　226, 250
数量詞移動　225, 226, 227, 228, 230, 231, 236, 237, 238, 242, 247, 250, 259
数量詞の移動先　231
杉本武　34
鈴木康之　84
鈴木重幸・鈴木康之　123
「頭痛」　63, 80
「する」　64, 76, 88
スル動詞　7

せ

制限的用法　183, 193
制限的連体　184, 185, 190, 191, 193
生産動詞　114
生産動詞文　104, 114, 121, 123, 124, 126, 129, 132, 133, 139, 143
「咳」　81
接辞型変化動詞　100
全体数量　240
選択並列結合　216
選択並列詞　216
前提集合　215

そ

「騒音」　79
挿入の逆接形式　179, 180
属性Q　246, 247
「底冷え」　60, 78

た

対称格　36
対称格助詞の「と」　93
「台風」　60
択一並列疑問文　216
タ形　159
ダ形容詞　147, 152
ダ形容詞文　163
「立つ」　58, 64, 71, 75
田野村忠温　48
「ため」　24, 25
「ために」　186
「だれか」　220
単人称動詞 (verbos unipersonales)　53

ち

直接受身　201
直接受身文　202, 205

つ

塚本秀樹　229
「津波」　58, 75
角田太作　210, 211

「露」　56
『徒然草』　202

て

「て」　192
程度表現　20
程度副詞　20
定名詞　243
定名詞句　238
テ形　159
「ても」　215
「出る」　65, 71, 76

と

「と」　192
同時・順接型　156, 167, 171, 172
動詞文　163
動名詞　7, 47, 48, 85
「とき」　192
「どこか」　220
度数副詞　227
「どっち」　215
「どっちか」　213, 220
「どっちが〜ても」　215
「どっちも」　215
「どれか」　220

な

中島悦子　192, 196
「なくす」　98
「なくする」　98
「なくなす」　98
「なくなる」　98, 113
「なにか」　220
「波」　58, 75
「なる」　88

に

「匂い」 80
「虹」 56, 60
二次述語 85, 91, 95, 146
二次述語構文 153
二次述語文の主語 156
二重主語構文 207
二重「を」格の回避 31, 32

の

「のに」 24

は

「吐き気」 80
「始まる」 113
場所格 41
発生動詞文 104, 109, 111, 126, 128, 129, 143
「パンを焼く」 120

ひ

「火」 61, 78
被害の受身 204
被使役者を表す格 36
非制限的用法 183
非制限的連体 183, 185, 186, 190
「ひとたび」 195
「響き」 79
非分離形 8, 100
「雹」 70
平尾得子 48
頻度の数量詞 250
頻度表現 23

ふ

不可分離所有の受身 211, 258
不可分離所有物 206, 208
「吹く」 65, 76
不定指示詞 214, 215
不定指示詞移動 213, 219, 258
不定指示詞構造 213
不定指示詞同格構造 218, 219, 222
不定数量詞 243
不定名詞句 238
部分数量 240
「降る」 65
文法関係の序列 222
分離形 8
分離形機能動詞文 45
分離形動名詞 46

へ

並列 260
ベケシュ 53
変化自動詞 88
変化他動詞 88
変化動詞 88
変化動詞文 87, 127, 132, 143, 254
変化動詞文の種類 125
編入型変化動詞 100

ほ

「ほど」 23
「炎」 61

ま

『枕草子』 202
益岡隆志 191

松下大三郎 96
「まま」 18, 150
『万葉集』 202

み

「みぞれ」 54
宮島達夫 111
宮田幸一 118

む

無生名詞 208, 211
「胸焼け」 80
村木新次郎 11, 32, 53

め

「めまい」 63, 80

も

「燃える」 61, 65, 78
目的語 31, 127
目的構文 186, 187
目的表現 24
目的・理由の連用 190
目標格 37
持ち主の受身 211
森田良行 203, 204

や

「やけど」 63
矢澤真人 85, 151, 234, 248, 249
山田孝雄 95

ゆ

融合型変化動詞 100
有生名詞 208

「夕焼け」 60, 78
「雪」 54, 70
「湯を沸かす」 114

よ

「よう」 24
様態表現 13
「ような」 18
「ように」 18, 93, 188
「寄せる」 75

ら

「雷鳴」 74, 79

り

理由 257
理由格 41
理由構文 176
理由表現 25
料理動詞 134
料理動詞文 135
隣接性の条件 233

れ

連体的二次述語 147
連体二次述語 251, 252
連体二次述語文 198
連用的二次述語 147
連用二次述語文 198, 252

わ

鷲尾龍一 144
渡辺実 196

【著者紹介】

奥津 敬一郎（おくつ けいいちろう）

〈略歴〉1926年横浜に生まれる。1955年東京文理科大学大学院（旧制）哲学専攻修了。文学博士。国際基督教大学、東京都立大学、日本女子大学、神田外語大学を経て、現在東京都立大学名誉教授。
〈主な著書・論文〉『生成日本文法論』（1974 大修館書店）、『ボクハウナギダの文法』（1978 くろしお出版）、『いわゆる日本語助詞の研究』（共著 1986 凡人社）、『拾遺 日本文法論』（1996 ひつじ書房）、「自動化・他動化および両極化転形」『国語学』（1967 第70集）。

ひつじ研究叢書〈言語編〉第54巻

連体即連用?──日本語の基本構造と諸相

発行	2007年8月6日 初版1刷
定価	5400円＋税
著者	© 奥津敬一郎
発行者	松本 功
本文フォーマット	向井裕一（glyph）
印刷所	三美印刷株式会社
製本所	田中製本印刷株式会社
発行所	株式会社 ひつじ書房

〒112-0011 東京都文京区千石2-1-2 大和ビル2F
Tel.03-5319-4916 Fax.03-5319-4917
郵便振替 00120-8-142852
toiawase@hituzi.co.jp　http://www.hituzi.co.jp

ISBN978-4-89476-350-0

造本には充分注意しておりますが、落丁・乱丁などがございましたら、小社かお買上げ書店におとりかえいたします。ご意見、ご感想など、小社までお寄せ下されば幸いです。